高中地理旅游主题选修课程拓展读物

游学大江南

You Xue
Da Jiangnan

主　编　◎　尹继文
副主编　◎　应佳鑫

上海大学出版社

图书在版编目（CIP）数据

游学大江南 / 尹继文主编；应佳鑫副主编. --
上海：上海大学出版社，2024.8. -- ISBN 978-7-5671-
5023-2

Ⅰ. G634.553

中国国家版本馆CIP数据核字第2024066JB1号

责任编辑　颜颖颖
封面设计　缪炎栩
技术编辑　金　鑫　钱宇坤

游学大江南

主　编　尹继文
副主编　应佳鑫

上海大学出版社出版发行
（上海市上大路99号　邮政编码200444）
（https://www.shupress.cn　发行热线 021-66135112）
出版人　戴骏豪

*

南京展望文化发展有限公司排版
上海华业装璜印刷厂有限公司印刷　各地新华书店经销
开本710 mm×1000 mm　1/16　印张16.75　字数257千
2024年9月第1版　2024年9月第1次印刷
ISBN 978-7-5671-5023-2/G·3628　定价 68.00元

版权所有　侵权必究
如发现本书有印装质量问题请与印刷厂质量科联系
联系电话：021-56471919

这里的土地平坦肥沃，
这里的人民勤劳智慧，
这里的文化源远流长。
这里是中国乃至世界最适宜人类居住的地方，
这里还是我们生于斯长于斯的父母之邦。

鱼米之乡，自然有尝不够的美味佳肴，
湖光山色，总会有看不完的春花秋月，
丝绸之府，必然有道不尽的千古风流。

小桥流水，船上江南，听，稻花香里说丰年，
烟雨水乡，梦里江南，看，春来江水绿如蓝。
让我们和白居易老人一起感叹：
能不忆江南？

忆江南，你还曾记得吴侬软语里的才子佳人？
忆江南，你不能忘记吴山越水中的壮怀激烈！
你看，看雨花台前的铮铮铁骨，
你听，听南京城里的血雨腥风，还有风雨中
鲁迅先生的"呐喊"！

我们从扬子江边来到钱塘江畔，
我们从历史深处来到崭新时代，
大江南，回荡着改革开放的凯歌，
长三角，已吹响民族复兴的号角！

——尹继文

序

江南出才子，海派傲江南。在上海国土旅游部门倡导"沪派江南"之际，一位毕业于上海师范大学的高中地理教师，37年前上海高校中第一个学生城市环境社团——"城市小组"的首任社长，写出了一本以水为魂的江南城市群游学教学参考书——《游学大江南》。而今天的"城市小组"的社团成员已遍及上海十余所高校。

在他入学之前，当时的上海师范学院地理系、环科所联合国内众多水环境科学研究团队，完成了江南水乡核心水体——太湖的首个水环境评价报告，并以院刊的形式出版了第一本太湖水环境质量报告文集。

在他入校学习期间，我系在全国学术界和旅游业界率先提出了城市旅游、城市灾害等城市发展新概念、新课题。

在他毕业离校后，城市小组的同学及指导老师们合作完成的许多上海城市应用科学研究获奖成果，诸如浦东开发、城市绿化遥感、城市灾害高发区调查，被编入了国内第一本城市生态文集——上海师大学报专辑。

他全身心投入地理教育，40岁那年，成为区学科带头人。他，就是本书主编尹继文老师。

自然和人文分割，已是我们人才的通病，发展的障碍。钱学森先生在改革开放初期就提出，地理科学是自然科学和人文科学的桥梁，是大科学门类中的独立门类。天地位育，不通晓自然和人文，无以识别一方水土一方人。只有站位人类命运共同体，以自然与人文的眼光观察并对比世界，方能理解中国式现代化，方成理性的"文化自信"。

足不出户的地理教育，缺少文理交融的实践，难获高效。本书立足江南本土，以太湖扬子水情开篇，下展苏锡常，上溯宁镇扬，左巡上海滩，右倚杭州湾。通过解析大江南这个连接世界的桥梁，引导读者走上游学的自主学习之路。

  当前的旅游，往往景观象形，信马由缰，文理分割，游学失联。这样的旅游，无助于年轻一代树立系统的世界观、完整的科学观、正确的人生观。先辈成才，尽在青年，尽在有志青年脚踏实地艰苦实践。新时代中学地理教育使命非凡。

  期盼尹老师继续保持"情理并茂，文理交融"的文风，写出更多更优新作，继续把论文写在江南大地上。

陶康华

上海师范大学教授、研究员

上海师范大学城市信息研究中心名誉主任

上海长三角人类生态科技发展中心理事长

2024 年 7 月 29 日

目 录

绪　言 …………………………………………………………… 1

第一单元　长三角概述 ………………………………………… 1
　　旅行方圆 …………………………………………………… 13

第二单元　苏锡常 ……………………………………………… 17
　　引言与提问 ………………………………………………… 17
　　主题一　腹有诗书 ………………………………………… 18
　　主题二　苏锡常概述 ……………………………………… 27
　　主题三　指点江山 ………………………………………… 30
　　主题四　放眼风物 ………………………………………… 59
　　主题五　旅游开发 ………………………………………… 61
　　主题六　行路天下 ………………………………………… 63

第三单元　杭嘉湖 ……………………………………………… 71
　　引言与提问 ………………………………………………… 71
　　主题一　腹有诗书 ………………………………………… 72
　　主题二　杭嘉湖概述 ……………………………………… 81
　　主题三　指点江山 ………………………………………… 82
　　主题四　放眼风物 ………………………………………… 95
　　主题五　旅游开发 ………………………………………… 101
　　主题六　行路天下 ………………………………………… 103

第四单元　宁镇扬 ………………………………………………… 110
　　引言与提问 ……………………………………………………… 110
　　主题一　腹有诗书 ……………………………………………… 112
　　主题二　宁镇扬概述 …………………………………………… 121
　　主题三　指点江山 ……………………………………………… 124
　　主题四　放眼风物 ……………………………………………… 141
　　主题五　旅游开发 ……………………………………………… 147
　　主题六　行路天下 ……………………………………………… 148

第五单元　甬绍 …………………………………………………… 154
　　引言与提问 ……………………………………………………… 154
　　主题一　腹有诗书 ……………………………………………… 155
　　主题二　甬绍概述 ……………………………………………… 162
　　主题三　指点江山 ……………………………………………… 164
　　主题四　放眼风物 ……………………………………………… 167
　　主题五　旅游开发 ……………………………………………… 172
　　主题六　行路天下 ……………………………………………… 173

第六单元　上海 …………………………………………………… 187
　　引言与提问 ……………………………………………………… 187
　　主题一　腹有诗书 ……………………………………………… 188
　　主题二　上海概述 ……………………………………………… 191
　　主题三　指点江山 ……………………………………………… 217
　　主题四　放眼风物 ……………………………………………… 240
　　主题五　旅游开发 ……………………………………………… 244
　　主题六　行路天下 ……………………………………………… 246

参考文献 ………………………………………………………… 251
后　记 …………………………………………………………… 252

绪 言

看着长江口区域地形图，你或许会问，从南京、镇江沿太湖西岸直到杭州、钱塘江口一线向东，如此大片的长江三角洲第四纪深厚沉积层难道全是由长江水从上、中游带来的泥沙淤积而成的吗？我的回答是，江北部分肯定还有淮河带来的泥沙，甚至还有历史上经常发生向南改道夺淮入海，甚至夺淮注江入海的黄河带来的泥沙。那长江南岸呢？

要回答这个问题，那就要先回顾一下长江口区的长江河道变迁简史。在今天的江南大地上，有现今我国第三大淡水湖——太湖。而在古代，还有个面积曾经一度超过太湖的大湖，那就是今江苏省南京市、安徽省芜湖市与宣城市之间，以安徽省马鞍山市当涂县为核心的一大片湖泽，后世称丹阳（杨）湖。丹阳湖原为江南著名的大泽，大致成湖于两三百万年前。约从春秋前期开始，古丹阳大泽逐步解体，分化出安徽当涂、江苏南京高淳两县之间的丹阳湖、江苏南京溧水的石臼湖、高淳的固城湖等。据明代文献记载，明代的"丹阳湖"，有数千平方千米，在五湖当中位列第三，排名太湖之前。古丹阳大泽最大时水面之浩淼可想而知。

历史上的长江在丹阳湖区分两支入海，一支向东北，常被称为扬子江，即今天的长江干流河口段，流经南京、镇江以北，在上海吴淞口以东入海，当然江口及海岸线并不固定，西至扬州—镇江一线，第四纪以来，由于泥沙沉积，江口与海岸线总体东移。另外一支，即古中江水道，流经今天的苏皖两省交界的高淳、溧水，东流入太湖。东流过程中形成了石臼、溧水县之固城等诸湖，再汇长荡湖而入太湖，再经太湖下游的吴淞江、黄浦江等入海。

由于古"中江"航道在高淳、溧水一带，受苏皖交界处的横山及皖南山脉的地下横亘凸起影响，水流不畅，多有泥沙淤积，历史上大禹治水凿中江、伍子胥凿胥溪，都有疏浚。自汉末在丹阳湖军屯开垦以来，历代对"中江故道"或堵塞，或疏浚，多有反复。明代在丹阳湖畔的高淳县（今南京市高淳区）筑银林堰（东坝）后，中江彻底阻断，长江仅存吴淞口以北的一个直接入海口。而江南原中江流域内水流更缓，泥沙沉积、淤塞加快。

江南旧时民谚说，"宜兴、溧阳，终究不长，东坝一倒，依旧长江"，苏南还有民间谚语"东坝一倒，（苏州）北塔寺上漂稻草"，这些民间谚语不仅从侧面反映了中江故道水系经太湖通海，而且佐证了中江"泥沙多，常淤积"，而一旦溃坝，壅塞的河水又造成大水泛滥的河道特征。

根据《安徽省第四纪晚更新世岩相古地理略图》研究分析，古丹阳湖区属于第四纪河湖沉积地层，初为浅海，后来因长江及皖南青弋江、水阳江携带泥沙在这个地带堆积，年深日久，逐渐形成河漫滩地，泥沙堆积较少的地方形成了一个大湖。这个大湖，在汛期与长江浑然一体，江湖不分，水域广阔，枯水期才分离出长江与湖泊。丹阳湖，先秦时为薮泽，后来才分裂出若干子湖。由此可见，江南的第四纪沉积物不仅有长江干流从中上游（鄱阳湖湖口以西）搬运来的泥沙，还有中江从皖南山区带来的泥沙。

除了自然泥沙淤积之外，千百年来的不断围垦，也起到了促淤的作用。时至中华人民共和国成立后，丹阳子湖还剩下了357平方千米的湖面。后来，经过解放军军垦及湖周边县、市的继续围垦，丹阳湖子湖目前已经不复存在，就只剩下缩小了的石臼湖、固城湖、南漪湖及丹阳湖以东连接它们的沟、河水系了。

改革开放以来，陆续有学者提出贯通"中江故道"的设想建议。2010年，国家在当涂（姑溪河与长江交汇处）举行了疏浚芜申运河（芜湖当涂—太湖上海）的奠基仪式，正式启动"中江故道"——芜申运河航道疏浚项目，在江苏高淳东坝等地设置船闸，保证货船通航，大大缩短了内陆地区货物到上海、宁波港口的船运距离。与此同时，近年来南京市又实施了秦淮河与石臼湖连通工程。让我们期待随着这些当代水利项目的顺利实施，古"中江"水系在新时代焕发出新的生机与活力，更期待着"中江故道"——芜申运河，把芜湖、马鞍山等安徽皖江城市带入长三角的核心地带。

总之，古丹阳湖地区，地处江东（今长江干流安徽段），上接荆楚、川蜀，下分流两股达江浙入海，是自然地理意义上的"长三角"顶端。中江与扬子江，江水携带着泥沙向东，向东南流去，一路沉积，在江海交汇处，河水中的泥沙，即胶体颗粒（一般小于2.0 mm）吸附海水中的钾、钠、钙等离子使泥沙颗粒之间产生吸引，发生絮凝作用而加快沉积，成千上万年来的泥沙沉积、淤积，使陆地不断向东南延展，依次铺就成锦绣江南的宁镇扬、苏锡常、杭嘉湖……这就是本书将要带领读者游学的长三角核心区域——（大）江南。那浙江省北部杭州湾南岸的宁波和绍兴，就自然地理而言，也可算长三角的江南吗？我的问答是肯定的，当然这个问题较复杂，我们将在第五单元的"引言与提问"中讨论。上海和苏锡常、杭嘉湖、宁镇扬、宁波-绍兴等江南地区的城市与城市群，就是本书"游学"的范围。

从人文地理、文化地理角度说的江南能与上述自然地理的江南，范围基本一致吗？

笔者百度"江南"，得到下列"AI智能回答"：

"江南地区在中国的地理和文化上都有着重要的地位。关于'江南是指哪个地方'的回答，可以从广义和狭义两个角度来理解：狭义的江南：主要指的是长江以南太湖流域附近的南京、镇江、常州、无锡、苏州、杭州、湖州、嘉兴、绍兴、宁波、上海等地。这些地区以才子佳人、繁荣水乡、教育发达等特点著称。"

这个"狭义的江南"，与本书将要和读者朋友一起"游学"的（大）江南，地域范围基本一致，不谋而合。"水乡"，则是江南地理特征的最"简"概括，水和由水搬运而来、沉积下来的泥沙为长江三角洲平原、太湖平原的形成提供了动力和物质基础。河水与河道，还成为农业的"命脉"、运输的"通道"，城镇的摇篮，进而成为江南文化之"神魂"与"经脉"。

上海交通大学城市科学研究院院长刘士林教授强调，与以齐鲁文化为代表的北方伦理文化不同，"江南文化本质上是一种诗性文化"，它追求洒脱自由和超越一切伦理规范和现实利害的生命愉快，正如水之"无形"而"灵动"。本书从第二单元开始，每单元的主题一为"腹有诗书"，旨在让读者，尤其是青少年读者，能在吟咏与欣赏描绘江南各地风物的古诗词过程中，在"江南诗性文化"所营造的愉悦、抒情的情绪和氛围中，开启愉快而美好的单元阅读之旅。

自然界的滔滔长江水，带着泥沙顺流而下，一路向海，一路沉积，长三角、大江南，一路东进，一路南下。那么，最近一千余年来，江南的政治、经济中心如何变迁呢？这个问题我们将在本书第四单元"宁镇扬"中加以讨论。

第一单元
长三角概述

长江三角洲地区是我国综合实力最强的经济中心,在社会主义现代化建设全局中具有重要的战略地位和带动作用。改革开放,特别是推进上海浦东开发开放以来,长江三角洲地区经济社会发展取得了巨大成就,为服务全国大局,带动周边发展作出了重要贡献,积累了丰富经验。

一、地理范围与自然环境

长江三角洲位于长江入海口,由河口泥沙不断淤积而成的冲积平原,也是我国最大的河口三角洲。距今6 000—5 000年前,长江河口在扬州—镇江一带,这里是长江三角洲的顶点。由此向东,三角洲呈狭长的扇状平原,北面以扬州—泰州—海安—吕四为界,南面以江阴—太仓—松江为界。作为长江中下游平原的一部分,长江三角洲的陆地范围仅限于江苏镇江以东、通扬运河以南、浙江杭州湾以北,面积大约是4万平方千米。

人文地理意义上的长江三角洲地区则考虑到地域单元内共同的古文化基础,与历史形成的社会经济紧密联系,并拥有相对独立完整的行政地域单元。常见的长江三角洲范围是以地级以上的城市为单位,包括上海、苏州、无锡、常州、南京、镇江、扬州、南通、泰州、杭州、嘉兴、湖州、绍兴、宁波、舟山、台州16个城市,陆地面积约9.96万平方千米,约占全国陆地面积的1.04%。2008年9月,《国务院关于进一步推进长江三角洲地区改革开放和经济社会发展的指导意见》(国发〔2008〕30号)正式出台,明确提出,长江三角洲的区域范围由上海、南京、杭州、苏州、宁波、无锡、温州、常州、绍兴等16个城市扩展至上海、江苏和浙江的全部区域。也就是说,长江三角洲地区的范围已经由过去的16个城市扩大到上海、江苏和浙江两个省一个直辖市。

长江三角洲地区是我国东部沿海地带和长江流域的连接地带，正处于我国"T"形开发战略的交接点。长江三角洲地区沟通长江流域腹地与海外国际市场的地理区位，成为促进区域城市形成与发展的一种特有的空间优势，使其成为中国经济最发达、开放程度最高的地区之一。

考虑到长三角内各地自然地理条件、历史文化、社会经济发展状况和区域内外经济社会联系的紧密程度以及旅游景点、高中地理及相关学科教育资源的分布，也基于笔者对自然地理意义上的"长三角"的核心区域——江南的理解，当然也限于笔者的认知与精力，本书暂限于上海、苏州、无锡、常州、南京、镇江、扬州、杭州、嘉兴、湖州、绍兴、宁波等12市的市域范围。本单元所指的空间范围，不限于此12市。

二、自然条件

由于自然因素和人类活动的影响，长江河口和长江三角洲岸线的历史变迁十分复杂。总的来说，长江三角洲岸线不断地向海推进，但个别地方（如大金山、小金山）不但没有向海淤进，反而受到侵蚀，从陆地沦入海中。以海拔5米等高线作为长江三角洲平原的内陆界线。此等高线以东主要为平原，以西主要为山地、丘陵。长江三角洲平原大致以太湖为中心，海拔3—4米。长江沿岸地势稍高，海拔5—6米，主要为沿江沙堤。太湖以东，部分地区地势低洼，海拔仅2—3米，局部地区海拔不足2米，为洪涝灾害威胁较重的地区。

长江三角洲地区地貌的主要特点：一是平原上山丘较多，但这些山丘多孤立分散，山脉较少。长江南岸，宁镇北部东西走向的宁镇山脉规模和海拔有限，浙江西北部的天目山向东北延伸，其余脉形成了上海松江的佘山等小山丘，系白垩纪火山活动形成；二是湖泊众多，河网密布，是典型的水乡泽国。以太湖平原中心地区：苏州、无锡、常州3市及所辖的县市而论，水面面积占土地面积的31.3%，在全国其他地区较为罕见。在太湖东南部的低洼地区，河道密布，平均每平方千米河道总长度达10—12千米，多数为人工河道。近年来，由于大量围湖造田，太湖及其周围湖泊水域面积日趋缩小。

长江三角洲地区位于亚热带，气候温暖多雨，四季分明，年降水量约1 100毫米，无霜期约230天。降水主要集中在4—9月（占全年降水量60%以上），其中尤以4—5月的春雨、6—7月的梅雨和9月的台风雨降水最为集中，是长江三角洲的3个多雨期。季风是影响长江三角洲地区气候的重要因素。每年季风到来的迟早和强度的不同，使气候年际变化较大。同时，长江三角洲地区又是我国冷暖气团交汇之地，天气变化复杂，旱涝、低温、台风等气候灾害时有发生。

太湖对地方气候的影响比较明显。巨大的湖泊水体可以调节气温，使湖面冬季气温远比陆地高，夏季气温远比陆地低。太湖因水浅，冬季对气温调节的效应远比夏季更为显著。太湖地区的年平均气温已可满足柑橘生长，尤其太湖东南部东山一带，受太湖调节作用影响较大，极端最低气温要比太湖西北岸陆地高出3℃左右，有利于柑橘生长。

长江三角洲地区地质、地形、地貌、气候、水文等自然地理条件奠定了本地区自然资源的基本特征和工农业生产所能利用开发的资源禀赋和潜力。与国内其他区域相比较，长江三角洲的自然资源具有以下显著特点。

第一，长江三角洲地区河川纵横、湖泊交织、水网稠密，陆地水资源丰富。但是由于人口数量多、密度大，水资源的人均占有量低于全国平均水平。从2016年的统计数据来看，上海人均水资源占有量最少，仅相当于全国平均水平的10.7%，江苏只有全国的39.4%，浙江略高于全国水平，但远高于上海和江苏。近年来，由于人口迅速增加，城市化快速推进，经济持续增长，长江三角洲地区用水不但并不宽裕，而且渐趋紧张。

第二，长江三角洲地区拥有中国重要的自然和人工复合的湿地生态系统，湿地类型丰富多样，许多湖泊水浅，光照条件和热量状况好，水生植物繁茂，形成浅水湖泊湿地；农作物以水稻为主，水稻田是中国人工湿地的主要分布区；以崇明岛为代表的长江口入海地区处于海陆接触地带，咸淡水混合，深度不大，形成独特的沙洲湿地景观。湿地是本地区重要的生态资源的农业后备空间资源，应该得到悉心保护和科学开发。

第三，长江三角洲地区矿产资源类多量少，资源开发强度高，潜在价值低，主要矿产资源保证程度差，供求缺口日益加大。虽然探明储量的矿产多达百种以上，但是储量相对贫乏，空间匹配程度不理想。上海矿产资源稀少；江苏已发现矿产120种，探明储量的有87种，煤炭、石油、天然气、铁等矿产储量在全国份额较低；浙江也是矿产资源小省，金属矿多为小型矿，煤炭以石煤为主，发热量低，含硫高，所需的大宗矿产相当匮乏，主要资源要依赖外部供给。经济发展，尤其是矿产、能源密集型制造业的规模和布局，应充分考虑相关矿产资源和相关运输条件。

长江三角洲地区沿海穿江，港口资源比较丰富，水运发达。上海港和宁波港的货物吞吐量分别居我国沿海港口的第一位和第五位，上海是我国两大国际枢纽港之一。南京则是我国最大的内河港口。近年来，南京国际集装箱吞吐量连年以20%以上的速度递增，已进入中国20大具有综合竞争力港口之列。优越的海运和内河航运条件为本地区制造业发展及产品出口提供了坚实的运输保障。

三、经济与产业

（一）经济发展水平

从近20余年的数据来看，在20世纪80年代，长江三角洲地区GDP增长速度相对全国而言稍显落后，自1990年开始，长江三角洲地区经济呈现爆发式的增长，以其巨大的经济规模和远远高于全国平均水平的增长速率拉动中国经济快步向前发展。

长江三角洲地区土地面积近21万平方千米，以占全国约2%的土地，创造了占全国约1/5的GDP。2016年，长江三角洲地区生产总值占全国总额的20.54%，完成全社会固定资产投资占全国的14.30%，完成社会消费品零售总额占全国的27.40%，外贸出口占全国的36.72%，地方财政一般预算收入占全国的22.73%。

（二）产业结构

1. 三次产业结构变化

改革开放以来，长江三角洲地区的三次产业经历了重要的结构演进。1979年，该地区第二产业居于绝对主导地位，比例为57.4%，第一产业的比例超过第三产业，呈现"二一三"结构。此后第一产业的起伏变化较大，第二产业、第三产业稳步发展，1985年，第三产业首次超过第一产业，三次产业演进到"二三一"结构阶段。此后第三产业持续增长，第二产业仍居主导地位，但其比例有所下降，第一产业的比例持续下降。2016年，三次产业的比例依次为4.0%、42.0%和54.0%。

2. 制造业专业化与产业结构相似性

长江三角洲地区的地方优势产业主要是纺织与服装、电器电子、机械仪表、食品、日用品等轻工业。就其内部差异而言，上海相对在重工业方面具有专业化优势，而浙江和江苏的地方化优势产业则主要集中在轻工业领域。其中，三地都具有地方化比较优势的产业有：皮革、毛皮、羽绒及其制品业，文教体育用品制造业，金属制品业，普通机械制造业。江苏和浙江在纺织业，木材加工及竹、藤、棕、草制品业，专用设备制造业，电器机械及器材制造业，塑料制品业，化学纤维制造业6个行业中有地方化的比较优势，且这些行业大部分属于两省前十个工业部门。上海在交通运输设备制造业、石油加工及炼焦业、黑色金属冶炼及压延加工业等行业中的地方化优势比较明显。

从2016年统计数据计算分析可知，上海在信息传输、软件和信息技术服务业，金融业，租赁和商务服务业，科学研究和技术服务业的优势突出，而工业的优势逐渐减弱。这在一定程度上意味着，上海正逐步往外转移制造业，向生产性服务业城市转化。而浙江和江苏则承接了上海转移出来的制造业，增强了这些行业的专业化程度。

近年来，长江三角洲地区各级政府对高新技术的发展相当重视，也取得了一定的成绩。上海主要围绕信息产业、现代生物与医药及新材料等产业发展。凭借其综合优势，上海的科技进步成绩显著。江苏已形成了具有优势的电子信息、生物工程、精密仪器、新材料等主导的高新技术产业群，高新技术产业已成为区域经济发展的主动力。"数字浙江"使得浙江高新技术产业快速兴起。目前，浙江主要优势产业有软件产业、新材料产业和互联网产业等。

3. 第三产业内部结构特点与变化

从整体上看，随着生产总值的增大，第三产业内部各个行业的绝对总值均出现了不同程度的增加。其中，与经济发展密切相关的生产性服务业地位日益上升，总值最大；消费性服务业次之；而公共服务业仍维持一个较低的水平。长江三角洲地区第三产业内部各行业呈现以下发展趋势。第一，消费性服务业所占比例较高，但不断下降。2000—2006年该部门增加值所占比例从38.51%下降到34.56%。其中，商业和饮食业等为个人服务的传统行业发展变动不大，而社会服务业所占比例则从9.29%下降到4.59%，降幅较大。第二，生产性服务业增长平稳。房地产业继续保持繁荣发展趋势，所占比例从2000年的9.45%增加到2006年的12.42%左右。交通运输和仓储业、邮电通信业也有小幅增长。相比之下，金融保险业所占的比例出现大幅下滑，从2000年的17.41%下降到2006年的12.35%。科学技术服务业比例一直较小，且增长缓慢。第三，公共服务业发展相对较快，其中，教育、文化等为公民自身发展提供条件的部门数量出现了较大幅度的增加。

四、城市化与城市体系

(一) 城市化水平

20世纪90年代中期以来，随着工业化进程的加快，长江三角洲地区的城市化浪潮势头汹涌，是目前我国城市化水平比较高、发展速度比较快的地区。第一，按非农人口占总人口比例计算的城市化率增长较快。到2015年年末，长江三角洲地区的人口城市化率为69.47%，高于全国的56.64%。其中上海城市化率为87.62%，江苏为66.52%，浙江为65.81%。第二，有不少城市特别是二级城市通过扩容大幅度地扩大了城市规模，提高了城市等级。如苏州、无锡、常州和嘉兴等，实际上都已从中等城市发展成为大城市，并都制订了各自的"特大城市发展规划"和"城市圈发展战略"。第三，大、中、小城市的建成区面积都在迅速扩大。2013年，浙江全省城市建成区面积达到了2 399.20平方千米，比2000年（964.03平方千米）扩大了1 435.17平方千米，是2000年的近2.5倍。与此同时，乡村城镇化趋势方兴未艾。到2002年年底江苏共拆并了30%的乡和40%的村，使之向镇和中心村转化；浙东和浙东南地区的乡村城镇化速度更快。

(二) 城市体系的规模结构

1. 长江三角洲城市群

根据2016年5月国务院批准的《长江三角洲城市群发展规划》，长江三角洲城市群包括上海，江苏的南京、无锡、常州、苏州、南通、盐城、扬州、镇江、泰州，浙江的杭州、宁波、嘉兴、湖州、绍兴、金华、舟山、台州，安徽的合肥、芜湖、马鞍山、铜陵、安庆、滁州、池州、宣城，共26个城市，陆地面积21.17万平方千米，2014年地区生产总值12.67万亿元，总人口1.5亿，分别约占全国的2.2%、18.5%、11.0%。

长江三角洲城市群具有优良的发展基础。第一，区位优势突出，处于东亚地理中心和西太平洋的东亚航线要冲，是"一带一路"与长江经济带的重要交汇地带，在国家现代化建设大局和全方位开放格局中具有举足轻重的战略地位；交通条件便利，经济腹地广阔。第二，自然禀赋优良，滨江临海，环境容量大，自净能力强；平原为主，土地开发难度小。第三，综合经济实力强，长江三角洲城市群产业体系完备，配套能力强，产业集群优势明显，科教与创新资源丰富。第四，城镇体系完备。长江三角洲城市群大、中、小城市齐全，拥有1座超大城市、1座特大城市、13座大城市、9座中等城市和42座小城市，各具特色的小城镇星罗棋布，城镇分布密度达到每万平方千米80多个，是全国平均水平的4倍左右，常住人口城镇化率达到68%。城镇间联系密切，区域一体化进程较快，省市多层级、宽领域的对话和协商沟通比较通畅。

2. 城市规模等级结构变化

通过对长江三角洲城市群规模等级结构的对比分析，可以发现，在1984—2013年的29年间，长江三角洲地区城市数量和城市规模都有了较快的发展。1984年仅有城市15座，到2013年城市达到69座，是1984年的4.6倍。其中，不同规模等级的城市发展速度相差较大，大致可以分为两个阶段。一是人口50万以下的城市高速增长阶段。在2000年之前，人口50万以上的城市数量增长缓慢，15年间仅增加了3座，城市人口所占的比例呈现出下降趋势。与此同时，人口50万以下的城市发展迅速，数量由1984年的10座增加为2000年的47座，所占的人口百分比也由19.62%增加到37.44%。二是人口100万以上的城市快速发展时期，城市数量由2000年的3座发展为2013年的32座，增长了约11倍，所占的人口比例也由2000年的48.18%增长到2013年的89.51%，人口50万以下的城市数量和所占人口比例均有所降低。新批准的《长江三角洲城市群发展规划》，依据城区常住人口对各城市规模做出了由超大城市、特大城市、大城市、中等城市、小城市组成的五个层次的划分，呈现出相互包容、相互融合和相互渗透的"宝塔型"特点。第一层次是超大城市，国际性港口城市和经济文化中心上海，城区常住人口1 000万人以上；第二层次是特大城市南京，城区常住人口500万—1 000万人，历史上的南京曾是全国性的政治中心；第三层为大城市，包括城区常住人口300万—500万人的杭州、合肥、苏州和城区常住人口100万—300万人的无锡、宁波、南通等10个城市；第四层次为中等城市，是城区常住人口50万—100万人的镇江、湖州、嘉兴等9个城市；第五层次为小城市，又分为城区常住人口20万—50万人的铜陵、滁州、宣城、池州等34个城市，以及城区常住人口20万人以下的天长、宁国、桐城、平湖等8个城市。

（三）城镇体系的空间结构

我国城镇体系的空间结构有三种常见类型：块状城市集聚区、条状城市密集区和以大城市为中心的城市群。从城市分布空间特征看，长江三角洲城市群属于块状城市集聚区。沪宁、沪杭铁路，以及高速公路、高速铁路和沿海地带是本区经济发展和城市分布的主要轴线，沪宁铁路沿线除了东西两端的上海和南京之外，中间还集中分布了无锡、苏州、常州三个大城市，成为我国密度最大的城市带。

长江三角洲地区城市空间布局总体上具有以下三个基本特征。

一是基本形成长江三角洲城市群空间布局结构的基础设施体系，城市"同城效应"日益显著。长江三角洲地区相继建成沪宁、沪杭、杭宁、沈海等高速公路。正在实施中的上海空港和海港浦东铁路等沿海大通道系列工程，高等级内河航道网建设，为实现长江三角洲地区区内联动提供便捷。随着苏通大桥、沪崇启大桥、杭州湾跨海大桥的建成，贯通浙江、上海和江苏的快捷通道网络正在形成，原先的围绕南京、上海、杭州三大核心城市形成的"Z"形发展格局将发生新的变化，南通及苏南地区的区位优势逐步体现，长江三角洲地区"同城效应"日益凸显。未来，上海将继续发挥龙头带动的核心作用和区域中心城市的辐射带动作用，依托交通运输网络培育形成多级多类发展轴线，推动南京都市圈、杭州都市圈、合肥都市圈、苏锡常都市圈、宁波都市圈的同城化发展，强化沿海发展带、沿江发展带、沪宁—合杭发展带、杭金发展带的聚合发展，构建"一核五圈四带"的网络化空间格局。

二是长江三角洲地区人口向城镇集中加速，城市化水平逐步提高，公共和社会服务设施明显改善。长江三角洲地区农村人口向城镇转移趋势明显，城镇规模不断扩大，公共设施和各项社会事业同步推进、共同发展。长江三角洲地区2014年城市居民人均GDP为13 737美元，就业水平和人均收入逐年提高，城乡收入差距和地区经济差距相对缩小。高等教育从大众化阶段进入普及化阶段。城市建设中，高起点规划、高水平实施，完善医疗、教育、文化、娱乐、体育等配套设施，构建完善和谐的城市人居环境态势逐步显现。

三是城市群的城市体系布局上呈现出特大城市和大城市偏少的扁平态结构。未来将严格控制上海中心城区人口规模，推动以产业升级调整人口存量、以功能疏解调控人口增量；适度控制其他优化开发区域人口过快增长，特大城市中心城区等其他优化开发区域采取完善卫星城配套功能、强化与周边中小城市联动发展等措施，通过产业升级和功能疏解等方式，有效控制人口过快集聚；同时，引导人口加快向合肥、南通、扬州、泰州、宁波等重点开发区域集聚。

五、区域可持续发展

（一）区域发展障碍

尽管长江三角洲城市群是我国规模最大、发达程度最高的城市群，然而仍存在阻碍其进一步协调发展的障碍，制约着地区可持续发展。这些障碍主要表现在以下几个方面：

一是行政分割矛盾尖锐。长江三角洲地区存在行政区划限制、市场分割和地方利益保护等现实问题，影响地区内部经济资源的自由流动和跨行政区域合作，尚未从分工协作关系上耦合成一个整体，参与国际经济竞争。行政体制的地域分割和缺乏有效的区域协调机制使各个城市的发展各自为政，造成港口、机场等基础设施重复建设和投资浪费，并在地域上争抢地盘，导致土地资源"透支"。

二是自主创新机制亟需完善。长江三角洲地区产业发展基本上仍以外延型、速度型、粗放型经营为主，产业整体技术装备水平和技术含量不高。虽然经济总量很大，但真正凭技术含量能立足国际市场的产品不多，难以形成品牌，国际性品牌稀缺。所以，长江三角洲地区急需完善自主创新机制，实现速度、效益与结构三位一体的根本性转变。

三是要素成本呈现攀升趋势。长江三角洲地区的要素成本在全国属于最高之列，虽然长江三角洲地区具有良好的经济实力和产业基础，但是在原材料、能源、劳动力价格不断上涨，环境压力不断加大，以及由于全球金融危机造成的外部需求疲软的形势下，长江三角洲地区基于传统制造业的竞争力正在被不断削弱，面临较多的发展瓶颈。

四是资源短缺与环境污染。长江三角洲地区是我国人口最稠密、企业最集中的地区之一。能源、水资源、土地资源需求巨大，也正因此出现不同程度的资源短缺状况。近年来制造业迅猛发展，"电荒"已经成为长江三角洲地区经济发展的一大瓶颈。同时，地下水超采和浪费使用等因素使水资源相对丰富的长江三角洲地区出现不同程度的水危机问题。此外，由于土地总量性稀缺，再加上工业用地迅速增长、开发区竞相建设，征用了大量土地，造成土地资源浪费严重。环境污染是长江三角洲城市群面临的另一个棘手问题。酸雨和洪涝灾害发生频率高，地面沉降和江岸坍塌严重，东部沿海地区还经常发生赤潮现象。由于民营工业缺乏合理布局等原因，污染从城市扩散到农村。此外，由于生活水平的提高，人口向城市集中，造成生活污水急剧增加，导致"水质性缺水"。由于本区属于水网交错的往复水流区，省际、市际边界的水污染相互扩散，省际、市际的水污染和大气污染扩散纠纷时有发生。

（二）区域发展展望

规划范围包括上海市、江苏省、浙江省、安徽省全域（面积35.8万平方千米）。以上海市，江苏省南京、无锡、常州、苏州、南通、扬州、镇江、盐城、泰州，浙江省杭州、宁波、温州、湖州、嘉兴、绍兴、金华、舟山、台州，安徽省合肥、芜湖、马鞍山、铜陵、安庆、滁州、池州、宣城27个城市为中心区（面积22.5万平方千米），辐射带动长三角地区高质量发展，引导产业合理布局。坚持市场机制主导和产业政策引导相结合，完善区域产业政策，强化中心区产业集聚能力，推动产业结构升级，优化重点产业布局和统筹发展。中心区重点布局总部经济、研发设计、高端制造、销售等产业链环节，大力发展创新经济、服务经济、绿色经济，加快推动一般制造业转移，打造具有全球竞争力的产业创新高地。

以上海青浦、江苏吴江、浙江嘉善为长三角生态绿色一体化发展示范区（面积约2 300平方千米），示范引领长三角地区更高质量一体化发展。以上海临港等地区为中国（上海）自由贸易试验区新片区，打造与国际通行规则相衔接、更具国际市场影响力和竞争力的特殊经济功能区。

力争瞄准国际先进科创能力和产业体系，加快建设长三角G60科创走廊和沿沪宁产业创新带，提高长三角地区配置全球资源能力和辐射带动全国发展能力。加快基础设施互联互通，实现长三角地级及以上城市高铁全覆盖，推进港口群一体化治理。打造虹桥国际开放枢纽，强化上海自贸试验区临港新片区开放型经济集聚功能，深化沪苏浙皖自贸试验区联动发展。加快公共服务便利共享，优化优质教育和医疗卫生资源布局。推进生态环境共保联治，高水平建设长三角生态绿色一体化发展示范区。

提升上海服务功能。面向全球、面向未来，提升上海城市能级和核心竞争力，引领长三角一体化发展。围绕国际经济、金融、贸易、航运和科技创新"五个中心"建设，着力提升上海大都市综合经济实力、金融资源配置功能、贸易枢纽功能、航运高端服务功能和科技创新策源能力，有序疏解一般制造等非大都市核心功能。形成有影响力的上海服务、上海制造、上海购物、上海文化"四大品牌"，推动上海品牌和管理模式全面输出，为长三角高质量发展和参与国际竞争提供服务。

发挥苏浙皖比较优势，强化分工合作、错位发展，提升区域发展整体水平和效率。发挥江苏制造业发达、科教资源丰富、开放程度高等优势，推进沿沪宁产业创新带发展，加快苏南自主创新示范区、南京江北新区建设，打造具有全球影响力的科技产业创新中心和具有国际竞争力的先进制造业基地。发挥浙江数字经济领先、生态环境优美、民营经济发达等特色优势，大力推进大湾区大花园大通道大都市区建设，整合提升一批集聚发展平台，打造全国数字经济创新高地、对外开放重要枢纽和绿色发展新标杆。发挥安徽创新活跃强劲、制造特色鲜明、生态资源良好、内陆腹地广阔等优势，推进皖江城市带联动发展，加快合芜蚌自主创新示范区建设，打造具有重要影响力的科技创新策源地、新兴产业聚集地和绿色发展样板区。

加强区域合作联动，推动长三角中心区一体化发展，带动长三角其他地区加快发展，引领长江经济带开放发展。加强长三角中心区城市间的合作联动，建立城市间重大事项重大项目共商共建机制。引导长三角市场联动发展，推动跨地域跨行业商品市场互联互通、资源共享，统筹规划商品流通基础设施布局，推动内外贸融合发展，畅通长三角市场网络。加强长三角中心区与苏北、浙西南、皖北等地区的深层合作，加强徐州、衢州、安庆、阜阳等区域重点城市建设，辐射带动周边地区协同发展。探索共建合作园区等合作模式，共同拓展发展空间。依托交通大通道，以市场化、法治化方式加强合作，持续有序推进G60科创走廊建设，打造科技和制度创新双轮驱动、产业和城市一体化发展的先行先试走廊。深化长三角与长江中上游区域的合作交流，加强沿江港口、高铁和高速公路联动建设，推动长江上下游区域一体化发展。

推动都市圈同城化。以基础设施一体化和公共服务一卡通为着力点，加快南京、杭州、合肥、苏锡常、宁波都市圈建设，提升都市圈同城化水平。统一规划建设都市圈内路、水、电、气、邮、信息等基础设施，加强中心城市与都市圈内其他城市的市域和城际铁路、道路交通、毗邻地区公交线路对接，构建快速便捷都市通勤圈。实现都市圈内教育、医疗、文化等优质服务资源一卡通共享，扩大公共服务辐射半径，打造优质生活空间。推动中心城市非核心功能向周边城市（镇）疏解，在有条件的地方打造功能疏解承载地。推动都市圈内新型城市建设，打造功能复合、智慧互联、绿色低碳、开放包容的未来城市。

推进都市圈协调联动。加强都市圈间合作互动，高水平打造长三角世界级城市群。推动上海与近沪区域及苏锡常都市圈联动发展，构建上海大都市圈。加强南京都市圈与合肥都市圈协同发展，打造东中部区域协调发展的典范。推动杭州都市圈与宁波都市圈的紧密对接和分工合作，实现杭绍甬一体化。建设宁杭生态经济带，强化南京都市圈与杭州都市圈协调联动。加强淮河生态经济带、大运河文化带建设，发展环太湖生态文化旅游，促进都市圈联动发展。加强都市圈间重大基础设施统筹规划，加快大通道、大枢纽建设，提高城际铁路、高速公路的路网密度。加快建立都市圈间重大事项协调推进机制，探索协同治理新模式。

全面推动空间功能优化配置，一体化空间协同稳步提升。示范区推进高品质公共服务共享，长三角（上海）智慧互联网医院、苏州大学未来校区、复旦大学附属妇产科医院长三角一体化示范区青浦分院、长三角可持续发展研究院、曲水善湾美丽乡村、城乡共同富裕聚落等公共服务项目已投入使用。截至2022年年底，已发布3批共建共享公共服务清单，涉及45项便民惠民政策。加强城乡风貌管控，建立了重点区域总规划师制度，保护自然景观格局，塑造"江南韵、小镇味、现代风"的新江南水乡风貌。持续增进群众获得感。

加快促进生态优势转化，绿色创新发展迈上新台阶。截至2024年2月下旬，示范区已建立双碳工作体系，旨在加快推进水乡客厅近零碳社区、方厅水院超低能耗等项目建设，推动生产方式和生活方式的绿色转型。同时，强化风景链接，串联湖荡聚落，以优越的生态和风景资源吸引创新要素加速集聚，最具活力的"创新场"和孵化器加速形成。全社会研究与试验发展（R&D）经费占地区生产总值（GDP）比重提升至3.81%，单位建设用地的地区生产总值比去年提升了19.6%。示范区跨省域高新技术产业开发区揭牌成立，国家级"5G+工业互联网"融合应用先导区加快部署，青浦西岑科创中心、嘉善祥符荡创新中心等平台加速落地，华为青浦研发中心、嘉善东方科脉、吴江英诺赛科等一批牵引性产业项目正在加快建设，成为生态绿色发展样板。

旅 行 方 圆

《中国公民国内旅游文明行为公约》

营造文明、和谐的旅游环境，关系到每位游客的切身利益。做文明游客是我们大家的义务，请遵守以下公约：

1. 维护环境卫生。不随地吐痰和口香糖，不乱扔废弃物，不在禁烟场所吸烟。

2. 遵守公共秩序。不喧哗吵闹，排队遵守秩序，不并行挡道，不在公众场所高声交谈。

3. 保护生态环境。不踩踏绿地，不摘折花木和果实，不追捉、投打、乱喂动物。

4. 保护文物古迹。不在文物古迹上涂刻，不攀爬触摸文物，拍照摄像遵守规定。

5. 爱惜公共设施。不污损客房用品，不损坏公用设施，不贪占小便宜，节约用水用电，用餐不浪费。

6. 尊重别人权利。不强行和外宾合影，不对着别人打喷嚏，不长期占用公共设施，尊重服务人员的劳动，尊重各民族宗教习俗。

7. 讲究以礼待人。衣着整洁得体，不在公共场所袒胸赤膊；礼让老幼病残，礼让女士；不讲粗话。

8. 提倡健康娱乐。抵制封建迷信活动，拒绝黄、赌、毒。

《中国公民出境旅游文明行为指南》

中国公民，出境旅游；注重礼仪，保持尊严。
讲究卫生，爱护环境；衣着得体，请勿喧哗。
尊老爱幼，助人为乐；女士优先，礼貌谦让。
出行办事，遵守时间；排队有序，不越黄线。
文明住宿，不损用品；安静用餐，请勿浪费。
健康娱乐，有益身心；赌博色情，坚决拒绝。
参观游览，遵守规定；习俗禁忌，切勿冒犯。
遇有疑难，咨询领馆；文明出行，一路平安。

思考题

1. 你知道长三角地区与长三角中心区的范围有什么不同吗？请说出两者空间范围的区别。

2. 你知道"上海大都市圈"的范围包括上海及周边的哪几座城市？

你觉得大都市圈范围的划定标准应该是什么？

3. 你知道"水乡客厅"和长三角生态绿色一体化发展示范区在哪里吗？请上网查询了解《长三角生态绿色一体化发展示范区重大建设项目三年行动计划（2024—2026年）》的主要目标、内容、项目。

4. 请说出长三角G60科创走廊主要经过的区、县、县级市。

5. 我国城市发展战略，曾经长期强调"严格控制大城市规模，积极发展中小城市"。进入21世纪后，尤其是近十余年来，除北上广深少数超大城市外，许多特大城市的人口增速加快。在"强省会战略"思想指导下，合肥、郑州等省会特大城市人口数量迅速增加。同时，国家相继出台长三角、珠三角（大湾区）、京津冀等城市群发展规划，强调建设以城市群为主体的人口、经济、生产力的国土承载空间。2024年3月初，《经济日报》连续四天发表署名"钟才文"的文章，强调要深化户籍制度改革，促进要素自由流动和资源集聚，加快发展都市圈和城市群。这场旷日持久，时跨四十年的城市化"路径之争"似乎尘埃落定……有研究表明，在我国当下经济社会发展阶段，人口密度每提高1个百分点，国内生产总值对应增长0.8个百分点。资源及其他要素时空分布的不均衡性决定了"集聚效应和规模效应"——"没有规模，就没有发展"，"放弃集聚，就是放弃效率"！当然，也有不少专家学者坚持主张"积极发展中小城市"。对此，你怎么看？请谈谈你的理由。

6. 近年来安徽省贯彻"强省会战略"，举全省之力建设省会合肥。你觉得"中江故道"芜申运河对于"史上最牛风投城市"合肥未来的发展，有促进作用吗？如果你认为有，请说明促进作用的具体表现；如果你觉得没有，请说明理由。

7. 湿地与森林、海洋并称为全球三大生态系统，是生物多样性最为丰富的生态系统。对现代化城市来说，湿地更像一个吐纳新鲜空气的生态之地，被誉为"城市之肺"。湿地类型多种多样，可分为自然湿地和人工湿地两大类。自然湿地包括沼泽地、泥炭地、江河湖泊、海滩和盐沼等，人工湿地主要有水稻田、水库等。

城市在许多自然湿地的基础上规划建起了越来越多的公园型湿地，被称为城市湿地公园。从概念上说，城市湿地公园是一种独特的公园类型，是指纳入城市绿地系统规划、具有湿地的生态功能和典型特征，以生态保护、科普教育、保留自然野趣和休闲游览为主要内容的公园。也就是说，城市湿地公园在优化城市自然生态系统、调节气候和保护生物多样性的同时，也为城市居民提供了休闲、锻炼和观光、度假的场所。

长三角地区气候湿润，地势低平，河湖密布，滨江临海，湿地和湿地公园不仅个数多，总面积占比大，且类型多样，生态价值较高。具有代表性的有位于苏州常熟市的沙家浜国家湿地公园、位于太湖东岸的苏州太湖国家湿地公园、位于长江口的上海崇明东滩湿地公园，还有杭州西溪湿地公园，以及2024年5月开园的杭州钱塘大湾区湿地公园。这些湿地，正是长三角自然地理环境的典型缩影，不仅值得一游，更值得考察、研究、开发、保护。

建议开展一次对某一湿地公园或多个湿地公园的考察研学集体活动，聘请生物学、生态学、环境地学、环境化学等学科的专家或相关学科教师参与、指导，撰写考察报告或研究论文。建议小学、初中学校（或家长）组织开展一次对某一湿地的科普一日游活动。

第二单元
苏锡常

引言与提问

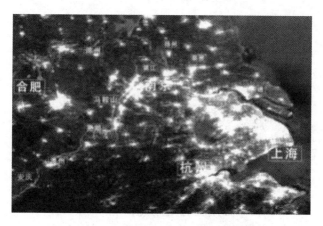

图1　长三角夜间灯光卫星图像

　　上图为长三角夜间灯光卫星图像,对该区域有所了解的读者一定已能在图上指认上海和苏锡常了吧?如果我们把苏州、无锡、常州(还有浙江嘉兴)比喻成象征美好与甜蜜的"冰糖葫芦",那么显然要有一根串起这些"冰糖葫芦"的"如意金箍棒",谁能担当此重任呢?

　　2018年,苏州牵头江浙14个水乡古镇联合申遗。其实,明清以来随着江南手工业、商业的发展而形成的江南市镇,何止14个?河网密布的江南水乡,南船北马的传统运输,气候宜人、农业发达、物产丰饶的江南,也许两条小河的交汇处,就能形成"船市",那三条小河的交汇处呢?那小河注入大河处呢?大河与大河的交汇处呢?河流是文明的摇篮,河流难道不是城市、市镇的摇篮吗？此时，我想起了陈逸飞先生的油画代表作《故乡的回忆——双桥》。

主题一　腹　有　诗　书

太 湖 美

太湖美呀太湖美，
美就美在太湖水。
水上有白帆呀，
啊，水下有红菱哪，
啊，水边芦苇青，
水底鱼虾肥。
湖水织出灌溉网，
稻香果香绕湖飞。
哎咳唷，
太湖美呀太湖美。

太湖美呀太湖美，
美就美在太湖水。
红旗映绿波哪，
啊，春风湖面吹呀，
啊，水是丰收酒，
湖是碧玉杯。
装满深情盛满爱，
捧给祖国报春晖。
哎咳唷，
太湖美呀太湖美。

亲爱的读者，你亲眼看到过太湖吗？你曾经听到过这首《太湖美》吗？

如果你从太湖岸边乘游船游览太湖，你一定会听到这首游览全程都在播放的歌曲。"太湖美呀太湖美，美就美在太湖水。"且听我慢慢唱来，慢慢告诉你我的理由："水上有白帆呀，水下有红菱，水边芦苇青，水底鱼虾肥，湖水织出灌溉网，稻香果香绕湖飞。"如果你觉得这些自然景色还不足以说明太湖之美，那就请再听听江南人民的豪迈心声吧："红旗映绿波，春风湖面吹，水是丰收酒，湖是碧玉杯，装满深情盛满爱，捧给祖国报春晖。"

我国的第三大淡水湖——太湖，面积2 445平方千米，浩瀚壮阔，却也婉转温柔。在用反复的手法赞叹太湖的美之后，作词者把重点放在了太湖的水上。从多个视角对太湖水进行了细致的描绘。平视，是"百舸争流"，众多的帆船行驶在一望无垠的碧波上，如同给单调的一块绿色画布点缀上些许白色，使得湖面顿生动感和人气；而岸边的芦苇则给这件绿宝石般的美妙连衣裙镶嵌了一条青色的滚边，又让人想到"蒹葭苍苍"，也许那所谓伊人，就在"湖"一方吧！但你完全不必溯洄从之、溯游从之。因为你只要站在岸边，微微低头俯视，你就能透过那清澈的湖水见到"伊人"——那是大自然慷慨的馈赠，是大自然之无尽宝藏：水下生长着的红菱，以及围着红菱在水中嬉戏的可爱鱼虾，它们组成了一幅太湖湖水、水中生物、水面帆船和湖边的稻田果园组成的江南水乡太湖千里江山图。

碧绿色的湖水当画布，白色的帆船作点缀，青青的芦苇为描边，又添加了红色的菱、肥美的鱼虾。翠白青赤交相辉映、平视俯视多视角展开。一幅全方位多角度，色彩绚丽，生机勃勃的太湖画卷就通过这歌词的寥寥数语呈现在了听者的脑中，令人神往，令人痴想。随之而来的一个"织"字又化无形为有形。太湖水，是鱼虾的温床，是千亩良田丰收的源泉，是湖岸累累硕果的保障。湖水"织"的是一张灌溉网，更是一张色彩斑斓的丰收锦绣。从那里飘出的是稻香，洋溢着的是果香，由此人民丰衣足食，城市繁华富庶，社会和谐安宁。这太湖水，它织的更是一张"生命网"、一张"幸福网"。

太湖及其物产不仅是大自然的慷慨馈赠，更是广大人民群众在党和政府领导下辛勤耕耘、科学治理、综合利用、艰苦奋斗的伟大成果，这使太湖成为镶嵌在祖国江南大地上的一颗璀璨明珠。

你看，那鲜红的五星红旗迎风飘扬在碧波万顷的太湖绿波之上。这一红一绿，相映成趣，构成一对自然界配合最默契的搭档，这是最符合我们民族审美标准的色彩搭配呀！从我们牙牙学语时，就摇头晃脑地背诵"白毛浮绿水，红掌拨清波"；中国文学经典名著《红楼梦》中宝玉在大观园的住所也是为红色的海棠以及绿色的芭蕉所环绕，因此原题"怡红快绿"；古人感叹时间流逝时也说："红了樱桃，绿了芭蕉"；也难怪柳永面对"红衰翠减"时，伤感之情就油然而生，不禁吟诵"苒苒物华休"，因为那正是我们中华民族内心深处自然界最美的两种色调。正所谓，中国红，华夏绿！

在党和政府的关怀下，在广大人民群众的辛苦劳作中，在太湖流域科学整治和网络化灌溉体系的保障下，太湖水化身为丰收的美酒，整个太湖恰似一只装满美酒、向党和祖国表达崇高敬意的碧玉杯。把绿色的太湖比作碧玉杯，不可谓不新巧别致。"碧"呼应了太湖的外观颜色，价值连城的"碧玉"更契合了太湖在中国人民心中的地位。而且，"清酒珍馐待贵人，金樽玉盘相匹配"。因为里面盛放着的是要献给祖国的崇高敬意，当然只有这价值连城的碧玉杯才能与之匹配，从而体现出江南人民，乃至全国人民对党和祖国的拳拳之心。

《太湖美》全词优美流畅，以绘景如油画一般的笔调向读者展示了太湖的万顷碧波、湖岸优美的风光、丰富的物产，展现了一幅色彩绚丽，气势宏伟的太湖百里画卷。曲调情绪饱满，喜庆乐观，热情洋溢，积极向上。不仅抒发了对太湖优美自然风光的赞美之情；也抒发了太湖流域广大人民群众对太湖母亲般的依恋，表达了对党和国家的歌颂和感恩。

《太湖美》本是南京军区前线歌舞团创作室词作家任红举和曲作家龙飞于20世纪70年代末，在苏州吴县（现为吴中区）采风时改编创作而成，由当时的评弹演员陈桂兰原唱。2002年，无锡市人民政府以24万元天价收购了原名《太湖之美》的版权。并且经无锡市人大通过指定该歌为无锡市市歌，并授予词作家任红举和曲作家龙飞无锡市"荣誉市民"称号。也许今天的苏州人会觉得真是太"便宜"无锡了（其实约70%的太湖水域属苏州市辖区），但其实当年的苏州人觉得"苏州"本身就是苏州旅游业发展的金色招牌，更何况他们还有闻名世界的"苏州园林"。而无锡似乎"久有凌云志"，大力发展太湖风景区的旅游业，甚至立志要把无锡市建设成太湖边上"一颗璀璨的明珠"。今天，《太湖美》作为无锡市市歌的广告效益或许已经成千上亿，我们不得不佩服当年无锡市父母官和广大市民的远见卓识。

太湖水域浩瀚壮阔，却风平浪静，显得温柔祥和。太湖及其整个太湖流域，河汊纵横交错，湖荡星罗棋布。平坦的大地，温润的气候，肥沃的土壤，缓缓流淌着流经太湖的春水——春水碧于天，画船听雨眠。江南佳丽地，千年鱼米香。滋养江南的大地血脉中，流淌着的不正是这美不胜收的太湖水吗？摆脱了北方战乱、官场纷争、纲常束缚的士子们一头扎入江南的怀抱，便发出"未老莫还乡，还乡须断肠"的感叹。江南，正是他们心目中向往已久的"诗与远方"。

太湖是如何形成的呢？在众多的太湖成因假设中，潟湖说得到了科学界较广泛的公认。该学说认为，太湖的形成是长江带来的泥沙在东流入海过程中由于地转偏向力的作用，在江口南岸发生淤积，形成沙嘴伸向东南，钱塘江为强感潮河口，潮流在地转偏向力作用下，更容易在杭州湾北岸的钱塘江口门北侧形成沙嘴，后经长江与钱塘江向东延伸，南北沙嘴逐渐相向而生，最终南北沙嘴环抱封闭，使沙嘴以西海水无法退入海洋形成咸水湖。这些咸水湖中的各种盐分逐渐沉淀，两侧诸山淡水不断注入，盐度下降最终成为淡水湖。长江三角洲地区的太湖、阳澄湖、淀山湖等湖泊的成因基本都是如此。

当然还有其他成因解释，如地质构造说认为，太湖地区地壳的新构造运动，造成太湖平原地层下降形成断陷盆地，使河流改向，汇水成为数个沼泽小湖泊，后逐步形成太湖。气象说认为古代数千年间持续大暴雨，有些年份的年降水量多达60亿吨，导致太湖地区的大片低洼地大量积水。年复一年，形成如今的太湖。

笔者认为，这三种成因并非完全互相排斥。新构造运动，造成太湖平原地层下降形成断陷盆地，强调内力作用。潟湖说和气象说更重视外力作用，强调降水和河流、海水的作用。三者均有一定作用，尤其是前两者。太湖位于鲁南沿运河南北向构造断陷带上，该断陷带从鲁南的北五湖、南四湖一直到苏北的洪泽湖、宝应湖、高邮湖，苏南的长荡湖、滆湖、太湖。这些湖泊都是在此构造断陷的基础上，由河流或河海冲淤形成的古潟湖演变发展而成的。太湖面积较大，离古海岸线较近，太湖所产的太湖石是经过流水侵蚀和堆积而形成的石灰岩，属海相或潟湖相的沉积岩。笔者认为，这些特点都是支持潟湖说作为太湖主要成因的观点的。

送人游吴

（唐）杜荀鹤

君到姑苏见，人家尽枕河。古宫闲地少，水港小桥多。
夜市卖菱藕，春船载绮罗。遥知未眠月，乡思在渔歌。

这是一首语言明白如话的送别诗，亦是五言律诗。诗人通过想象描绘了水城苏州秀美的风光，毫无离别时的伤感情绪，笔致新颖可喜，仅在结尾处轻轻点出送别之意，似乎还透露出作者对友人赴吴地入姑苏城的祝愿和羡慕。

唐代的苏州又称吴郡。作者送人前往漫游的吴县，又叫姑苏，现在隶属江苏省苏州市，是整个江南地区的政治、教育、文化、旅游中心。姑苏，在春秋时属吴国。战国时，先后属越、楚。秦朝时，属会稽郡吴县。汉永建四年（129年），属吴郡吴县。隋开皇九年（589年），属苏州吴县。唐万岁通天元年（696年），割吴县地置长洲县，今境分属吴县、长洲县。

"人家尽枕河"传神地写出了姑苏水乡的特点，"枕"字用得极妙，水乡居民"枕河而眠"，多么惬意闲适。若是用"邻"，虽然意思没有太大差异，但就少了这一层妙趣。"人家尽枕河"意思是说那儿的人家房屋都临河而建，"枕"字运用拟人的修辞手法，把房屋人格化，也传神地表达出"枕河人家"与河浜之间人地和谐之深意，让我们感受到当地居民对自家屋边小河的热爱之情。再结合"古宫闲地少，水港小桥多"，可知苏州的最大特色是民居多，空地少，河浜密布，小桥众多。一个"枕"字，写出了吴地河流众多，水道纵横的特点，生动形象地点明姑苏城房屋沿河而建，与河流共生的景象，反映了当地民众衣食住行与纵横交错的河汊湖荡之间的紧密关系，从而也表达了诗人对吴地的喜爱之情。

"古宫闲地少"这五个字，杜荀鹤用散漫的笔触写出了苏州的历史。伍子胥在苏州建城，苏州是春秋时期吴国的国都，这句诗的意思是吴宫遗址建满民居，空地极缺。唐代苏州的繁华由此可见一斑。"水港小桥多"，明白如话，意即水乡河汊密布，随处建桥。"水港"指流经城市的小河，一作"水巷"。

清代余成教《石园诗话》评这两句言："晚唐诗人有佳句而多俗言者，杜彦之荀鹤是也。"杜荀鹤的诗语言浅近易懂，描写不事雕琢，在唐代律诗中独具一格。写江乡景物如绘。作旅行诗者，能掩卷若身临其地，便是佳诗。

颈联表现的是姑苏的富庶繁华，对仗工整。唐宋时期的苏杭繁华富庶，上层民众尽显奢华，下层百姓也其乐融融，一派富丽祥和。"市列珠玑，户盈罗绮，竞豪奢"——北宋柳永在《望海潮》中这样写道。杜荀鹤很喜欢"夜市"和"春船"的组合，在另一首《送友游吴越》里，"夜市桥边火，春风寺外船"便和这句异曲同工。诗句繁荣、热闹，读来喜人。

"遥知未眠月，乡思在渔歌。"乡思即怀乡之思。渔歌即渔人唱的民歌小调。尾联道出了送别之意，意为：诗人遥想远方的友人也许只有在月圆不眠之夜，忽闻窗外的小河似乎传来夜渔吴人的悠悠渔歌时，才会"共振"起内心深处的乡音……

也许比杜荀鹤大十岁的韦庄更懂得诗人及其好友人吴多年后的内心矛盾吧！"人人尽说江南好，游人只合江南老"，韦庄开始告诫杜小弟们，"未老莫还乡，还乡须断肠"。一边是内心难以割舍的故乡，一边是身旁惬意闲适的姑苏，究竟应该选择何处安度余生呢？一边是容不下肉身的北上广，一边是装不下灵魂的故乡，一千年后的今天，离乡进城升学、务工、经商的游子们似乎还是面临同样的难题和拷问。

枫 桥 夜 泊

（唐）张继

月落乌啼霜满天，江枫渔火对愁眠。
姑苏城外寒山寺，夜半钟声到客船。

安史之乱（755年—763年）后不久的某个秋夜，漂泊到姑苏城外的落第书生张继，寄宿客船中，难以入睡。深秋的夜风吹来一阵阵乌啼声，张继睁眼一看，西落的半个月亮照着漫天云霜，与河岸上的枫叶一样，朦胧暗红，影影绰绰……而江面上忽明忽暗的渔火似乎要点明主题：张继内心的万般愁绪，终于幻化为脍炙人口的千古名篇——《枫桥夜泊》。

对于此诗的创作背景，学术界有所争议。对张继科举落第之事持否定态度的学者不在少数。不过这又何妨呢？即使金榜题名，也未必能驱散他此时的满腹愁绪。因为他还心怀国忧与羁旅之愁，而更为重要的是，即使考中也不过是在当时长长的皇榜上增加一个小小的"张继"的名字！

1 200多年后,当姑苏城外的运河水早已把这张皇榜以及上面当时令人引以为傲的名字无情地淘尽时,流传千古的《枫桥夜泊》却依然回荡在古城苏州的夜色中,回荡在千里江南的月光里,回荡在文化江南的千年诗话中。

有的人身居高位,用尽一生写诗,其诗虽恒河沙数,终究湮没无闻,乾隆是也;有的人一介布衣,就因为一夜不眠,一段愁绪,只创作一首,却熠熠生辉,足以在浩如烟海的唐诗中占据一席之地,张继是也。《枫桥夜泊》成就了张继,一个本来历史都不愿意为他花一点笔墨的无名小卒;张继也成就了枫桥,这样一个造化本来并不打算赋予它多少自然美景的地方。

秋天的上弦月似乎降落得很快。来到姑苏城外,月亮已经落下,它给人间留下的只有一片黑暗。光明因其视野开阔给人以愉悦,而黑暗压缩了人的视野,自然带上了凄苦的属性。更何况还有那本来就容易引发漂泊游子愁绪的乌鸦还在那不知趣地啼叫着。这啼叫以声衬静,使这黑夜显得更加寂静甚至清冷,随后而来的"霜满天"可能更印证了这样一个清冷的环境。"霜"本来应该凝结于地,凝结于叶,至少附着在任何实体的表面,怎么会铺满了这漆黑的夜呢?所以与其说它是只指现实中的霜,还不如说它是充斥在天地间,包裹着诗人全身的、附着于诗人全身心的那层冰冷彻骨的寒意。这寒意当然包括来自深秋深夜的气温骤降,而更主要的,可能还是安史之乱带来的"失国"以及漂泊在外的"失家",酿成诗人内心的"失温"吧。

"江枫",可能是江边很多景物之一,为何独独选中了"江枫?"是因为火红的枫叶在一片夜色的笼罩下还能透出一点色彩?抑或是火红的枫叶与同样火红的渔火最能互相映衬?还是"枫"更能代表秋天?甚至也许"枫"本来就是离愁别绪的象征呢?白居易与友人告别时,也有"枫"(枫叶荻花秋瑟瑟,出自《琵琶行》)入了他的愁眼;鱼玄机送别情人时,只有"江上之枫"("枫叶千枝复万枝,江桥掩映暮帆迟",出自《江陵愁望寄子安》)在她多情的女儿心里扮演了一个重要的角色;甚至高适在送别被贬谪的友人时,他的眼中也只有"枫"("青枫江上秋帆远",出自《送李少府贬峡中王少府贬长沙》)。同时代的文人墨客都把他们对友人的思念,失去友人之后的孤寂寄托在了"枫"上,是不是"枫"和它所代表的季节"秋"一样:自古逢秋悲寂寥呢?

而"江枫"和"渔火"搭配在一起,不仅是颜色的火红,还可以互相映衬。渔舟停泊在江上,渔火随着夜风摇曳。江边伫立着枫树,枫叶已红却因为夜色而变得模糊。从视角上说,一个在江上,一个在岸边;从动静来说,一动一静;从亮度来说,一明一暗。在"江枫"与"渔火"这对意象的选择上,诗人不可谓不用心。

至于"对",可以按照字面意思理解为诗人对着"江枫"和"渔火"满怀愁绪而眠,但也许理解为"伴"更有韵味吧。在这样一个月已西落,四周一片漆黑,讨厌的乌鸦一声声啼叫的难眠之夜,诗人顿觉一股寒意袭上心头。目力所及,只有"江枫"和"渔火"陪伴着忧愁的诗人孤眠舟中,更平添了几分愁绪。至于这扰乱诗人心绪的"愁"究竟是什么,可能是仕途失意,可能是乡情萦怀,更有可能只是独自一人漂泊天涯的孤独。总之,诗人虽欲眠,但注定这一夜是无眠的。

诗的前两句十四字连用了五个意象,而后两句就十分疏朗,诗人只描摹了一个场景:夜半寒山寺的钟声传入了诗人的客舟中。虽只有这一个情景,却是画龙点睛之笔,让本来还有些普通的意境恰恰如同这姑苏城外寒山寺的钟声,余音袅袅,令人回味无穷,给原本普通的"枫桥夜泊"画面增添了些许的禅意和些许的庄严肃穆。

寺院的钟声往往给人增添庄严肃穆、深邃超脱的空灵清静之感,如常建的《题破山寺后禅院》:"万籁此都寂,但余钟磬音。"王维的《过香积寺》:"古木无人径,深山何处钟。"世俗的杂念,都抛进空灵的钟声里随风远去吧。

作者在此搁笔,或者说"此中有真意,欲辨已忘言"。一切尽在不言中,留待读者去揣摩和体会吧!寒山寺位于苏州市姑苏区西部,运河东岸,始建于南朝萧梁代天监年间(502—519年),占地面积约1.3万平方米,现有建筑面积3 400余平方米。初名"妙利普明塔院",因唐初著名诗僧寒山居住于此而改称此名。一千多年来多次遭到火毁,最后一次重建是清代光绪年间,历史上曾是中国十大名寺之一。有了寒山寺的衬托,这幅"枫桥夜泊"图又多了几分历史的厚重感,甚至是沧桑感。

全诗语言朴素自然,简洁明了,晓畅易解,却营造出一个悠远寂寥而空灵完美的意境,给读者带来强烈的画面感。而带着几份禅意的寒山寺钟声,不仅敲击着无眠诗人的内心,还似乎穿越千年,引发万千读者的灵魂共鸣:"留连的钟声还在敲打我的无眠……月落乌啼总是千年的风霜,涛声依旧不见当初的夜晚，今天的你我，怎样重复昨天的故事……"

人生，自古如此；

心灵，古今相似；

文化，一脉相承……

运河东岸寒山寺，姑苏城西十里地。枫桥依稀今犹在，那夜何月扰张继？由于月球本身不发光，导致地球上人类的肉眼只能看到被阳光照亮的半个月球的全部或其部分；又因为月球自转周期等于其绕地球公转周期，且月球自转方向与月球绕地公转方向一致，自西向东，与地球自转和地球绕日公转方向也一致，这就决定了人从地球上看月球，只能看到固定的半个月球的全部或其部分。因此，人类的肉眼，从地球上看月球，只能看见上述两半球的"交集"，即面向地球的半个月球中被阳光照亮的那部分。这样就形成了以阴历一个月为周期的月相变化规律：农历每月初一前后，日、地、月三者一直线，月球在中间，导致被阳光照亮的半个月球完全背对地球，面对地球的半个月球，既不发光，又不能反射阳光，使得地球上的人类难以见到它（称新月），但它与明亮的太阳同升同落；农历每月的十五、十六，日、地、月成一直线，地球在中间，导致被阳光照亮的半个月球，完全面对地球，使得地球上的人类可以看到。日东升（日出）时，几近正圆的满月正在西落，而夕阳西下时，满月正从东方地平线上升起（参见表1）。在上述两日期之间，即农历每月的初七、初八，西半月被阳光照亮的上弦月正午东升，子夜西落；农历每月的二十二、二十三，东半月被阳光照亮的下弦月子夜东升，正午西落。那夜"夜半"时分，月落了。可见，那夜，极有可能是安史之乱后不久的农历十月初七或初八。

枫叶映红漫天霜，弦月西落人惆怅。寺钟又恼未眠人，乌啼声声到枕旁。秋季嘛，会不会是农历九月的初七、初八呢？难！因为农历九月的初七、初八，一般是我们现在常用的公历的十月中旬，江南十月的气温条件难以形成"满天霜"的深秋气象。更何况，地理学界一般认为中唐时期气候比现在更温暖。那此情此景会不会发生在那年农历的冬月（即十一月）的初七、初八呢？有可能，但可能性不大。因为大多数年份的冬月初七、初八，已是公历12月中下旬，在夜间气温低到10摄氏度以下的江南野外河浜上的船舱里过夜，又似乎显得过于寒酸潦倒，难合情理！哦，科学和艺术可能不是一回事吧。

表1　农历日期及月相

月 相 名	农历日期	东升（出地平）时点	中天（正南最高）时点	西落（到地平）时点
新月（较难见）	每月初一	六点前后	正午（十二点）前后	十八点前后
上弦月（西半月亮）	初七、初八	正午前后	十八点前后	子夜（零点）前后
满月	十五、十六	十八点前后	子夜前后	六点前后
下弦月（东半月亮）	二十二、二十三	子夜前后	六点前后	正午前后

主题二　苏锡常概述

苏锡常位于江苏省南部，东临上海，南与浙北相接，包括苏州、无锡、常州三个地级市。自古以来，这片区域就是江南的核心和代表地区，也是唐宋之后中国农业经济最为发达、传统文化最为繁荣的地区之一，也是中国历史最为悠久的富庶之地。

这片区域有着丰富的历史背景和文化底蕴。从春秋战国时期开始，这里就是中国南方地区的政治、经济、文化中心。西晋东迁及宋室南渡时期，大批士大夫及巨贾商人和文人墨客南来，带来了中原的农业技术和制度文化。温润的气候，肥沃的水土使南来的士绅和中原文化在这里生根开花，结出了新千年中华文化的累累硕果。在唐宋时期，江南地区更是成为中国最为繁荣的地方，吸引了大量的商人和文人墨客前来。元明之后，以苏州为代表的整个江南，已成为中国最为重要的手工业商业发达地区。

优越的地理位置，温暖湿润的气候，集中连片的平原水乡，密集成网的水陆交通，勤劳智慧的人民，开放包容，既富有"诗性"气质，又富有开拓和创新精神的江南文化，以及富足的传统农业经济为近现代江南的崛起奠定了自然和历史的基础。随着鸦片战争后"五口通商"之一的上海于1843年开埠，西方文化和现近代工商业在此与江南文化及发达的传统经济实现了邂逅，使发轫于明末的资本主义工商业萌芽终于挺过太平天国运动的战火洗礼和侵华日军的摧残，迎来改革开放的凤凰涅槃，再次腾飞，发展成为引领中国经济发展的长三角核心地区。

改革开放以后，位于长三角核心地区的苏锡常，乡镇企业异军突起，广大农民离土不离乡，集体经济枝繁叶茂，庭院经济繁花似锦，个体经济更是各显神通。世纪之交，以新加坡工业园区和昆山深化两岸合作经济试验区为代表的，以外资企业、中外合资合作企业、台资企业集聚为特征的新苏南模式迅速崛起，引领区域经济和社会全面发展，使昆山居我国县域经济百强之首已近二十年。全国县域经济百强县前十位中，苏锡常常年占了一半。2022年，苏州成为中国工业产值第一大城市，2023年苏州全市国内生产总值为24 653.4亿元，为我国内地城市第六名。而我国著名民族企业家荣氏家族故里，自民国以来就有"小上海"之称的无锡，近几年常居全国地级市人均GDP之首，2023年再次雄居全国（境内）大中城市人均国内生产总值之首。优越的地理位置，完善的交通网络，勤劳智慧的人民，良好的近现代工业发展基础，还有高效的政府，优惠的政策，使无锡成为大量的企业和人才投资和发展的"热土"。常州也进入了2023年我国内地城市国内生产总值前30名。

这片区域的发展与苏州密切相关。苏州位于江苏省的东南部，东邻我国最大的城市上海，西靠太湖，太湖的70%归苏州管辖。在许多较为权威的榜单中，苏州常被评为中国最宜居的城市之一。

苏州是中国历史上最为著名的文化城市之一，是全国首批二十四座历史文化名城之一。文化底蕴十分深厚，有近三千年的建城史，是春秋时代吴国的都城。距今约两千五百年前，吴国国相伍子胥提出了"相土尝水，象天法地"的城市规划思想，他主持建造的阖闾城，充分体现了江南水乡的特点，水道陆路并行，交通便利，排水通畅，展示了水乡城市规划的高超技巧。这里物华天宝，人杰地灵，经济繁荣，文化发达，名人辈出，唐宋时已成为江南重镇。苏州是中国首批历史文化名城和园林文化地标，有着众多的历史文化遗产和风景名胜，以及古典私家园林。纵观今天的苏州姑苏区与宋时《平江图》并无太大差异，这表明宋代以后，苏州中心城区基本格局至今无太大变化。这在我国各地的古城城市发展史上是罕见的。

苏州地处长江三角洲平原、太湖平原东部，地势十分平坦，交通十分便利。太湖是苏州一道重要的风景线，太湖东部诸岛及东岸与中心城区（姑苏区）之间有较多海拔100—350米的山峰。其中，虎丘山、灵岩山、天平山是苏州重要的地标景点。苏州属亚热带海洋性季风气候，春夏秋冬四季分明，雨量充沛，加上地势地平，使这里河汊纵横交错，湖荡星罗棋布，为苏州成为"东方威尼斯"奠定了自然条件基础，同时也给苏州带来了十分丰富的水资源。优越的地形与气候等自然条件，使这里从唐宋开始，成为我国传统农业和经济最发达地区，正所谓"苏湖熟，天下足"。苏州地区主要种植水稻、小麦、油菜、棉花、蚕桑、林果，特产有碧螺春茶叶等，同时渔业资源十分丰富，长江刀鱼、太湖银鱼、阳澄湖大闸蟹都是比较出名的水产品。这里常被誉为"鱼米之乡""丝绸之府"。

苏州的气候、地形、地质条件及河湖水文特点决定了苏州历史上地震、洪水等严重自然灾害极少发生，这为古代园林的存续和保护创造了宏观的有利条件。众多从古代保留下来的园林提升了苏州城市的魅力。历史上园林最多时，护城河内及周边达200多座，清末还有170多座。目前，苏州及所辖的昆山、常熟、太仓、张家港、吴江，被列入《苏州园林名录》的有108座，其中，24座被列入国家重点文物保护单位，9座被列入《世界文化遗产名录》。今天，苏州正在努力实现从"苏州园林"到"园林苏州"的城市建设理念的升级。人民路、干将路、景德路、道前街等市区干道，园林小品随处可见，桥梁、路灯、公交站点等公共设施多蕴含苏州古典园林元素，设计感极强。八面九层的北寺塔塔刹顶端高度76米，是苏州古城区（护城河内）约14.2平方千米的制高点。苏州规划部门规定，护城河内建筑高度不得超过其第三层，高约24米。在北寺塔东约一公里处的拙政园借景北寺塔，500年不改，一览无余，犹如园内，内外难辨。北寺塔与拙政园之间的庭园路上，一棵古树矗立道路中央，来往车辆减速绕行半圈，似乎都在向先辈、向历史、向传统、向文化致敬。

主题三 指点江山

苏州园林综述

英国造园学家杰利克首次把世界园林建筑艺术分为中国体系、西亚体系、欧洲体系。在中国园体发展过程中，由于政治、经济、文化、地理、气候等条件的不同，形成了分别以皇家园林、私家园林、寺观园林为主体的三个分支，它们都是"虽由人作，宛自天开"的自然风景园，具有鲜明的江南地方特色。

上有天堂，下有苏杭。苏州，这座有着2 500余年悠久历史的文化名城，自古风物清嘉，经济繁荣，人文荟萃。优越的自然条件，深厚的文化积淀，加之天工人巧的高妙结合，造就了园林之城。

园林是苏州的城市名片。苏州园林溯源于春秋，发展于晋唐五代，繁荣于两宋，全盛于明清，历史悠久、艺术精湛、影响深远，体现了中国造园艺术的最高成就，在中国乃至世界园林发展史上具有十分重要的地位。苏州园林虽由人作，却宛自天开，虽空间有限，而意趣无穷。它是文人墨客的写意山水园，是商贾巨富的理想栖息地，是失意官宦的世外桃花源。园林主人多为贬谪还乡的归隐文人、无心爵禄的吴中名士和崇尚风雅的官僚富商，他们饱读诗书，富有学养，诗意地栖居于自己精心营构的世外桃源。他们的文化觉醒，涵养了以苏州古典园林为具象代表的江南诗性文化，其审美特质构建了中华民族精神生活的后花园。

春秋时期吴王的苑囿和离宫别馆是苏州园林的发端。春秋后期，吴地兵雄国富，广苑囿、美宫室，成为吴国强国地位的象征。占山水之胜、尽装饰之美的王室苑囿，对江南园林艺术的发展产生了深远影响。吴国灭亡后，宫室苑囿渐次荒芜。汉时一些吴宫苑囿改建为园，私家造园初露端倪。隋朝统一中国后，京杭大运河的开凿沟通南北，推动了吴地经济发展。唐代社会空前繁荣，苏州物华天宝，为东南之冠。著名文人韦应物、白居易、刘禹锡先后任苏州刺史，促进了园林艺术的全面发展。五代吴越偏安一方，钱氏治吴，营造多处名园宅第，为苏州园林发展史写下了辉煌一页。北宋时的苏州，繁盛超过以往任何朝代，享"上有天堂，下有苏杭"之誉。宋室南渡后，江南成为全国经济中心，吴地造园活动日益兴盛。元朝苏州造园之势未减，乡村反呈增加之势。城厢内外池馆相望，叠石造园蔚然成风，文人画家多参与造园，使苏州园林艺术进入一个新的境界。明清时期的苏州，被誉为"红尘中一二等富贵风流之地"。经济繁荣，人文荟萃，官绅豪族以名园名亭相竞，名人高士以苑圃栖隐，求身居城市而享山林之怡。造园之风遍于吴中，造园技艺日臻完善，造园匠师不断涌现，造园理论著作相继问世。苏州半城园亭，号称极盛，园林艺术达到顶峰。苏州古典园林随着清朝的没落而日渐式微，民国年间仿古园林亦有所建，但其规模与繁盛之状已远逊于前。受西洋文化影响的现代公园开始兴起。

中华人民共和国成立后，人民政府即着手保护并陆续整修园林，历代名园相继得以修复开放，从而使苏州成为名副其实的园林之城。可以说，20世纪50年代的大力整修，基本奠定了今天我们所见的拙政园、留园等主要苏州园林的空间格局和景观大势。苏州古代造园历史虽已结束，但其文化生命却并未结束，它是"诗意地栖居"的典范。

当人类进入信息时代，在自然环境、生态环境、人文环境均错综复杂的现代社会，苏州古典园林恰似一片世外桃源，自然之美的浸润与传统文化的熏陶能帮助现代人陶冶情操、净化心灵，感受自然，体悟人生，激发诗兴，启迪哲思……

1997年12月，拙政园、留园、网师园、环秀山庄成为首批被列入《世界遗产名录》的苏州园林。2001年11月，沧浪亭、狮子林、艺圃、耦园和退思园，也被纳入《世界遗产名录》。联合国教科文组织世界遗产委员会对苏州园林作出如下的评价："没有哪些园林比历史名城苏州的园林更能体现出中国古典园林设计的理想品质，'咫尺之内再造乾坤'，苏州古典园林被公认是实现这一设计思想的典范。这些建造于11至19世纪的园林，以其精雕细琢的设计折射出中国文化中取法自然而又超越自然的深邃意境。"

简约而深刻的评价，揭示了苏州园林的文化价值。也许现代城市人比古人更需要这身边的"城市山野"吧——那就让苏州园林帮助我们既小隐于野，又大隐于市。

随着苏州古典园林列入《世界遗产名录》，更展现出不可限量的生命力。对人类生存环境的思考，对当代多样设计的影响，苏州园林向全世界演绎、传播着属于中华民族自身的传统文化以及对人与自然、人与环境关系的深邃思考。

江南园林甲天下，苏州园林甲江南。建造园林，首先要考虑的事，当然是"相地"选址问题。据《王氏拙政园记》记载，苏州古城区东北部拙政园所在地原址地势"居多隙地，有积水恒其中，稍加浚治，环以林木"，"地可池则池之，取土与池，积而成高，可山则山之。池之上，山之间可屋则屋之"。可见，因地制宜，充分利用园林所在地原本地形地势、河流湖沼、林木植被的优势和特长，修整再造，巧妙布局，合理规划，是园林建设成败的第一要务。拙政园完全符合计成在他所著的《园冶》一书中提出的"相地合宜，构园得体"的造园原则。

苏州园林充分体现了"城市山林，世外桃源"的私家园林立意。当年的园主，无论巨商还是文人士大夫，都向往享受世外桃源般的生活，他们既要离荒野而居城，又力避红尘，期望获山林之趣，享山水之乐，并升华至诗情画意的境界。因地制宜，划地为家，筑墙建园，取法自然，模拟自然，叠山移石，理水架桥，栽花植树，并建筑亭台楼阁，书画联刻点缀其间，而又不离城郭，超越自然，以满足园主物质和精神生活需要。因此，精心营构"诗情画意的城市山林"，成为了苏州古典园林普遍的造园立意和宗旨。不少苏州私家园林的命名，似乎常暗含被贬官宦归隐遁世的政治色彩和心理诉求，如拙政园、退思园、沧浪亭等。

造园是造景和造境的艺术。苏州古典私家园林小巧精雅，在有限空间内创造丰富的园林景色，需化整为零，实现园中有园，小中见大的空间效果。把全园划分与组合成主次分明、疏密相异的大小园林空间。主空间需突出山水主景，其他空间题材鲜明，景物多变，从而丰富和扩大了苏州园林的艺术空间。留园占地仅约拙政园的一半，但密度较大的建筑，起到了隔大为小、割总为分的作用，使人产生园中有园，变幻无穷，常有"不曾记得是否到过"之感，保护了游客的新奇感和观赏欲。

苏州园林善于造景和巧妙地组织风景画供人们欣赏。对景借景，巧于因借，建筑和园路都是绝佳的赏景点和赏景路线，其自身亦成佳景，可谓互为对景。对景有障景、框景、漏景、借景等形式。借景可借园外的景，有远借、邻借、实借、虚借，原则是"嘉则收之，俗则屏之"。站在拙政园"梧竹幽居"南侧（与倚虹亭之间复廊西面），鹅颈湖东端，或中、西园之间的别有洞天西望，坐落在拙政园以西约一公里处的苏州中心城区制高点北寺塔正处湖景中央，南北两侧植被对称衬托，堪称江南园林借景设计的杰出典范。而梧竹幽居与别有洞天又东西呼应成对景，形成主景区东西向中轴线。远香堂与雪香云蔚亭隔水相望，互成对景，成为中园的南北中轴线，与东西向轴线在荷风四面亭以东水面上构成十字交叉。而站在"别有洞天"西侧向西北仰望，隔水的"与谁同坐轩"与后方的"笠亭"顶部的轮廓线通过互相借景而实现"叠景"，在游客面前，展现的不仅是一顶官帽，更是中国两千多年封建社会"士农工商"的社会秩序，是"纵有田园千亩，仍念官帽一顶"的旧时富商心态（拙政园西部旧称"补园"，园主为苏州扇商张履谦，后文拙政园简介提及）。

笔者青少年时代家住上海复兴公园附近，儿时常去游玩，对西方园林规则中呈几何形状的大草坪，以及刻意对称的总体布局设计颇感顺眼。初游苏州古典园林，觉得有点"繁缛与杂乱"，正是拙政园向北寺塔的超级"远借"和拙政园中部十字交叉的"中轴对景"，让我体会到了中国古典园林"形乱而神不乱"的绝妙。

苏州古典园林的尺度比例精在体宜，广至山水布局，细至亭廊构架，均相宜得体。对比是造园艺术的常用手法，有大小、高低、聚散、疏密、曲直、远近、明暗、虚实、色彩等对比。衬托是有主次的对比，苏州园林常以水体和粉墙为主要衬托手段，使园景动静互衬，更为生动美丽。以人为本的空间尺度设计使得园内建筑、场地、陈设和景观，能实现对比衬托，空间尺度"以身作则"，"精在体宜"，使人感觉居则舒适，观则成画。体现了中国传统文化"道法自然，天人合一，人地和谐"的哲学境界和取法自然又超越自然的造园技术追求。

苏州古典园林借鉴传统国画"长卷"的创作形式，以先抑后扬、曲折幽深、动静结合的艺术手法，合理布局园路山径、游廊曲桥组成的游览路线，使游客游园尤如赏画，"长卷"徐徐展开，画面渐入佳境，步步如画，步移景异，引人入胜，达到园景起承转合和连续构图的游赏艺术效果。

苏州造园艺术融自然景色和诗情画意于一体，创造出情景交融的理想境界。绝大多数园名、景名、堂亭名，出自名家名篇，诗词歌赋运用匾额、楹联、题额的形式，体现了深厚的历史文化内涵，使人们在游览欣赏秀丽园景时，得到文学美、艺术美的享受，深切感悟文化江南的诗情画意。

假山是苏州园林的"骨架"，构成"城市山林"主景，有土山、石土相间和石山三种构成形式，用石为当地产的湖石和黄石。布局有园山、池（岛）山、厅山、楼山、书房山、壁山等。造型有峰、峦、谷、坡、峭壁、洞、飞梁、蹬道、山径、栈道、涧、瀑等山景。诸山中尤以"池上理山第一"，似"蓬莱仙岛"的拙政园中部景区为上佳境界。苏州园林叠（假）山艺术的真谛是"有真为假，做假成真"，"符合自然之理，才得自然之趣，可谓"片山多致，寸石生情"。有些体量不大的假山矗立入园处，用作"障景"，以期先抑后扬。狮子林以假山著称，规模为全国之最。群峰起伏，别有洞天，童趣盎然。乾隆帝六游此园，仍游兴不减，遂命颐和园、承德避暑山庄仿建。环秀山庄占地仅半亩，然抬眼见山，拔地而起，令人震撼：咫尺之间，尽显岱宗雄，黄山奇，华山险，匡庐秀，直教人遥想起神州大地上的三山五岳。专家盛赞其为"中国园林现存假山第一佳构"，园林大师陈从周先生也对环秀山庄的假山给予高度评价："造园者不见此山，正如学诗者未见李杜。"

苏州地处江南水乡，河汊湖浜密布，优美的自然水景为苏州园林理水艺术提供了得天独厚的条件和创作源泉。水是苏州园林的"血脉"，布局多以水池为中心，理水有聚有分，动静结合，与各要素组景，水光倒影，生动美丽。理水创造园林生境，具有调节气温、湿度，养殖（锦鲤、鸭鹅、鸳鸯）、种植（荷、莲）、纳尘、灌溉、防火等综合功能。苏州园林有河湖、池塘、占井、溪涧、飞瀑等静态或动态水景，注重岸线、驳岸、岛屿、矶滩、桥梁、水闸、汀步的处理。

网师，就是渔夫、钓叟，又与"渔隐"同意，含有隐居江湖的意思，网师园是以渔钓精神立意的水园。水面虽占全园面积不足十分之一，但全园大部分建筑、植被、景观环池布局。水面主体聚为"彩霞池"，略呈方形，池的东南和西北角分别延伸出一股水流，形成"池水"的上游和下游，并以绿蔓、石桥掩映，若隐若现，令人顿觉水贵有源，源远流长。此景正合朱熹诗意,"问渠哪得清如许?为有源头活水来"。

苏州私家园林是住宅的延续和扩大,园中建筑较多,成为园景构图的重点要素和园林的"面目",具有居家实用和构图、赏景的双重功能,以满足传统的"琴棋书画"文化生活和游赏需要。园林建筑类型多样,有厅堂、轩斋、楼阁、榭舫以及亭、廊等。组合自由灵活,室内外空间通透流畅,造型轻盈秀美,结构富于变化,材质柔和细腻,装修精美雅致,色彩素净淡雅,显示出江南建筑风格,不少居室外观粉墙黛瓦,体现江南民居特征,兼融徽派民居的建筑元素。地砖、屏风等配饰形态多变,样式繁多。花窗图案更是千变万化,寓意深远,美不胜收。如果把苏州园林比做一幅画的话,那么,花窗就是那位画家的眼睛。只要你曾游览过苏州园林,甚至只要你曾经到过苏州,那式样、图案各异的花窗,那一扇扇透着蕉影花姿的窗棂格子,一定令你难以忘怀。也只有这样的窗,才能让人在不经意间,瞥见姑苏城两千五百年的文化风采。

花窗的装饰图案,是一种艺术符号,更是一种特殊的民族语言,述说着我们古老文明的民俗精华,又吐露出士大夫文化的儒雅仙气。天地自然、祥禽瑞兽、花卉果木、人物文字、古代器物以及大量的吉祥组合图案甚至一切图腾、崇拜皆可纳入。有研究者说,289块绝无雷同的各类(可分成九类)花窗,是留园的灵魂。

代表清代风格的留园以建筑艺术精湛著称。厅堂宏敞华丽,庭院富有变化,其建筑空间处理精湛,造园家运用各种艺术手法,构成了有节奏有韵律的园林空间体系,以建筑为主的留园东部景区,建筑艺术之精湛更是享有盛名。层层相属的建筑群组,变化无穷的建筑空间,藏露互引,疏密有致,虚实相间,令人叹为观止,成为世界闻名的建筑空间处理艺术的范例。

花木是园林的"毛发",是园林人造生态环境和造景不可缺少的要素,与山水、建筑相衬,皆成美景。苏州园林运用传统的乡土树种,以自然式栽植为主,形成丰富多彩的山林、水乡和四季植物景观。古树名木尤为珍贵,是活的文物,历史的见证。盆景雅称"盆盎山林",拙政园、留园专辟有"盆景园",虎丘有"万景山庄",展示精湛的苏派盆景艺术。植物为山水平添了生机和活力,更使静态的园中山、石、河、池和建筑有了四季变化和周期轮回，使园林不仅有了空间位置关系的和谐之美，更有了时间轴上植物季象的流变和循环，令人自然而然地感受四季，感悟人生。苏州园林的植物配置，常含祥和富贵、福禄寿喜等美好寓意，体现我国传统植物文化，折射出国人的价值取向和人生理想。玉兰、海棠、牡丹、金桂几乎每园必植，含有"金玉满堂""满堂富贵"等美好寓意。"花中四君子"梅兰竹菊、"岁寒三友"松竹梅，及其书画作品，更是随处可见，彰显着我们中华民族的人格理想和精神追求。当年园主和今日游客在游乐观赏的同时，一定还净化了心灵，陶冶了情操。除了观赏价值，植物的生态价值也不可小觑，除了增氧、增湿、降尘外，土山的植被，有涵养水源、保持水土等作用，而木本植物，尤其是高大乔木组成的树林，冬季有降风速、增气温的作用，夏季则能遮阳、降温。

赏石与园林渊源久远，为造园素材之一。据其自然形态、纹理和色彩，或点缀园景，或作供石，用作观赏和陈设，传统石文化在园林中得到完美的体现。苏州园林中用作观赏的石料主要有三类，最常见的是湖石类，多数是石灰岩，产地除主产地江苏太湖，还有安徽的巢湖。体态玲珑通透，表面多窝洞，形态婀娜多姿，广泛用于园中造景，"特置"的太湖石和太湖石峰是苏州园林的重要景观和特色，有"瘦、漏、透、皱、秀"的天然之美。留园中的"镇园之宝"冠云峰，可谓千载留名，名扬江南。五峰园以五块竖立的太湖石峰著称，并以此为园名。此外，还有剑石类，指利用山石单向解理而形成的直立型峰石类，如产自浙江常山形似竹笋的"石笋"，产自江苏武进的斧劈石。还有黄石类，体态方正刚劲，解理棱角明显，无孔洞，显黄、褐、紫等色。质坚古拙，其"雄、奇、刚、拙"之势，多用作叠造中型假山。苏州园林所用黄石，主要产自苏州尧峰山、常州黄山。怡园"拜石轩"，据"宋四家"苏黄米蔡之一，爱石如痴的米芾拜石之典故，置石点景，石文化内涵窥见一斑。狮子林以山、石著称，所用石料类型齐全，以湖石为主。

苏州园林，不仅涵盖了人类生活环境的自然要素，是人造的自然环境，也是江南文人士大夫的文化乐园。在科举选仕，读书做官又重农抑商的中国古代农业社会，往往亦官亦儒，或亦儒亦商，不是读书人出身的大商人更需附庸风雅，舞文弄墨，攀附官吏，结交大儒。私家园林自然成为中国传统文化的百花园和博物馆。源于自然、宛自天开的园林景观，成为文人雅士文学创作的源泉。大量的园记、诗词、楹联、题咏以及名人笔记等，犹如一朵朵争奇斗艳的鲜花，盛开在苏州园林的各个角落。许多园景的设计灵感，来自诗词、散文等文学作品的意境。

随处可见的楹联是苏州园林中最常见的文学形式。网师园书房中，有郑板桥撰题格言联，"曾三颜四，禹寸陶分"，以四个历史人物修身励志故事为题，寓意深远，据说这是苏州园林里最短的对联。拙政园荷风四面亭"四壁荷花三面柳，半潭秋水一房山"应是赞美济南的名联"四面荷花三面柳，一城山色半城湖"的蓝本，只可惜合辙押韵，似不能与后者比拟，正可谓"青出于蓝，而胜于蓝"。沧浪亭，苏州现存最古老（宋代）园林沧浪亭由此亭得名，其面北亭柱上的楹联"清风明月本无价，近水远山皆有情"，上联出自北宋著名文学家欧阳修的《沧浪亭》，下联出自欧阳修好友苏舜钦的《过苏州》。与沧浪亭隔河而望，素有"书院园林"之称的可园"小西湖"北岸的挹清堂，两侧门柱上的"掇诗书百卷通今博古，赏池水一泓正本清源"，对仗工整，正和堂名，格调清新高雅，书卷气扑面而来，似乎有意无意间点明了书院园林的定位，又隐含着为人为学的道德操守，给笔者留下了深刻印象。

自晋以来，吴地书画大家人才辈出，尤以明代吴门画派（代表人物主要有沈周、文徵明、唐寅、仇英）的兴起对苏州园林造园艺术的发展影响深远。大量的历代名人书画，亦成为园林陈设之精品，具有较高的历史、文化及艺术价值。不少园景的设计灵感，正是来源于名画。中国书法艺术，在人类艺术百花园中独树一帜，堪称国粹艺术。除笔墨纸砚等历代书家所书真迹外，一代代无名的工匠用石碑与刻刀，代替纸绢和笔墨，仿书者手迹刻制的碑刻，同样是书法艺术及其作品的重要载体。苏州的古代碑刻种类繁多，镌刻精细。园林中的碑刻以书条石为主，集历代书法大家作品及名帖摹本，与园林建筑相得益彰，形成了苏州园林独特的人文景观。留园书条石多达370余方，集《淳化阁帖》等名贴碑刻多种，其中明代刻石《二王法帖》弥足珍贵。

通过对园林要素分析及苏州私人园林发展历史的回顾，我们可以总结出苏州私家园林的三大功能：第一，园居生活方式的空间载体，城市山林，"不出城郭而获山林之怡，身居闹市而有林泉之趣"，堪比可以尽享城市舒适物质生活的"桃花源"；第二，私家住宅建筑的艺术精典，是居住功能、日常使用功能与山水园林环境艺术化的高度融合；第三，寄情山水花木的文化场所，园林主人把个人的理想、抱负、人生态度与园林山水、建筑、花木及中国传统文化元素相结合，成为园主寄情山水、托物言志的表达场所和文化空间。苏州私家园林的山水定位、空间处理、景观设计、建筑布局与功能及生活场景的安排、装修装饰、家具陈设，铺地花窗的图案，蕴含着江南民俗和文化，反映了中国传统农耕时代，在亚热带季风气候和河湖密布的长江三角洲平原宏观自然地理环境中，在鱼米之乡、丝绸之府、工商启蒙的江南，政治、文化、经济等领域社会精英们对理想生活环境的理解和设计，折射出他们对人与地理环境关系的思考和认识，以及对和谐人地关系的憧憬和构思。其间，融入了中国传统哲学理念，蕴含着儒、释、道家思想，表达了园主对自然、社会和人生的感悟。

苏州古典园林，源于自然，师法自然，而又再造自然，超越自然，是露天的江南文化博物馆，是立体的中国传统山水画，是具象的千年经典古诗词。让我们置身苏州古典园林，在中国历史光影的翩跹变幻中，在优秀传统文化的深入走读中，在与先哲和前贤的精神对话中，学会从容踏过人生的寒来暑往与跌宕起伏。

几处楼台画金碧，个中花草幻灵奇——留园

苏州的拙政园、留园与北京的颐和园以及河北承德的避暑山庄，并称中国四大名园。这里重点介绍留园及相关地学知识。留园坐落在苏州城区西北部留园路338号，面积不足拙政园的一半（留园占地面积23 300平方米，拙政园占地面积57 000平方米），曾有"吴中第一名园"之称。这里既有山水庭园，又见田园风光，还不乏山林野趣，更以建筑空间布局精湛著称，园内奇石众多，名冠江南，太湖石"冠云峰"堪称一绝。今天的留园堪称中国传统文化的集大成者，是江南建筑、书法刻贴书条石、花窗艺术的综合艺术博物馆。

留园始建于明万历二十一年（1593年），曾主持修复慈宁宫，建造万历寿宫的工部营缮主事徐泰时遭贬回到故乡苏州，将满腹才情付与留园营

建。在造园家周秉忠协助下建园，当时称"东园"。清乾隆期间，明代的建筑已毁，留园又重新建造（1794年），四年后建成，此时留园因园内竹色清寒，又名"寒碧山庄"，园主是刘恕，故又名"刘园"，现园中建筑多为清代风格。刘恕喜好法书，他将自己撰写的文章和古人法帖勒石嵌砌在园中廊壁。后代园主多承袭此风，逐渐形成今日留园多"书条石"的特色。刘恕爱石成癖，便搜集了十二方奇石列于园中，一一命名，并请多位画家绘图留念。现上海博物馆藏品《清·王学浩寒碧山庄十二峰图卷》，便是其中佳作。后经咸丰庚申战乱，园渐荒芜。

清同治十二年（1873年），常州人盛康购得此园，大加修治，并改名为"留园"，留园之名谐其音而取"长留天地间"之意。留园的最后一位私人园主，盛康之子盛宣怀，是晚清首富、李鸿章洋务运动的得力干将。盛家有一女佣吕葆珍即最终成为"少帅"张学良夫人的赵四小姐的母亲，而另一位女佣就是宋氏三姐妹的母亲倪桂珍。坊间传说当年刚从美国留学归来的宋子文曾与盛（宣怀）家七小姐谈婚论嫁，终因"主仆关系"，奢谈"儿女亲家"，结果不了了之。可后来，这个盛家女佣的儿子成了国民政府的财政部长，他的三位姐妹更是名扬海内外。

盛氏留园，泉石之胜，草木之美，亭榭之幽深，盛誉一时；山石之奇，以冠云峰为最。辛亥革命后，盛宣怀流亡日本，园遂衰败。1927年，北伐军二十一师司令部曾驻此园。其后，侵华日军和国民党军队先后在此饲养军马，门窗挂落破坏殆尽；残垣断壁，几成废墟。

1953年，人民政府拨款对留园进行抢修，1954年元旦，开放供人参观游览。1961年公布为全国重点文物保护单位。1997年经联合国教科文组织世界遗产委员会批准，作为苏州古典园林典型例证之一列入《世界遗产名录》。留园曾被誉为"吴中第一名园"，如同拙政园及其他苏州园林一样，身世纷乱，几易其主，谁能拥有几时？只感叹"名园无常主，永日属闲人"！

留园采用不规则布局形式，园林建筑与山、水、石相融合而呈天然之趣。利用云墙和建筑群把园林划分为中、东、北、西四个不同的景区，集住宅、祠堂、家庵、花园于一体，体现了首任园主徐泰时含蓄内敛、性情温和的性格特点和作为职业建筑师的专业修养。中部为山水花园，以山水见长，广植四季花木，这里原是寒碧山庄的基址，中辟广池，西、北为山，东、南为建筑。假山以土为主，叠以黄石，气势浑厚。山上古木参天，显出一派山林森郁的气氛。山曲之间水涧蜿蜒，仿佛池水之源。东部以厅堂庭院建筑取胜，北部陈列数百盆朴拙苍奇的盆景，一派田园风光，这里是全国苏派盆景的圣地。西部假山高耸，以山林野趣取胜。曲廊连接四部分，长达700余米，穿堂过桥，登高临水，迂回连绵，景观气象万千，为苏州园林三大名廊之一。其中一大段为俗称的爬山廊，高低起伏，通幽度壑，秀色迭出。爬山廊旁的墙面置放明代镌刻的王羲之、王献之父子的"二王法帖"。南部本为住宅和祠堂，现只用作留园管理部门办公或办展。

东部众多厅堂庭院建筑中，最具代表性的是"五峰仙馆"，应该是当年园主的主会客厅。厅面阔五间，高深宏敞，现为苏州园林中最大的厅堂。庭前置一假山，峰石挺秀，开门见山，意和李白"庐山东南五老峰，青山秀出金芙蓉"诗句，五峰仙馆，由此得名。因厅的梁柱、屏风以及家具均用楠木制成，故俗名"楠木厅"。门前踏垛（台阶）不太平整，园林行话叫"涩浪"，让人似觉"江河湖海，踏浪而来"。"山主人丁水主财"，留园园主的大客厅，当然必须"人财两旺"。馆北有耳室名"汲古得绠处"，前庭东面是"鹤所"，这里也许是当年园主养鹤之处，松鹤延年，宾主互贺。西面是"曲溪楼"，组成一个幽雅恬静的小院落。数个小院落错落分布，有机地构成整个留园东部建筑群，堪称建筑空间处理艺术的经典之作，无愧著名书画家、画鉴赏家杨仁恺先生盛赞留园"几处楼台画金碧"（见留园门厅抱柱联）。

在五峰仙馆内的北厅西侧墙角处，陈列着一架大理石落地屏风：木座上架起一面外罩着玻璃的正圆形石质屏风，直径至少达1.4米，目视边缘厚度只有1.5厘米。天然的石纹路宛如两重峰嶂，连绵起伏，画面下方，似有小河流水及山峰倒影，恰似朦胧山水的泼墨大写意画。山影之上的高处，有一片白色的圆影，仿佛十五的满月，普照群峰，这恰如画龙点睛，使画面顿生气韵，给人以时间上的定格感，让观者不由得惊叹大自然鬼斧神工，大师级的"艺术造诣"。右上角刻有题铭："此石产于滇南点苍山，天然水墨图画，康节先生有句云：'雨后静观山意思，风前闲看月精神。'此景仿佛得之。平梁居士。"很显然，这架落地屏正是明清以来流行的大理石屏风的珍贵实物，它在昔日被欣赏的焦点就在于表面的纹路宛若山影与月轮。凭其画面之经典，尺寸之巨大，堪称石质屏风的极品。大理石在明代等同于高档家具的标志，常用于镶嵌桌面、榻面等，不过最大的用场乃是制成屏心。大理石之所以被看重，就在于其纹路能够呈现类似米氏（米芾、米友仁）云山图的视觉效果，但一般尺幅不会太大。如此极品巨制，若在昔日，怎会被安置在倒（北）厅靠墙壁的次要角落！相反，多半会配设在重要的轩堂内，并且位置显耀，担当起让整个场面奢华隆重的重任。现在这样偏安一隅，栖身墙角，实在是委屈了幸存到今天的珍品。

大理石是自然界的石灰岩在地下经高温高压作用而形成的变质岩。变质岩是指地壳的内力作用促使原来的各类岩石发生结构、构造或矿物成分改变，而形成的另一大类岩石。大理石的主要化学成分，与石灰岩相似，也以碳酸钙为主。但因结构和其他微量成分如碳酸镁、氧化钙、氧化锰及二氧化硅等的含量差异，使大理石成为色泽和自然纹理千变万化的名贵建筑石材，也有了较高的观赏价值。我国的云南大理地区盛产此石，久负盛名。此外欧洲的巴尔干半岛，与我国云贵高原一样，也有大片石灰岩组成的喀斯特地貌区。同样也是世界上大理石的著名产区，所产大理石远在古希腊古罗马时代就已成为各种重要建筑的用材石料。

冠云峰位于留园东北部，林泉耆硕之馆以北，相传为宋代花石纲遗物（"花石纲"是北宋时期，特别是宋徽宗时期，专门运输从东南地区搜罗来供皇帝赏玩的花石的船队。通常由十艘船构成一个单位，即称"纲"）。冠云峰高5.7米，底高0.8米，总高为6.5米，重约5吨，其高大为江南园林中湖石之最。嵌空穿通，色质清润，纹理纵横，具"透""漏""皱""瘦"之美。从正立面来看，立峰呈S型曲线，故又有"东方维纳斯"之誉。该峰可分为上、中、下三个部分来解读，都独具特色，回味无穷。上部：生命之光。冠云峰的上部，线条优美地向东弯曲，而在东部偏处有一个罕见的特大洞穴，前后通透。穿过这个洞穴，可以看到它后面椭圆形的天空。当阳光透过孔洞照射，宛如一束生命之光，使得这块石头焕发出生机勃勃的灵性。孔穴的西侧，棱角分明，在斜阳的照射下呈现出强烈的层次感，又形似老鹰嘴。孔洞上下布满斜向的褶皱，线条纹理密集排列，稍显错综复杂，但相交均匀。它们就像中国山水画中的"皴擦法"。中部：神秘莫测。

冠云峰的中间部分向西微微弯曲，离开了整个立峰的轴线和重心，犹如少女窈窕的身姿。与上部明朗空灵的美相比，中部呈现出一种神秘诡异的美感。在它的西侧，有大片层叠的棱角和嵌空，而大多数孔穴看起来似通又非通。深邃幽暗的表面岩洞之间，布满了各种神秘莫测、变幻多端的沟壑，给人留下了难以言喻的印象。它的东侧相对平缓，虽然也有些起伏，就像画笔下的乱柴皴一样，这种纹理之美线条不多，却让这座立峰更加生动。

下部：重塑姿态。冠云峰的下半部分又大幅度地往东扭，使全石复归于重心的保持和体态的平衡，从而倍增了全石的姿态美。这块石头正面有一个大洞，洞内空旷而幽深，层次丰富，透出掩映之美。其上方还有几个小小的窝与大洞相呼应。下部的石面相对平坦，难得之处在于巧妙地隐藏了笼络，既能给人下方稳定的感觉，又有错综复杂的线条，避免了单调乏味。

太湖石属于经过流水侵蚀和堆积而形成的沉积岩中的石灰岩。多为灰色，少见白色、黑色。主要化学成分为碳酸钙。石灰岩容易受到流水等外力的侵蚀。长期经受波浪的冲击以及含有二氧化碳的河水或湖水的溶蚀，发生化学风化和溶蚀，形成溶于水，易被水冲离的碳酸氢钙。而比较坚硬的部分留存下来，经过大自然长时间的精雕细琢，太湖石逐渐具有了"瘦漏透皱"的外表特征。溶于水的碳酸氢钙极不稳定，在比较高的温度条件下，容易分解出不溶于水的碳酸钙沉积。

溶蚀作用：$CaCO_3+H_2O+CO_2 \rightarrow Ca(HCO_3)_2$

沉积作用：$Ca(HCO_3)_2 \rightarrow CaCO_3 \downarrow +H_2O+CO_2 \uparrow$

石灰岩溶于含有二氧化碳的水，形成岩溶地貌，也叫喀斯特地貌[①]。我国石灰岩分布很广，南方水热条件好，有利于化学反应平衡的反复移动，正逆反应不断互相转化，溶蚀作用和沉积作用频繁交替，使得南方的喀斯特地貌比北方的更加典型。广西和云贵高原有我国最大范围的石灰岩集中分布区，喀斯特地貌广布并且发育典型。地表喀斯特地貌有溶蚀初期的石芽（如昆明附近路南石林）、溶蚀中期的峰林（如广西桂林阳朔漓江两岸，可见第五套人民币20元票背面图案）以及溶蚀末期的孤峰（如桂林的象

[①] 喀斯特（Karst）一词源于斯洛文尼亚的伊斯特拉（Istra）半岛的喀斯特（Karst）高原。

鼻山、芦笛岩）；地下喀斯特地貌有地下河水侵蚀而成的溶洞及溶洞里洞顶下挂的石钟乳、洞底地面沉积的石笋以及上下连成一体的石柱。太湖流域及周边地区地表喀斯特地貌虽然不多见，但地下喀斯特地貌（溶洞）并不罕见，如太湖西岸宜兴境内张公洞、善卷洞和慕蠡洞，太湖西山上的林屋洞，杭州附近的瑶琳仙境以及与浙江毗连的安徽广德的太极洞，这些喀斯特地貌，一般已开发为旅游景点。在石灰岩分布区，适宜的气候、地质构造和水文地质条件下，均可形成太湖石。在气候温暖湿润，河湖众多的江淮及其以南地区分布甚广。太湖和安徽的巢湖是苏州园林中太湖石的最主要产地。太湖石是苏州园林中最为典型的三大传统赏石之一，以造型取胜，多玲珑剔透、重峦叠嶂之姿，美誉名扬天下。现在江南地面上，除留园的冠云峰外，著名的太湖石还有苏州第十中学内的"瑞云峰"（北宋）、上海豫园的"玉玲珑"（隋唐遗物）。

　　清同治十二年（1873年），盛康告老还乡购置留园，这位留园的第三任主人，把刘恕生前没机会买进家门的冠云峰又收到园中，并在冠云峰两侧添置了岫云峰和瑞云峰，组成了新的"留园三峰"。更重要的是，盛康为冠云峰建造了更著名的"冠云峰庭院"，有冠云楼、冠云台、冠云亭等一系列建筑，专门用来在不同角度欣赏冠云峰。从此，冠云峰成了整个庭院的焦点，也成了整座留园的代表景点，镇园之宝。

　　峰前有半方半曲小池"浣云沼"，池水清冽，藻萍浮翠，金鱼戏水，景色绝妙。冠云峰倒影在浣云沼内，宛如美人照镜。水流曲折婉转，和假山一起构成了"水随山转，山因水活"的自然美景。而这个庭园所有的布置，都是为了衬托冠云峰，正应了那句老话：红花总需绿叶配。冠云峰屹立在冠云楼前，犹如抽象的雕塑。峰石和屋宇互为对景，北面冠云楼的深色调门窗、屋顶便可衬托石峰的轮廓，色调深浅的对比突出了冠云峰在光线下的变化与美感。从南面的林泉耆硕之馆（内分南北两部分，故又称鸳鸯厅）前北平台望冠云峰，充分利用了视觉差，峰尖高耸于冠云楼楼顶之上，形体瘦长，外轮廓凹凸有致，玲珑剔透，犹如变化莫测的白云，有一种升腾之感的动势。西侧冠云亭为六角亭，戗角起翘，筒瓦覆盖，顶部饰以如意结子，以寓吉利之意。配以挂落，赭红广漆，古色古香，砖细矮墙，供人休憩。在冠云峰之北的冠云楼与鸳鸯厅隔冠云峰相望，冠云楼居高临下,由东端假山登楼。

冠云楼底层中间壁上,有匾额题作:"仙苑停云",由著名书法家沈尹默于1953年12月所书。其下有一副对联:"鹤发出生千万寿,庭松应长子孙枝。"匾额下挂着嵌有一方含有鱼化石石片的玻璃框。石片呈黄褐色,约2米见方,上面不规则分布着二十多条鱼化石,鱼长约15厘米,头骨、脊椎、肋骨和尾巴、鳍等都清晰可数,犹如刻在石上。这些小鱼有的在单个寻食闲游,有的在一起嬉水玩闹,还有几只龟鳖潜在水中静观,姿态生动,栩栩如生。

动物化石不稀奇,但是大面积的、可以作装饰用的化石就难能可贵了。从石质分析,此石系火山灰在水中沉积而成,大致形成年代为一亿四千多万年以前的侏罗纪。当时地球上还没有人类,是恐龙等爬行动物的天下。小鱼在水里游来游去,自由自在,突然,天崩地裂,山呼海啸暴发的火山喷出浓浓烈焰,一下子把小生命埋葬,这是多么惊心动魄又壮观的自然景象啊!"鱼化石"记录了地球历史上悲壮的一幕。

此类侏罗纪古鳕鱼化石,在我国甘肃、山西、湖南均有发现,而苏南未有发现。据专家考证,留园的这块化石可能采自浙江的建德地区,并由此推断该化石为留园旧主从外地带入。留园历代园主都好奇石,"鱼化石"从何而得,至今还是一个谜。当你去留园游览时,可千万不要遗忘它哦,广大地质学和古生物学爱好者更不应错过。这块鱼化石石片与"雨后静观山"大理石屏风、冠云峰,常被导游和广大游客称为"留园三宝"。我想三者无愧此番美誉。留园也因此"三宝"而无愧于杨仁恺先生的赞美"个中花草幻灵奇"。

同处苏州一城的留园和拙政园,同为中国四大名园,二者无疑不仅是苏州古典园林的典范,更是江南私家园林的杰出代表,共同体现了江南水之"温婉"、城之"精致"、民之"秀雅"、文之"含蓄"。同时,二者也一定存在差异:拙政园疏朗淡雅,山清水秀,花木绝胜,恰如各类官宦和画家共同绘就的"山水画";留园则玲珑精贵,藏奇纳宝,古建绝世,恰如职业建筑师和富商共同打造的"精品屋"。如果说拙政园是"大家闺秀",那留园定是"小家碧玉"。一言以蔽之:拙政园"更江南",留园"更私家"。

园林,作为人造的地理环境及人类理想居所,必须满足安全避灾、健康舒适、观赏审美等需求。苏州地区地质基础稳定,地震极少发生。平原地形占比约55%,地势十分低平,太湖东部岛屿及太湖东岸与姑苏区之间诸山海拔都不高于350米,且植被茂密,滑坡、泥石流等地质灾害极少。苏州属具有一定海洋性的亚热带季风气候,气候温和,四季分明。年均温15.7℃,最冷月1月均温2.5℃,最热月7月均温28℃。雨量充沛,年均降水量1 100毫米,夏季降水量较大,但降水量季节分配比华北、东北(温带季风气候)均匀。酷暑、严寒、暴雨、台风等气象灾害较少发生。丰沛的降水和低地平原,又造就了河汊湖沼密布的"水乡"。优越的地质、地形和气候水文条件为苏州园林提供了安全的宏观自然地理环境基础,为园居生活营造了比较舒适的大气候,也为园林"相地"选址提供了广阔而多样的优秀原生地理空间。

如何实现更高水平的健康舒适?园林能否提升居者的舒适度呢?我们来看看留园中部的建筑(密度与高度)、水体(面积)、植被(郁闭度)对温度、湿度、风力的影响。

研究表明,在留园中部涵碧山房北平台、荷花池东濠濮亭、荷花池中小蓬莱、荷花池西,中部景区最西边的闻木樨香轩、荷花池北岸高地的可亭、远翠阁长廊可亭东北约10米处六个地点中,冬季,对气温升温效果最明显的测点是闻木樨香轩,从8∶00起,气温便有明显抬升,约15∶00对气温优化作用达到峰值。主要是因为闻木樨香

图2 留园中部六测点示意图

轩坐西朝东,紧贴云墙(留园中、西部间的高大隔墙),地势也高,日出后最先接受太阳辐射。其次是远翠阁长廊、涵碧山房北面、濠濮亭3个测点,这些测点温度表现稳定且高于气象温度[①]1—3℃。此三处周边建筑围

---

① 气象温度:周边无大型建筑物的气象站中25平方米草坪中央,离地1.5米高处百叶箱中的气温计测得的气温值。

合度高（起到了挡风作用）、植被的郁闭度较高，或接近荷花池水体。冬季上午，太阳入射方向偏南，在北部远翠阁长廊一带，尤其是南侧明显增温，加之冬季太阳入射高度角（太阳光线与地平面的夹角）低，廊下空间亦可纳阳，故形成了一个较为温暖的空间。而小蓬莱和可亭四面敞开，建筑体量小，气温几乎未受园林影响，故接近气象温度。在夏季，可亭附近气温的舒适度最佳，最多可降温3.8℃；其次是小蓬莱和植被遮蔽度较大的闻木樨香轩。我们认为，这是由于可亭和小蓬莱位于荷花池边或荷花池中，日出后，池水的较大热容量起到了降低白昼气温升幅的作用，而植被遮蔽度大，能起到遮阳作用，从而减少到达地面并被地面吸收的太阳（短波）辐射[①]。与小蓬莱相比，位于高处的可亭，通风条件更好，有利散热，故最凉爽。涵碧山房北面气温始终较高，大部分时段接近气象温度，可从三个方面解释：首先，夏季由于太阳直射点偏北，太阳高度角大，而涵碧山庄是平房，且高度不高，又是卷棚顶，使其北侧平台日照并不比南侧弱。夏至正午时分，约三分之二平台表面被阳光直接照射。其次，平台地面为硬质铺装，夏季白天升温速度快，幅度大。最后，该平台处在夏季盛行的东南风的背风处，其南侧的涵碧山房（明瑟楼）建筑群使夏季盛行的东南风、南风无法发挥吹散暑热的作用。二者的位置关系恰似长江沿岸三大"火炉"之一的南京城与城东的紫金山。

　　相对湿度是指空气中的实际水汽含量占相同温度下饱和（最大）水汽含量的百分比，或湿空气的实际绝对湿度与相同温度下可能达到的最大绝对湿度之比。相同气温下，适宜的相对湿度（40%—60%）能提升人体的舒适感。将留园内上述六个地点相对湿度与气象数据对比后不难发现：在冬季，小蓬莱及可亭附近的相对湿度最优，濠濮亭、闻木樨香轩次之。同等条件下，周围植被茂密，植物组团丰富的可亭、闻木樨香轩等相对湿度高于植物覆盖面积少的场地；临水的小蓬莱、濠濮亭相对湿度高于距水体较远的远翠阁长廊。可见三维绿量较大、垂直层次分明、郁闭度较高的乔—灌—草结构植被以及面状水体的设置对环境的增湿效果更加明显。在

---

① 太阳辐射由各种不同波长电磁辐射组成，其中能量占比最大的波长0.38—0.76微米的可见光，主要靠地面——地球的固体或液体表面吸收，并转化为大气能大量吸收的长波辐射——红外线。因此，地面长波红外线辐射，是影响气温的主要的直接热源。

夏季，四面临水的小蓬莱平均相对湿度值最高，而以硬质铺装为主的涵碧山房平台和与荷花池距离最大的远翠阁长廊相对湿度偏低。总体而言，所有点的相对湿度值大部分时段均维持在45%—60%，没有形成明显的"湿岛"，有效缓解了夏季长三角地区常有的闷热感。

有研究者将园内各测点平均风速值与气象数据进行对比分析发现：冬夏两季由于园墙与建筑围合式布局所形成的挡风作用，使园内各测点风速均低于园外（处于1级，即软风，风速0.3—1.5 m/s，人体无明显"吹风感"），说明留园整体布局较好地控制了园中空气流动速度，营造了稳定的微风环境，尤其适合冬季户外活动的展开。在冬季，空间围合度高的闻木樨香轩和远翠阁长廊对风速的优化，即降低风速，效果最佳。在夏季，地势较高且处于通风廊道上的可亭风速始终最高，而较高的风速，有利于热量和水汽的散发。建筑围合度低，通风条件好，一般有利于降温，使得夏季体感更凉爽，冬季往往更冷。

整体来看，冬夏两季留园内热环境综合体感效果优于园外。园林环境对白天微气候起到了夏季降温、控湿，冬季增温、增湿及避风的作用。而不同的空间布局和山水、建筑、花木植被等景观要素配置使得园内呈现出各异的热环境状况，可见合理的空间布局和要素配置对庭园微气候有着显著的改善作用。

上述实证研究，也证明了地理学、气候学关于地面（下垫面）状况对气温、降水的影响理论。

由于水体热容量较大，且反射率较陆地高，夏季，尤其是白天，水体具有显著的降温增湿效应，尤其是水体面积，较之其形态和布局对微气候影响更大。因而增加水体面积，可有效改善水体上方及附近空间的日间气温，具有降温增湿效应。与冬季相比，夏季水体对温度的影响幅度和范围都更大。从气温的日变化看，日出后，随着太阳高度角的增大，水体对日间的降温作用逐渐变大，一般午时最为显著，因而午间园内气温的分布差异最大，水面与局部硬质铺地处温差最高可达3℃。

除了砖、石、水泥等硬质铺地材料比热容小于水，导致得到或失去相同的热量，温度变化速度快，幅度大之外，还有传热方式差异的影响，也不能忽视。由于砖、石、水泥等硬质材料铺地表层密度远大于水体表面密度，使其表层获得太阳辐射能后，向下传递的热量远远少于水体表面，致使夏季、白昼比水体热，进而通过红外辐射传递给低层大气的热量比水体表面多。这是涵碧山房北平台在夏季白昼上述留园中部六测点中，气温始终较高的原因之一。比热容和传热方式，合称大气下垫面热力性质。而来自下垫面的红外线热辐射，恰恰是大气，尤其是决定气温高低升降的低层大气热量的主要直接来源。

植被方面，树木主要通过遮阳来影响周围热环境，同等情况下，乔木改善热环境的效果最好，灌木其次，草坪最差。植被越茂密（郁闭度高、垂直层次丰富），气温的冬夏温差和昼夜温差越小，环境相对湿度会有所升高，且其年变化和日变化会缩小。大片乔木树林还会减小风速，从而降低空气中热量的散发和水汽的蒸发，对没有了太阳辐射的夏季夜间的园林气温可能有不利影响，使夏季夜间园内气温高于园外气温。

此外，中国古人在享受城市生活舒适便利的同时，又向往自然山水之趣，因而产生了建筑与山水相融合的宅园类型。而建筑不仅会影响园林内宅园的游赏功能，还会影响宅园的风速、风向，进而影响宅院（庭园），乃至整个园林的气温水平分布和日变化，即园林整体热环境的形成。

江南古典园林的南北纵向布置多呈北高南低之势，基本为北部、西北部筑山，一般北坡陡，南坡缓。北部、西部"山高坡陡"的假山与西、北面围墙一样，能起到降低冬季西北风风速的作用。南坡为向阳坡，较缓的坡度不仅有利于植被布局和生长，也有利于从南面观景，增加植被选择的多样性，并增加景观的立体感和层次感。东南理水，或主体水面置于全园中部，建筑环绕布置，主体建筑往往在主水体之南，这里不仅采光好，而且是夏季风的上风向。如前文提到的留园中部景区主客厅寒碧山庄，还有位于拙政园中部景区的主客厅远香堂。其他建筑以路相通，或以廊相连，围合出中心较为开阔的庭院空间，常成为整个园林的核心区域。

水池（主要水体）居中，假山置于池北，厅堂、书房则布置在池南，这是苏州园林，特别是整个园林的核心——生活起居所在的庭院和小型园林的基本空间布局模式。这样的布局，园主可以在厅内北望，隔池观山，山水主景画面富有立体感，层次分明，尽收眼底。留园中部景区的空间布局堪称典范。我国地处北半球中低纬度的地理位置，苏州地处冬季盛行寒冷干燥的西北风、夏季盛行温暖湿润偏南风的亚热带季风气候区，气候奠定了这一空间布局模式的科学性和合理性，这也是我国汉族南北民居的共同理想特征。以苏州园林为代表的我国私家园林，是汉族民居和住宅建筑文化的经典，是勤劳智慧的祖先，在农耕时代观察自然、认识自然，适应自然地理环境，追求天人合一，实现人与自然地理环境和谐相处，而精心打造的科学与艺术的结晶。

苏锡常其他景点概述

拙政园

明正德八年（1513年），解官回乡的御史王献臣，以大弘寺基建造宅园，取西晋潘岳《闲居赋》"筑室种树……此亦拙者之为政也"之意题名拙政园。意思是，这也是我这个"蠢笨"之人的"政"事，暗喻自己把浇园种菜作为自己（拙者）的"政"事，园名表现出园主王献臣自叹仕途不济，故拙政而遁世归隐之情的建园立意，很有代表性。

他聘请当时江南四大才子之一的文徵明（当时39岁）担任设计。拙政园的整个环境虽由人做，自然生态的野趣却十分突出，正所谓"虽由人造，宛自天开"。园子保留着明代建园之初的风范，被认为是江南古典园林的代表作。明嘉靖十二年（1533年），文徵明依园中景物绘图31幅，各配以诗，并作《王氏拙政园记》。在这篇文章中，文徵明写道："居多隙地，有积水亘其中，稍加浚治，环以林木。凡为堂一，楼一，为亭六，轩、槛、池、台、坞，涧之属二十有三，总三十有一，名曰拙政园。"可以帮助我们了解园子当时的形貌。文氏的诗画，现刻制在书条石上，置展在拙政园东、中部园区之间复廊的西侧廊壁上，据说原件现存于美国大都会博物馆。

园子后屡易其主，并几度入官，迭经兴衰分合。1860年至1863年曾属太平天国忠王府。1951年整修。园子的许多建筑都是太平天国时期李秀成增建扩充的，但是它的格局和形制却是在明代就已经确定了的。据说其先后易主三十余人，但自然景色的格局，和以水为主、水面阔广的特色，基本保持至今，拙政园现占地面积78亩。

对现在拙政园贡献比较大的园主，一位是张之万，四朝元老，晚清洋务派重臣张之洞堂兄，据说当年张之万在苏州看到一代名园的破落景象，非常痛惜，一直想把它修复，后来就买下拙政园中部，但是没有钱重修，于是以要把拙政园改造成"奉直八旗会馆"为由，让八旗子弟出钱。张之万按照文徵明当时留下的记录最大限度地恢复拙政园，我们现在看到的中部园林布局，基本上就是张之万当年恢复的。另一位就是做纸扇生意的苏州商人张履谦，他买下了拙政园西部，整修后取名"补园"。20世纪50年代，张家把补园捐献给了国家。

虎丘

虎丘山风景名胜区，在苏州古城西北3.5公里，海拔34.3米，景区面积72.8公顷，核心景区面积15.97公顷，有2500多年的悠久历史。山体由侏罗系火山岩浆构成，虎丘山的东、北、西三个方向的整个平原地区的第四系冲积层之下，都分布着侏罗系火山岩。

在虎丘十八景中，虎丘塔是虎丘最为著名的两大景点之一，始建于五代后周显德六年（959年），建成于961年，已经有一千多年的历史。塔高47.7米，七层八面，塔身向东北偏北方向倾斜，塔顶偏离中心2.34米，倾角为3度59分，是江南现存年代最早的一座砖身佛塔。1961年3月4日，被国务院确定为全国重点文物保护单位，21世纪初的保护工程，能保障其200年不倒。

剑池是虎丘另一著名景点。称它为剑池原因有三个：其一，从上面看，这池宛若一把平铺的剑，南宽北窄；其二，传说当年为吴王阖闾殉葬有宝剑三千把，故得此名；其三，传说当年秦始皇与孙权都曾来这里挖过剑，剑池就是由他们所挖而成。其实，剑池是天然断层形成的。剑池可以说是虎丘最为神秘的地方，传说吴王阖闾墓的开口处就在此处。圆洞门旁刻有"虎丘剑池"四个大字，原为唐代大书法家颜真卿独子颜頵所书，圆洞内石壁上另刻有"风壑云泉"，传为宋代四大书法家之一米芾所书。崖左壁有篆文"剑池"二字，传为东晋大书法家王羲之所书。

苏东坡曾感叹：到苏州不游虎丘者，乃憾事也。可见其在苏州的地位，而众多传说也给这一名胜增加了许多神秘色彩。民间盛传吴王阖闾墓不在此地，并给出了各种理由。20世纪50年代为了整治剑池，曾抽干池水，有考古工作者随工人下到池底，发现池底北端确有洞口，并确认有三道石门。但为了确保山顶严重倾斜的虎丘塔绝对安全,当时未作进一步的发掘。笔者认为,未在它处确定发现吴王阖闾墓之前,我们可以认为吴王阖闾墓就在此地。

虎丘山南西南约6公里处,另有一山形似狮子,故称狮山。现在也辟为公园,但植被稀少。苏州民间有"狮子回头望虎丘"的传说,暗喻着一段早年吴地君王争位、骨肉相残的故事。

天平山

天平山风景名胜区位于苏州城西约14公里,吴中区灵天路。海拔221米,山势高峻,因山顶平正故名。古称白云山,又名赐山。景区占地近百顷,向以"红枫、奇石、清泉"三绝著称,有万笏朝天、高义叠翠等十八胜景,系北宋名臣范仲淹归葬之地。山东南麓之古枫林,为明代万历年间宋代名臣范仲淹十七世孙范允临从福建带回,植于这祖茔之地。现存158棵,深秋时节,满山红叶若红霞缭绕,层层片片,蔚为壮观,有"天平红枫甲天下"之誉,现在每年举办红枫节,吸引了不少中外游客。

唐代以来,天平山就是江南著名旅游胜地,白居易、范仲淹、唐伯虎、乾隆皇帝等名人,留下了众多的诗词、游记和遗迹,令游人访古寻胜。入山门有乾隆皇帝御赐"高义园"牌坊、接驾亭,古景塘西侧古枫林中有御碑亭、范文正公忠烈庙等景点。1989年,为纪念范仲淹诞生一千周年,在忠烈庙前重建"先忧后乐"坊。为了让众多游人了解范仲淹的"先忧后乐"精神,景区内开设了范仲淹纪念馆,1994年11月开始对外开放,1995年度被苏州市委、市府命名为市爱国主义教育基地,无数中小学生和游客在此缅怀学习范仲淹"先天下之忧而忧,后天下之乐而乐"的崇高精神。

亭林公园

位于江南水乡昆山城内西北隅,地处江南水乡,苏沪之间,百里平畴,园中玉峰山形似马鞍,一峰独秀,1906年始辟地为马鞍山公园,占地850余亩。绿水青山,景物天成,四周曲水环绕,山川相映。1936年为纪念顾炎武改名亭林公园。顾炎武的名言"天下兴亡,匹夫有责",激励着一代代炎黄子孙为国家富强、民族复兴而奋斗。园林专家陈从周评价为

"江南园林甲天下，二分春色在玉峰"。园内古树名木繁多，四周曲水环抱，山中奇峰怪石林立，名胜古迹遍布，人文景观比比皆是，古有七十二景之说，历为游览胜地。亭林公园除了秀丽的自然景色和富有传奇的人文景观外，还有被誉为"玉峰三宝"的昆石、琼花、并蒂莲。亭林公园非常适合作为昆山、上海及周边城市中小学生开展地质、地貌及地理野外综合考察的第一站。

锡惠公园

位于江苏无锡市西郊，惠山古称华山、历山、西照山，相传西域僧人惠照曾居此处，故唐以后称惠山。锡山是惠山东峰脉断突起处，山高仅75米，相传周秦时盛产锡矿，故名。1958年开凿了映山湖之后，锡山就与惠山连成了一片，辟为锡惠公园。公园目前占地90公顷，是一座集众多的文物古迹和舒适的休闲游乐于一体的综合性大型园林。有天下第二泉（惠泉）、寄畅园、惠山寺等著名旅游景点，是首批国家重点风景名胜区——太湖风景名胜区的十四个核心景区之一，其中的寄畅园位于惠山北麓，因山势而建，山水相宜，是江南园林中巧妙利用自然山水，造园设景的杰作。从寄畅园内水池北岸远眺东南，龙光塔矗立惠山之巅，（远）借景效果极佳。天下第二泉（惠泉），因无锡著名民间盲人音乐家华彦钧（1893年8月17日—1950年12月4日，艺名阿炳）创作的二胡名曲《二泉映月》而蜚声中外。

鼋头渚

鼋头渚为太湖上的小岛，位于江苏省无锡市大浮镇，与"太湖水"相映成趣，被认为是无锡境内的桃花源。1917年，鼋头渚始建园林。社会名流、达官贵人纷纷在鼋头渚附近营造私家花园和别墅。先后有杨翰西购地建"横云山庄"及募资建广福寺、陶朱阁；王心如建"太湖别墅"；陈仲言建陈园（若圃）、郑明山建郑园等，私家园林建筑星罗棋布，逐年增多。新中国成立后，这些私家花园和别墅大都由政府接管，合并成"鼋头渚公园"，系首批国家5A级景区。郭沫若先生有诗称赞"太湖佳绝处，毕竟在鼋头"。80年代后，经统一规划布局，精心缀连，并不断扩建新景点，形成充山隐秀、鹿顶迎晖、鼋渚春涛、万浪卷雪、湖山真意、十里芳径、芦湾消夏、太湖仙岛、江南兰苑、广福古寺、中犊晨雾、中日樱花友谊林等10多处各具风貌的美景，总面积逾500公顷，成为江南最大的山水园林之一。

梅园

位于无锡西郊的东山和浒山南坡，南临太湖，北倚龙山，以梅花驰名，园内遍植梅树。且不说种梅的历史悠久，数量众多，仅是其中的珍贵品种就令人大开眼界。节令是赏梅的关键，每年的早春时节，这里是江南的赏梅胜地。其中玉蝶梅、绿萼梅、宫粉梅、朱砂梅、龙游梅等品种都十分珍贵。

天宁寺

常州天宁寺坐落在江苏省常州市天宁区罗汉路1号，交通便捷。天宁宝塔高达150多米，为全国诸多同类宝塔中最高者。天宁宝塔的顶部十三层的万佛光明楼，有镇塔之宝传世水晶古佛。万佛光明楼上有天下第一高钟，位于天宁宝塔的最高处，梵钟高3.2米，重达15吨，青铜打造，钟壁厚如砖，敲钟柱也粗如树干。钟声幽远，余音绕塔。天宁寺特别得到乾隆皇帝的青睐，六次下江南，三次到过天宁寺，并留下"龙城象教"的御笔，是对天宁寺佛国净土的肯定。天宁寺始建于唐永徽年间（650—655年），距今有1 300多年历史，是佛教音乐梵呗的发源地之一。天宁寺盛名在外，与镇江金山寺、扬州高旻寺、宁波天童寺并称禅宗四大丛林。寺院布局清爽简洁，主轴线上依次有：山门殿、天王殿、大雄宝殿、玉佛殿、藏经楼和天宁宝塔。天宁寺的山门很有特色，前面是一座石牌坊，紧邻山门殿，中门横梁和后面山门殿的匾融为一体，感觉既可以看成牌坊，也可以当作装饰，构思十分巧妙。穿过山门就是天王殿，高达23米多，巍峨无比，重檐歇山顶，黛瓦黄墙三拱门。一重屋檐下悬挂"天王殿"的巨匾，三个大字金光闪闪，中门上有"不二法门"的砖刻匾，由清代翰林院编修、晚清洋务派先驱、吴县书法家冯桂芬所书。天王殿迎面佛龛内供奉弥勒佛，是未来佛，为释迦牟尼佛的弟子。笑口常开，慈颜欢喜，令人感到和蔼可亲，顿生愉悦之情。两侧供奉四大天王，魁梧高大，摄人心魄。

天宁寺恢宏的殿堂，高大的佛像，千年的佛韵，散发出无穷的魅力。天宁宝塔塔顶的钟音，悠扬入云霄，传遍龙城常州。

红梅公园与青果巷

红梅公园是一处名胜与自然风光相结合的江南园林，是常州城市的一张靓丽名片，现为国家4A级旅游景区，常州唯一一座全国重点公园。公园位于天宁寺北侧，始建于1958年，1960年正式建成开放，因红梅阁而定名红梅公园。1983年，全国人大常委会副委员长胡厥文应邀为红梅公园题写园名。公园地形起伏，具有水乡特点。园内有2处省级文物保护单位：文笔塔（始建于南朝，距今已有1 500多年）、红梅阁（始建于唐昭宗年间，距今已有1 100多年），还有半山亭、袈裟塔、冰梅石、嘉贤坊、塔影山房、文笔楼等多处纪念地以及"屠一道根艺珍藏馆""红梅奇石博物馆"。几十年来，公园已成为常州城区规模最大的综合性开放式公园，具有较高的知名度，每年接待中外游客约200万人次，值得一游。

在红梅公园西面，常州老城厢古运河旁，有一个历史风貌保护区——青果巷。自1581年明万历年间开始建造以来，这里一直是这座城市独特的文化街巷，悠久的历史和文化底蕴赋予了青果巷特殊的魅力。巷子原名"千果巷"，因靠近运河，商贾往来频繁，成为南北果品交易的中心。随着果品店铺的兴盛，巷名逐渐演变为青果巷。这里留有明清时期的老路，由老砖、石条铺就而成，显得凹凸不平。站在这条巷道上，仿佛能感受到历史的沉淀和时光的流转。青果巷以保留了众多明清风貌的老宅而闻名，尤以沈宅、贞和堂和礼和堂最为精美。这些宅院宅内的建筑、装饰和陈设都体现了明清时期的建筑风格和文化氛围。礼和堂是"中国汉语拼音之父"周有光的家族宅院。巷道两边，现已是高楼林立，繁华的城市景象与古老的青果巷形成了鲜明的对比。来到这里，人们不禁沉浸在无法名状的宁静和古雅之中。青果巷虽然不足千米长，却走出了百余名进士和文化名人。瞿秋白、盛宣怀、周有光、赵元任、史良、刘国钧、唐荆川以及清代诗人赵翼等都曾在此留下足迹。"江南名士第一巷"的美誉并非空穴来风。与长三角各地一样，常州的昨天文化名人辈出。赵翼曾有诗云："李杜诗篇万口传，至今已觉不新鲜。江山代有才人出，各领风骚数百年。"

青果巷八桂堂（今82号）是中国共产党早期著名领导人瞿秋白的故居和读书处。站在此建筑前，仿佛能看见少年时代的瞿秋白在这里读书玩耍的情景。那时的院子里绿草如茵，蝉鸣不绝。而如今的青果巷，深夜灯火通明，平静的古老运河水面上倒映着历史文化名人们，闪耀出星星点点的光芒，犹如夜晚的灯塔，给今日的常州和常州人民指引着未来前进的方向。

徐霞客故居

徐霞客故居坐落在江阴市霞客镇（原名为马镇）南岐村，这里是风景秀丽、经济发达、交通便捷的江南水乡，它北距江阴长江公路大桥35公里，南临无锡城区15公里，东靠沪宁、锡澄高速公路。

徐霞客故居由故居、胜水桥、晴山堂石刻、徐霞客墓和仰圣园等组成。历史上故居建筑曾多次被破坏又重建。1985年政府拨款大修。现有三进、十七间正房、两间厢房，为明式建筑。大门门庭悬挂着陆定一题写的"徐霞客故居"匾额，两边立有盘陀石。门背面镌"绳其祖武"砖额。其中第一进前为天井庭院，两侧为厢房，东西置花坛，大厅前有"承前裕后"砖刻，厢房和大厅辟为展览室，陈列着徐霞客生平事迹及溶岩标本。第二进天井右侧有一棵古罗汉松，相传为徐霞客亲手移植，距今已有400多年树龄。第二进大厅为"崇礼堂"，正中悬有徐霞客画像，陈列着当代书画家为纪念徐霞客所作的书画作品，以及近年拍摄的徐霞客游历过的各地风光照片。

1587年，徐霞客出生在南直隶江阴（今江苏江阴市）一个有名的富庶之家，祖上都是读书人。他的父亲徐有勉一生不愿为官，也不愿同权势交往，喜欢到处游览欣赏山水景观。受耕读世家的文化熏陶，徐霞客幼年好学，博览群书，尤钟情于地经图志，少年即立下了"丈夫当朝碧海而暮苍梧"的旅行大志。

万历二十九年（1601年），徐霞客15岁时，应过一回童子试，但没有考取。父亲见儿子无意功名，也不再勉强，就鼓励他博览群书，做一个有学问的人。徐霞客读书非常认真，凡是读过的内容，别人问起都能记得。家里的藏书渐渐不能满足他的需要，他到处搜集没有见到过的书籍，只要看到好书，即使没带钱，也要脱掉身上的衣服去换书。

万历三十三年（1605年），徐霞客19岁，父亲去世。徐霞客很想外出探询名山大川的奥秘，而且想绘天下名山胜水为通志，但因为家有年迈的母亲，不忍出行。

徐母心胸豁达，通情达理，与父亲的"志行纯洁"比起来，母亲的"勤勉达观"对徐霞客的影响更直接，母亲积极鼓励徐霞客放心远游。

万历三十六年（1608年），21岁的徐霞客终于正式出游。临行前，他头戴母亲为他做的远游冠，肩挑简单的行李，离开了家乡。从此，直到54岁逝世，徐霞客绝大部分时间都是在旅行考察中度过的。

每每跋涉一天之后，无论多么疲劳，无论是露宿街头还是住在破庙，徐霞客都坚持把自己考察的收获记录下来，为后人留下了珍贵的地理考察记录。

万历四十二年（1614年），徐霞客游览了家附近的扬州、南京等地，还参观了瘦西湖。

崇祯九年（1636年）至崇祯十二年（1639年），在人生的最后4年，徐霞客游览了浙江、江苏、湖广、云贵等江南大山巨川，写下了9卷游记。

徐霞客游历考察的30多年间，在完全没有他人资助的情况下，先后四次进行了长距离的跋涉，足迹遍及相当于现代的江苏、浙江、山东、山西、陕西、河北、河南、安徽、江西、福建、广东、湖南、湖北、广西、贵州、云南和北京、天津、上海等21个省、市、自治区，走遍了大半个中国。更可贵的是，在30多年的旅行考察中，他主要是靠徒步跋涉，连骑马乘船都很少，还经常自己背着行李赶路。他寻访的地方，多是荒凉的穷乡僻壤，或是人迹罕至的边疆地区，几次遇到生命危险，出生入死，尝尽了旅途的艰辛。

万历四十四年（1616年），徐霞客在参观了白岳山（今齐云山）后，来到了黄山。徐霞客登临黄山时，曾对黄山的秀丽这样赞叹："薄海内外之名山，无如徽之黄山。"后被当地人引申为"五岳归来不看山，黄山归来不看岳"。此后，徐霞客来到了福建省，开始了武夷山之行。

万历四十五年（1617年），这一年徐霞客进行的主要是短线游，如善卷洞和张公洞。这年，他的原配夫人去世。

万历四十六年（1618年），八、九月份，徐霞客与亲友一起，溯长江而上，游览了庐山。当年九月份，他再一次游览了黄山——路线与第一次大同小异。

泰昌元年（1620年），徐霞客在这一年五月启程，继续在邻近省份进行短线游。旅游的景点包括浙江省内的江郎山、福建省的九鲤湖和石竹山。

天启三年（1623年），徐霞客循运河北上，随后西行，进入河南，访问了少林寺和嵩山。随后，他又游览了龙门石窟。此后，徐霞客继续西游，来到了西岳华山。与韩愈不同，徐霞客足足遍游了华山的五峰。此后，徐霞客又游览了峨眉山和武当山。在峨眉山，由于当地有人叛乱，导致"峨游不畅"。

天启四年（1624年），由于自己的母亲已经八十高龄，徐霞客打算停止出游，侍奉母亲。不过母亲为了表示对他的支持，做出了一个惊人的举动——和儿子一起旅行。当然，目的地基本限于徐霞客老家江苏省内。第二年，徐霞客的母亲去世，悲痛的徐霞客也暂时停止了自己的出游。

崇祯元年（1628年），在守孝三年期满后，徐霞客再次踏上征程。他游览了福建的金斗山和玉华洞，随后来到广东罗浮山。

崇祯二年（1629年），徐霞客由运河北上，游览了盘山、崆峒山、碣石山等景区。

崇祯三年（1630年），他和叔祖在七月启程，再一次游览福建。此次游览的景区包括浮盖山、桃源洞等，此外还进行了一次漂流活动。

崇祯五年（1632年），他和族兄一起，在农历三月启程，再次游览了天台山和雁荡山，随后与名士黄道周一起泛舟太湖。

崇祯六年（1633年），这一年夏天，徐霞客再一次北上京师，并游览了山西五台山景区，遍游东南西北四台。八月，他离开五台山赶赴恒山，并参观了悬空寺和庙群。

崇祯九年（1636年），年届五十的徐霞客感到老病将至，开始了那次悲壮的"万里遐征"。十月开始，他遍历江西、湖南，沿途游览了西塘、龟峰、龙虎山、会仙峰、武功山等名胜，随后继续征途。徐霞客远游至云南丽江后，因足疾无法行走，仍坚持编写《游记》和《山志》，基本完成了260多万字（遗失达200多万字，只剩下60多万字）的《徐霞客游记》。

并受当地人士之托，编纂《鸡足山志》。

崇祯十年（1637年），离开云南，徐霞客又进入广西。在考察了灵渠后，他游览了现在仍是热门景点的桂林以及阳朔。在桂林，他游览的景区包括象鼻山、叠彩山、七星岩、伏波山、尧山等。此后，徐霞客泛舟漓江，来到了阳朔附近。当时徐霞客非常想攀登独秀峰，但是这里却是王城的禁区，徐霞客苦苦恳求，也未能如愿。结束桂林阳朔之行后，徐霞客游览了都峤山和勾漏洞等风景名胜。

崇祯十一年（1638年），徐霞客开始了云贵之旅，参观了白水河瀑布，也就是现在的黄果树瀑布。一路上，他经过的主要景区包括观音洞、碧云洞、丹霞山、石林、昆明西山、溶洞群、棋盘山、水目山、九鼎山、鸡足山、丽江、妙峰山等。

崇祯十二年（1639年），徐霞客继续在西南边境游览，所参观过的景区包括金华山、普陀崆温泉、蝴蝶泉、澜沧江铁索桥周边景区、四洞沟风景区等。

崇祯十三年（1640年）正月，徐霞客已"两足俱废"、心力交瘁，云南地方官用车船送徐霞客回到江阴。江阴的官员来探望时问道：何苦来哉。徐霞客回答道："张骞凿空，未睹昆仑；唐玄奘、元耶律楚材衔人主之命，乃得西游。吾以老布衣，孤筇双屦，穷河沙，上昆仑，历西域，题名绝国，与三人而为四，死不恨矣。"

崇祯十四年（1641年）正月，54岁的徐霞客病逝于家中。遗作经好友季会明等整理成书，广泛流传。

徐霞客的游历，并不是单纯为了寻奇访胜，更重要的是为了探索大自然的奥秘，寻找大自然的规律。他在山脉、水道、地质和地貌等方面的调查和研究都取得了超越前人的成就。

徐霞客对许多河流的水道源进行了探索，像广西的左右江，湘江支流萧、彬二水，云南南北二盘江以及长江等，其中以长江最为深入。长江的发源地在哪儿，很长时间以来都是个谜。战国时期有一部地理书《禹贡》，书中有"岷江导江"的说法，后来的书都沿用这一说。徐霞客对此产生了怀疑。他带着这个疑问"北历三秦，南极五岭，西出石门金沙"，查出金沙江发源于昆仑山南麓，比岷江长一千多里，于是断定金沙江才是长江源头。在他之后，很长时间内也没有人找到长江源头，直到1978年，国家派出考察队才确认长江的正源是唐古拉山的主峰格拉丹冬的沱沱河。

　　徐霞客还是世界上对石灰岩地貌进行科学考察的先驱。徐霞客在湖南、广西、贵州和云南作了详细的考察，对各地不同的石灰岩地貌作了详细的描述、记载和研究。他还考察了100多个石灰岩洞。他没有任何仪器，全凭目测步量，但他的考察大都十分科学。如对桂林七星岩15个洞口的记载，同今天地理研究人员的实地勘测结果大体相符。徐霞客去世后的100多年，欧洲人才开始考察石灰岩地貌，徐霞客称得上是世界最早的石灰岩地貌学者。他指出，岩洞是由于流水的侵蚀造成的，石钟乳则是由于石灰岩溶于水，从石灰岩中滴下的水蒸发后，石灰岩凝聚而形成钟乳石，呈现出各种奇妙的形状。这些见解，大部分符合现代科学的原理。

　　徐霞客在地理科学上的贡献很多，对火山、温泉等地热现象也都有考察研究，对气候的变化，对植物因地势高度不同而变化等自然现象，都作了认真的描述和考察。此外，他对农业、手工业、交通的状况，对各地的名胜古迹演变和少数民族的风土人情，也都有生动的描述和记载。徐霞客不仅对地理学有重大贡献，而且在文学领域也有很深的造诣。他写的游记，既是地理学上珍贵的文献，又是笔法精湛的游记文学。他的游记，与他描绘的大自然一样质朴而绮丽，有人称赞它是"世间真文字，大文字，奇文字"。

主题四　放眼风物

评弹

　　苏州评弹是一颗璀璨的江南明珠，被称为"最美的声音"，吴侬软语，余音袅袅。

　　它是苏州评话和苏州弹词的总称，是采用吴语徒口讲说表演的传统曲艺说书戏剧形式。评话俗称"大书"，弹词俗称"小书"。评弹发源并流行于以苏州为中心的江苏东南部、浙江北部和上海等吴语方言区，大约形成于明末清初。

苏州评话渊源于宋说话中之讲史。弹词渊源于宋代之小说及元明的词话、陶真等诗赞体说唱。关于其艺术形式，有"优人百戏，击毬关朴。渔鼓弹词，声音鼎沸"的描述。评弹历史悠久，清乾隆时期已颇流行。最著名的艺人有王周士，他曾为乾隆皇帝表演过。嘉庆、道光年间有陈遇乾、毛菖佩、俞秀山、陆瑞廷四大名家。咸丰、同治年间又有马如飞、赵湘舟、王石泉等，之后名家流派纷呈，使苏州评弹艺术历经200余年不衰。苏州评弹的书目大多为历朝历代的民间故事。例如《三国演义》《水浒传》《白蛇传》《珍珠塔》等。到了近现代，书目题材略有更新，有《老杨与小杨》《林则徐》《焦裕禄》《雷锋》等。

2023年，苏州评弹表演艺术家蒋云仙、余红仙先后逝世，分别享年90岁、84岁。苏州评弹与昆曲、苏州园林一起，成为历史文化名城苏州的"文化三绝"。2006年，苏州评弹入选第一批国家级非物质文化遗产新增项目名录；2008年及2011年入选第二批及第三批扩展项目名录。

苏绣

苏绣是苏州地区刺绣产品的总称，为江苏省苏州市民间传统美术。苏绣起源于苏州，是我国四大名绣之一，为国家级非物质文化遗产。苏绣发源地在苏州吴县一带，现已遍衍无锡、常州等地。清代是苏绣的全盛时期，苏绣在那时被确立为中国四大名绣，可谓流派繁衍，名手竞出。具有图案秀丽、构思巧妙、绣工细致、针法活泼、色彩清雅的独特风格，地方特色浓郁。以苏州刺绣研究所的镇湖刺绣最为有名。镇湖是苏绣的主要发源地，苏绣中的八成产品来自镇湖。

2006年5月20日，中华人民共和国国务院批准，将苏绣列入第一批国家级非物质文化遗产名录。

宜兴陶器

宜兴手工紫砂陶技艺是指分布于江苏省宜兴市丁蜀镇的一种民间传统制陶技艺，此项工艺有着悠久的历史和很高的艺术成就，享誉世界艺林。以其独特的原料材质，精湛的手工技艺，古朴的自然色泽和百态千姿的造型艺术，在工艺美术苑林中独树一帜，异彩纷呈、经久不衰。

由于宜兴独有一种澄泥陶，颜色绛紫，故其制品通称"紫砂器"，通常也简称"紫砂"，紫砂经过生产、发展的过程，到明代末期臻于成熟，此后经久不衰。宜兴紫砂从明、清开始就已经具有了相当的知名度。其产品畅销国内外，日本也以紫砂为珍品而来华学习造壶技术。此外，宜兴紫砂茶壶更与中国茶同销欧洲，成为欧洲制壶的蓝本，足见宜兴紫砂的珍贵。

宜兴紫砂陶是集陶瓷工艺和器皿造型、雕塑、绘画、书法、文学、金石艺术于一体的综合性艺术，始于北宋，盛于明清。

太湖三白

太湖三白指中国太湖的三种河鲜类特产——白鱼、银鱼和白虾，是江苏省常州市武进区、苏州市吴中区和无锡市的地方著名系列菜"太湖船菜"的招牌食材。由于其色泽均呈白色，因而称为"太湖三白"。利用太湖三白所制作之菜肴的选料，极为注重食材的新鲜程度。以太湖三白制作菜肴之方法，多为清蒸白灼等，强调保持食材的原味。

尤其因三种河鲜出水即易死亡，故而最适合在水边或船上烹制太湖三白。"船菜"是苏州的原创，据记载起源于唐宋，由此可见当时苏州城市生活的富足和奢华。白居易任苏州刺史时，修筑"白公堤"，并浚疏河道，愈加促进了乘船宴游之风。达官贵人、文人骚客，乃至富贾市民，都以在船上饮酒赋诗为风雅之举。"太湖三白"应是"船菜"的主角吧。

主题五 旅 游 开 发

旅游资源的特点

一是审美性。旅游资源可以使游客身心愉悦、满足其审美需求。自然界和人类社会中许多景观都可以给人们带来美的享受，因而成为旅游资源。如拥有"五岳独尊"之称的泰山，山势磅礴雄伟，峰峦雄奇峻拔，景色壮丽，让游人赞叹不已，流连忘返。再如现代化城市中高低错落、鳞次栉比、风格迥异的各类建筑和时尚高雅的商业街道，也给人们带来美的享受。

二是文化性。旅游资源所具有的文化内涵往往成为吸引旅游者的重要因素。矗立于巴黎香榭丽舍大街上的凯旋门庄重雄伟，表现了法兰西民族的自尊和骄傲，是法国巴黎的代表性景点。一些山岳、湖泊、河流，也因丰富的文化积淀而著名。如我国的泰山，除了独特的自然景观外，各种文物古迹、神话传说以及历史上许多文人墨客的诗文题刻，增加了泰山的文化内涵，提升了泰山的旅游品质，成为我国为数不多的联合国自然和文化双重遗产。恒河是印度文明的发源地，被誉为印度的"圣河""母亲河"，因而成为印度重要的旅游资源。

三是区域性。旅游资源与其所在环境是紧密联系在一起的，它植根于当地的自然和文化环境之中。不同区域中的旅游资源各有特色，这些特色是难以移植的。旅游资源的区域性特点是吸引人们离开自己熟知的居住地，前往异地进行旅游活动的主要原因。

我国东北地区冬季千里冰封、银装素裹的自然景象，与海南岛长夏无冬、满目葱茏的自然景象反差巨大，两地居民对对方地区的自然风光会产生浓厚的兴趣。再如，古老的东方文化对西方人来说具有神秘感，会吸引大量西方游客前来探访、观光。旅游资源的区域性特点，决定了世界各地旅游资源的多样性和多元化，是旅游资源生命力的表现。

四是综合性。旅游资源各要素相互联系、相互作用、相互制约，共同形成和谐的有机整体。世界上多数著名的旅游区都是自然旅游资源要素与人文旅游资源要素相互依存、相互作用形成的和谐整体。如我国的峨眉山雄踞四川盆地西南，山势逶迤，有"峨嵋天下秀"的美誉，多珍禽怪兽和奇花异草，被称为我国西南的"自然博物馆"；同时，作为我国四大佛教名山之一，峨眉山上多古庙寺，人文古迹众多，因此被联合国教科文组织列为世界自然和文化双重遗产。旅游资源的综合性特点使其能满足旅游者消费者的多元需求，区域旅游资源的构成要素种类越丰富，联系越紧密，其生命力就越强，就越能吸引更多旅游者，从而提升旅游业的经济效益，促进区域经济社会的全面发展和进步。

此外，旅游资源还具有以下几方面的特点：吸引力的定向性，即就某项具体旅游资源而言，它对某些游客来说可能吸引力很大，但对另外一些旅游者来说可能并没有多大的吸引力甚至根本没有；垄断性，即大多数旅游资源都有地理空间上不可移动的特点；易损性：即自然易损和文化原生性破坏，旅游资源同传统的物产资源相比，属于非消耗性资源，只要管理利用得当便可用之不竭，但若使用不合理或维护不当便很容易遭受损害甚至破坏；可创新性：即为了发掘旅游者，可凭借经济实力人为地创造某些旅游吸引物；时间性，即季节性、时间的特定性和时代的变异性。

主题六 行 路 天 下

特别提醒：参观和考察过程中，应注意安全，随时记录或摄影，如有同伴或家长同行，应争取配合与合作，并遵守相关单位的有关规定，尊重工作人员，遵纪守法，遵守社会公德，礼貌谦让。

研学活动 苏州野外地质地貌研学观察

一、观察点
虎丘、天平山、灵岩山、砚瓦山、穹窿山。

二、研学目的
1. 了解岩层产状三要素，初步掌握地质罗盘的使用方法；
2. 了解观察点的基本地质构造和主要岩石类型；
3. 观察、认识三大类岩石的特征及矿物成分；
4. 节理、球状风化等地质现象。

三、相关知识
1. 岩石是一种或多种矿物的集合体
岩石按其成因不同，分为岩浆岩、沉积岩和变质岩三大类型。地球软流层中熔融状态的岩浆沿着地壳薄弱地带上涌，到地壳内部或地表冷凝形成的岩石，叫岩浆岩（也称火成岩）。它是岩石圈的主体，也是其他岩石的母体。岩浆在地壳内部冷凝形成的岩石，称为侵入岩，如花岗岩。由于冷却缓慢，结晶充分，通常侵入岩的矿物晶体颗粒较粗。岩浆冲破上覆岩层喷出地表，称为喷出作用或火山活动。喷出地表的岩浆冷却凝固形成的岩石，称为喷出岩或火山岩。由于冷却迅速，喷出岩的矿物颗粒细小，通常难形成晶体，岩石中往往有气孔。分布最广的喷出岩是色泽较深的玄武岩。大洋底部几乎全部由玄武岩构成，部分陆地也覆盖有玄武岩。印度德干高原上的一些地区，玄武岩岩层厚达3 000米。

岩石经过风化、侵蚀后形成各类碎屑物质经流水、风等外力的搬运，在湖泊、海洋及低洼处沉积，再经过长期复杂的固结成岩作用，最终形成沉积岩。由于沉积过程是不同地质时代的碎屑物质层层叠置，沉积岩往往有明显的层状结构。沉积岩中还常保存有动植物化石，它们是地球发展历史的重要记录。沉积岩的种类很多，有的是由砾石、砂或粉砂胶结而成的，如砾岩、砂岩；有的是由颗粒非常细小的黏土压紧固结而成的，如页岩、泥岩；有的则是经过化学沉积和生物沉积而形成的，如石灰岩、白云岩等。

岩石在保持固体状态下，受高温、高压影响，矿物的种类和成分、岩石结构和构造发生变化的过程，称为变质作用。经历变质作用形成的岩石称为变质岩。与原有岩石相比，变质岩质地致密，密度较大，颗粒定向排列，形成片理构造。有的变质岩能剥成薄片、薄板等。大理岩是由石灰岩经变质作用形成的，是良好的建筑和装饰材料。常见的变质岩还有由石英砂岩变质而成的石英岩，由页岩、泥岩变质而成的片岩、板岩，由花岗岩变质而成的片麻岩等。

2. 岩层产状及其三要素

岩层产状是岩层空间产出的状态和方位的总称，是研究地质构造的重要依据。受到地壳运动的影响，岩层产状会发生改变。岩层产状有三要素，走向、倾向、倾角。在野外可用地质罗盘测定。走向是指岩层面与水平面的交线，叫走向线，即图3中的ACB线，其两端所指方向为走向，走向可认为有两个方向，互为对方的相反方向。岩层面上与走向线垂直的线叫倾向线，它在水平面上的投影所指的方向为倾向，即图3中

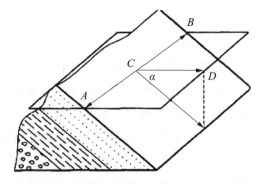

图3　岩层产状三要素示意图

CD线箭头所指方向。岩层面的倾向线与其在水平面上的投影线的夹角叫倾角，即图中的α角。走向与倾向垂直，野外只需要测定倾向与倾角。

测量走向：将罗盘的长边紧贴于岩层层面，保持罗盘水平（盘中气泡居中），读取指北针或指南针所指的方位角度数，即可得到岩层的走向。

测量倾向：将罗盘的短边（如用刻度盘北端）指向岩层倾斜方向，紧贴岩层层面，保持罗盘水平（气泡居中），读取指北针所指的方位角度数，即可得到岩层的倾向。

测量倾角：将罗盘竖起，使其长边沿倾向线方向紧靠层面，保持其测角水泡居中，读取指针所指的度数，即可得到岩层的倾角。

四、苏州城西北、城西地区地质条件简介

本区花岗岩体周围，除北部被已经夷为平地的新生代第四纪地层所覆盖外，其东、南、西三面，均为古生代泥盆纪的石英砂岩（属沉积岩）所环绕，在西南及西部与花岗岩相接触处出现有晚古生代二叠纪的砂页岩。从产状来看，穹窿山的石英砂岩倾向N偏E，经尧峰山、七子山直到横山，逐渐转为倾向NNW。因此本地区的地质构造为一向NE方倾伏的向斜构造。而花岗岩体大致位于向斜的近轴部分。

1. 虎丘

侏罗纪火山作用形成的岩浆岩山体，主要由火山碎屑物质和熔岩（岩浆喷出地表称熔岩）所构成。火山爆发时，往往先喷出许多大小不等的固体碎屑，碎屑粒径在2毫米以下的称火山灰，所成岩石称为火山凝灰岩或火山灰岩，然后再喷出岩浆，冷却后固体碎屑经过堆积，形成各种火山碎屑岩，粒径在2—100毫米的，称火山角砾岩，与火山凝灰岩一样，这两种岩石均属火山喷出岩。

"试剑石""剑池"均为火山角砾岩。"千人石"上部为黄白色凝灰岩，表面少许"流纹"，为岩石的氧化铁成分，经千百万年风霜雨雪的侵蚀，游离在外，每当雨后就被冲带出来，故表面暂积雨水会呈淡红色，下部为紫灰色粗面岩，其上下两套不同岩性的喷出岩以及"试剑石""剑池"这两处分布于不同海拔高度的火山角砾岩，可说明虎丘地区曾发生过二次火山活动。"试剑石""剑池"均因岩石节理而劈开。"千人石"倾向NE60°，倾角近于水平（5°—6°左右）。

2. 天平山

由花岗岩构成，是地下深处的岩浆上涌侵入冷凝而成。属岩浆岩中的侵入岩的代表，天平山主要是等粒状的白色花岗岩，颗粒一般在2—3毫米左右，晶体可见，由于岩石中两组垂直节理特别发育，风化作用得以深入进行，促使岩石的裂缝逐渐扩大，因而出现很多非常陡峭的奇峰怪石，形成所谓"万笏朝天"的自然风景，是苏州地区著名的景点。花岗岩坚固美观，是优良的建筑材料。

3. 灵岩山

也是由花岗岩构成，这里的花岗岩与天平山的花岗岩一样，都是在中生代末期白垩纪（距今6 700万年前）由地下深处的岩浆侵入上来冷凝而成。为粗粒结构，颗粒较大，约5—6毫米，呈肉红色，主要由钾长石（45%），石英（30%），斜长石（10%），黑云母（9%）等组成。因是粗粒结构，故易被球状风化（多见于黄山等著名花岗岩山体），山形呈浑圆状，表面平滑（如黄山天都峰鲫鱼背）。受节理控制的影响，球状剥落特别发育，形成垒垒大石，杂乱堆砌，构成一种特殊景色。灵岩山南麓茶室附近，能见到古生代晚期二叠纪（距今约2.99亿—2.3亿年）形成的砂页岩，原为沉积岩，被中生代末期白垩纪形成的花岗岩所包围。由于受花岗岩的影响，已发生一定程度的变质，目前变质作用仍在进行中，千万年后就会成为典型的变质岩。

4. 砚瓦山

岩层以灰黄色砂岩及黄绿色、青灰色页岩为主，其中偶夹磷结核、锰结核，直径约3—4厘米，是二叠纪末期（距今2.3亿年前）形成的。岩层中富含化石，最常见的是长身贝、戟贝等。岩层倾向北偏东20°，倾角14°。这里的青灰色页岩，质细而坚韧，用以制造砚台，故得名为砚瓦山。

5. 穹窿山

位于善人桥西南面，岩层是一套泥盆纪（距今约3.5亿年前）形成的石英砂岩，属沉积岩。沉积岩形成的时候是一层层堆积起来的，所以这里的岩石是层层相叠地产出的。这套岩层的下部常夹白色砾石，砾石直径约为1—2厘米；上部为紫红色石英砂岩间夹页岩。在紫红色石英砂岩中常有铁锰质斑点或夹层。岩层倾向 NE60°—70°，倾角 30°。本层有部分白色石英岩，属变质岩，质地很纯，含二氧化硅达 99% 以上，是制造玻璃的好材料。

五、研学要求

（一）虎丘

1. 观察

（1）观察喷出岩"试剑石""剑池"等火山角砾岩、"千人石"凝灰岩的颜色、质地、结构，实测"千人石"产状；

（2）从喷出岩体的差异分析火山喷发的次数；

（3）结合岩性、产状解释一些地貌现象（"剑池""试剑石"的成因等）。

2. 思考

（1）岩层产状有哪三要素？应着重测定倾向还是走向？为什么？如何在野外地面或岩层面上较准确地画出倾向线？

（2）请实测并准确描述"千人石"产状（三要素）；

（3）虎丘塔的倾斜方向与千人石的倾向关系如何？请分析虎丘塔倾斜的成因。

（二）天平山

观察

（1）观察花岗岩的色彩、质地等岩性、结构；

（2）观察花岗岩体中的节理。

（三）灵岩山

1. 观察

（1）认识花岗岩侵入体的岩性、结构和构造，并与天平山进行比较；

（2）观察花岗岩和页岩的接触变质情况。

2. 思考

（1）根据成因的差异，岩石可分为哪几类？成因与特征有何差异？请说明他们之间的转化关系；

（2）请简要说明晚古生代以来的 2.5 亿年中，苏州城西天平山、灵岩山地区发生的重大地质历史事件及其证据。

（四）砚瓦山

1. 观察

（1）认识粘土岩的特性、沉积岩的特征；

（2）参观砚台厂；

（3）采集，观察化石。

2. 思考

（1）砚瓦山的青灰色页岩，粘土岩的特性，质细而坚韧，是制造砚台的理想石材，且含有化石，说明属于哪个岩石大类？

（2）岩体中常见长身贝、戟贝等化石，请查找资料，了解长身贝、戟贝化石主要表征及对应的地质年代，并说明砚瓦山页岩形成的地质时代，以及该地区当时的海陆环境。

（五）穹窿山

1. 观察

（1）认识沉积岩的特征；

（2）观察石英岩脉。

2. 思考

（1）穹窿山的紫红色石英砂岩，有明显的层理构造，表明属于哪一大类岩石？而同处一山的白色石英岩，石英含量几乎为100%，属于哪一大类岩石？

（2）你觉得石英砂岩与石英岩相比，谁更硬？在野外，如何验证你的猜想是否正确？

研学器物：地质罗盘（用于测产状）、（地质）放大镜、记录本、笔、防水记号笔、GPS定位器（或手机）等。

> **思考题**

1. "风声雨声读书声声声入耳，家事国事天下事事事关心"，你熟悉这副对联以及它背后的故事吗？你知道这副对联的出处吗？

2. 我们中华民族有着浓浓的月亮情节。在中国传统文化中，月亮是

"故乡、故土、亲情、友情、祖先"的象征,中华民族堪称是全世界最懂得欣赏月亮之美的民族之一,前人留给我们许许多多赞美或关联月亮的诗词。除了本单元详细介绍的《枫桥夜泊》外,你还知道哪些提及月亮的诗词呢?

3. 唐朝诗人王维的名篇《鸟鸣涧》:"人闲桂花落,夜静春山空。月出惊山鸟,时鸣春涧中。"编入了小学五年级的语文课本。请根据本单元主题一末尾所附表格判断这首诗描绘的景色应发生在哪种月相之夜?大约是春天某月农历的哪一天呢?

4. 介绍苏州园林,我们重点谈了其相对正面的文化遗产属性,你是否能隐约感知当年各色园主的多样心态呢?对传统文化,我们是否也应持辩证唯物主义的两点论呢?

5. 江南的园林里,不乏太湖石的身影,你想过给自己办一个太湖石的专题摄影展吗?你能花10分钟时间,综合应用与太湖石相关的地学、化学、文学、历史、民俗等多学科、多方面知识向你的家人或新朋老友介绍太湖石吗?

6. 苏州目前正式开放的园林,大多门票价格不菲。在苏州的大街小巷里,还有几处不收门票的园林,"养在深闺无人知"。如果你有兴趣,可去找一找。希望你能在寻找的过程中,养成探究的心态、探索的习惯,享受"发现"的乐趣。

7. 你欣赏过有"百戏之祖"之称的昆曲吗?那可是百年前富贵文人们心目中的"阳春白雪"。你能听懂苏州评弹吗?那可是百年来江南百姓心目中的"流行金曲"。试着听一下吧,这里有帝王将相、才子佳人,有寻常巷陌、柴米油盐,有高山流水、渔樵问答,有唱念做打、金戈铁马,还有文学名著和传说神话。

8. "疏影横斜水清浅,暗香浮动月黄昏","俏也不争春,只把春来报","梅虽输雪三分白,雪却逊梅一段香",岁寒三友中的梅花,在中国文化中是坚忍不拔、自强不息、高洁孤傲、奋勇当先的精神象征。每年春节前后,上海及苏锡常地区的梅花开始吐蕊,次第开放。上海的各个大型社区里、开放的苏州园林中、苏州光福的邓尉香雪海、无锡的梅园、常州的红梅公园,远到南京的梅花山,此时的江南,处处有赏梅的好地方,真是"红梅花儿开,朵朵放光彩,昂首怒放花万朵,香飘云天外,唤醒百花齐开放,高歌欢庆新春来……"如果今年无锡梅园的梅花从2月15日开始开放,那你觉得苏州、上海、常州、南京的梅花最大可能分别从哪天开始开放呢?能说一说你作此研判的理由或科学依据吗?你是否愿意像徐霞客那样亲自外出考察,或与各地同学亲友合作,开展联合观测呢?

9. 当你面对一幅地图,只有当你能确定你的所在地点在地图上的相应点,并能辨认实地和地图上的(东南西北)方向时,该地图才能为你所用。那么,你如何确定地图上的方向呢?(请注意,有些地图有经纬网,有些地图则附有指向标,还有些地图既无经纬网,又无指向标。)

第三单元
杭嘉湖

引言与提问

北宋词人柳永（约984年—1053年）在他的《望海潮·东南形胜》里，说杭州是"东南形胜，三吴都会，钱塘自古繁华"。真不知一千年前的柳永口中的这"自古"，是自何时起？三国时的东吴，国都初在武昌，即今湖北鄂州，后迁都建业，就是今江苏南京。其江东六郡中的会稽郡，政治中心应是今天的绍兴。再古，春秋时代的越国，初期都城在今天的苏皖交界处，后迁至今天的浙江绍兴。杭州，自唐朝中期后才逐步解决海水袭扰，克服淡水供应量有限的城市发展瓶颈。中唐的白居易、北宋的苏轼都为解决杭州城市发展的"卡脖子"问题作出了杰出贡献，为后人敬仰纪念。

杭嘉湖地区的自然环境如何呢？其东，是世界著名的强感潮河口海域——钱塘江口—杭州湾；其西，为天目山及其向东延伸余脉诸峰。此间，就是北宽南窄，南高北低，向太湖倾斜的杭嘉湖平原。

浙江人士一定知道，杭州方言与周边各地方言区别不小，有一定的河南方言音素，这又是为什么呢？其中，蕴含着一段悲壮的"宋室南渡"的历史。

杭嘉湖地区的自然地理特征，是否可概括为"山海情深"呢？杭嘉湖地区历史文化方面的地域特点是否可以概括为"南北融汇"呢？

东晋南北朝时期，南方战乱较少，社会相对稳定，一些统治者革除弊政，努力发展生产。而北方却因连年战乱，大量人口南迁，这就给南方带来了充足的劳动力、先进的生产技术和工具，再加上江南自然条件优越，江南地区的经济得到了初步发展。

公元610年，中国历史上的"千年大计"隋唐大运河建成了。1127年发生靖康之变,之后宋室南渡,中国的政治、经济重心加速南移,尤其是经济中心,似乎再也无心北返。明清,江南更是富甲天下,江淮和江南,俨然成为全国的"天下粮仓",成为支撑朝廷财政收支的"赋税大户"。那当年什么产业堪当此重任呢?除了两淮的盐业,江南各地的茶叶,景德镇的瓷器,更重要的主角登场了——江南的中亚热带季风气候便于植桑养蚕产丝,丝绸纺织手工业堪比今天的高科技或高附加值产业,产业链长并可利用丰富廉价的女性劳动力,于是,嘉(兴)桑、湖丝、苏绣、杭锦,华丽登场,好一片华丽富贵的锦绣江南!当然还有以扬州为中心的两淮盐业,"衣被天下"的松江、上海等地的棉纺手工业。鸦片战争后,随着五口通商,上海开埠,洋务运动兴起,上海、南浔、无锡、宁波、苏州等地完成了资本原始积累的传统士绅和富商们开始在沪置地、办厂、招工,购买机器设备,涉足近代工商业。西风东渐的"上海滩",华洋杂居的大上海,似乎没有再现扬州盐商及其后代的身影,个中缘由,值得深思。

曾几十次带领学生开展实地野外科学考察,并认定湖州安吉龙王山为"黄浦江源"的上海师范大学地理学系陶康华教授,近年提出上海与安吉"四源同根","四源"指以黄浦江为代表的水文化源、以竹文化为代表的绿文化源、以良朋崧泽文化为代表的古文化源,以及以吴昌硕为代表的海派文化源。你同意陶教授的"四源同根"观点吗?

上一个单元的苏州、无锡、常州,本单元的杭州、嘉兴以及上文提到的扬州,都位于大运河沿岸,那么本单元将要提到的湖州、南浔是否也在运河岸边呢?这是个值得探讨的问题。

主题一 腹 有 诗 书

望海潮·东南形胜

(宋)柳永

东南形胜,三吴都会,钱塘自古繁华。
烟柳画桥,风帘翠幕,参差十万人家。
云树绕堤沙,怒涛卷霜雪,天堑无涯。

市列珠玑，户盈罗绮，竞豪奢。
重湖叠巘清嘉，有三秋桂子，十里荷花。
羌管弄晴，菱歌泛夜，嬉嬉钓叟莲娃。
千骑拥高牙，乘醉听箫鼓，吟赏烟霞。
异日图将好景，归去凤池夸。

"凡有井水饮处，皆能歌柳词。"柳永通晓音律，熟悉民间乐曲，不但是第一位专业写词的作家，而且还擅长自己谱曲。这首《望海潮》就是柳永自己谱曲且填词的作品。

虽说他"忍把浮名，换了浅斟低唱"，然而在此之前的柳永还是较为看重功名利禄的。据说宋真宗咸平末年，年轻的柳永从家乡武夷山下前往京城开封应考，路过杭州时发现他的老朋友孙何正出任杭州太守，于是想前去拜谒，但又苦于没有门路。于是，他写了这首词，让歌女在宴会上传唱。孙何听罢，大为赞叹，立即遣人宴请柳永。

为何会大为赞叹，这首词虽然作为一首拜谒词，免不了有如"异日图将好景，归去凤池夸"这样的赞颂恭维之语，可同时词人也把这杭州（即钱塘）的好景描绘得优美壮丽、生动活泼。在词人笔下，杭州城市繁华富庶，钱塘江澎湃壮阔，名流显贵尽显奢华，普通百姓也其乐融融，一派富丽祥和。

首句"东南形胜"，开宗明义，从宏大的空间尺度，指点杭州雄居东南沿海，坐扼钱塘江口重要地理位置和江海际会的壮丽风光，"三吴都会"则明确告白，杭州是吴越故地最重要的都市，这里自古人口聚集，名流荟萃。而"钱塘自古繁华"则为杭州城市的特点定下了穿越时代的恒久基调，也起到了总起全词的作用。然后，从几个方面来具体描写杭州的繁华。

"烟柳画桥，风帘翠幕。"那绿柳含烟，画桥流水，门上悬着挡风的竹帘，窗上挂着翠绿的帷幕。寥寥数笔，就刻画出一副雅致优美的图景。而"参差十万人家"更是呼应了"三吴都会"。杭州城那高高低低的亭台楼阁里竟然安居着数十万人家。须知，此时历经战乱的北宋初期，人口本来并不是很多。真正的都城汴京的人口规模也不过如此。单从此角度来说，杭州也堪当"三吴都会"这一称呼。

钱塘江口，与全世界径流量第一大河——亚马孙河河口齐名，为世界两大感潮河口。外宽内窄的喇叭形河口，涨潮时潮流能量聚集，且自澉浦以西，河底地势急剧抬高，致使河床的容量突然缩小，与下泄入海的钱塘江水互相顶托，迫使潮头陡立，发生破碎，发出轰鸣，出现惊险而壮观的场面，造就了举世闻名的"钱塘潮"。农历八月十五至十八，月相为满月，且正值钱塘江流域每年夏秋雨季后期径流量较大的汛期，海潮受江水强烈顶托，"卷起千堆雪"。此时一般为公历的九月中下旬前后，酷暑已过，天气转凉，秋高气爽，大气能见度较高。傍晚时分，"海上明月共潮生"。1916年9月15日，农历八月十八，孙中山在海宁盐官观看钱塘江大潮，有感而发，当晚欣然命笔，写下："世界潮流，浩浩荡荡，顺之则昌，逆之则亡！"

"云树绕堤沙，怒涛卷霜雪，天堑无涯。"更是运用了多种手法表现出杭州最著名的钱塘江汹涌壮丽的气势。"云树"用夸张的手法写出了树的高大，着一"绕"字更显古木成行、长堤迤逦之态。用霜雪作喻充分突出了钱塘江波涛的洁白，又着一"怒"字，用拟人的手法突出了波涛的汹涌，如同人在怒吼，又不禁让人联想到张养浩的《潼关怀古》里的"峰峦如聚，波涛如怒"。而"卷"字更在汹涌的基础上，突出其有排山倒海之势，与东坡词《念奴娇·赤壁怀古》中的"卷起千堆雪"有异曲同工之妙。而"无涯"更是用夸张的手法强调钱塘江（天堑）的壮阔无垠。

"市列珠玑，户盈罗绮，竞豪奢。"从自然景观转向了人文生活中的富裕阶层。"珠玑""罗绮"，再着一"盈"，即满的意思，凸显珠宝锦缎，琳琅满目，集市人家，应有尽有，真为"豪奢"做了生动扼要的注解。

下阕的首句"重湖叠巘清嘉，有三秋桂子，十里荷花"被称为千古名句。"三秋"突出了桂花花期长，花香长久不散；"十里"则强调湖中荷花种植之广，真可谓"接天莲叶无穷碧，映日荷花别样红"。三句写出了里湖、外湖与重重叠叠的山岭景色宜人。桂花飘香贯穿整个秋季，映日荷花绵延十里，令人陶醉。视觉上的清新淡雅、嗅觉上的芬芳馥郁都给读者带来美的感受。也难怪金主完颜亮听到这句"三秋桂子，十里荷花"，便羡慕起钱塘的繁华，吞并南宋的野心大幅膨胀。

"羌管弄晴，菱歌泛夜，嬉嬉钓叟莲娃。"词人的视线从自然景观转向了普通百姓的市井生活。前两句可以理解为使用互文的修辞手法，表面直译是：晴天丽日，处处笛声悠扬；明月照耀下的湖面，采菱的歌声不绝于耳。更可理解为：无论是白天或是夜晚，湖面上始终荡漾着优美的笛曲和采菱的欢歌。再加上老叟怡然垂钓，幼童嘻嘻采莲，一幅生机勃勃、其乐融融、太平祥和的图景便呼之欲出。

而"千骑拥高牙，乘醉听箫鼓，吟赏烟霞"句，更用了"听""吟""赏"等字突出了本文赞颂恭维的主人公孙何（这里的"高牙"）的悠然自得，怡然自乐。从而从侧面体现出他为官治理有方，无需案牍劳形，垂拱而治即可创造出杭州这样一幅国泰民安、繁荣富庶的祥和图景。最后通过"去凤池夸"，委婉地预祝孙何不久再获荣升，登堂入室，执掌朝政。

这首词一改婉约派代表柳永细腻多情的风格，以豪放派特有的大开大阖、波澜起伏的笔法和词风，以"赋（铺陈/铺叙）"的手法一句一景、富有层次感地高度概括了昔日杭州的繁荣景象，"承平气象，形容曲尽"（见陈振孙《直斋书录解题》），不愧是描写古都杭州旧时全景的上乘之作。

饮湖上初晴后雨

（宋）苏轼

水光潋滟晴方好，山色空蒙雨亦奇。
欲把西湖比西子，淡妆浓抹总相宜。

公元1073年正月或者二月的某一天，在杭州通判任上第三年的一代词坛巨擘苏轼在公务闲暇之余，秉持爱玩爱吃的本性又打算四处游山玩水，喝酒吃肉了——现在舌尖上的美食"东坡肉"就是他老人家的杰作呢。这次去哪里呢？

身处杭州，首选当然是杭州最著名的景点西湖。苏轼这次游玩，不得不说令他大开眼界。因为他不但欣赏到了艳阳高照下的西湖，更领略到了细雨蒙蒙中的西湖。真可谓"水波潋滟，春光融融；山色空蒙，风雨亦奇，一日之内，一湖之间，而气候不齐"。这一天，苏轼来到了西湖边上，拣一处亭阁，命人斟上酒摆上肉后，便开始一边饮酒一边欣赏西湖——这造物者赐给人间的免费宝藏。

首先映入苏轼眼帘的是晴天的西湖。那西湖在艳阳的照射下，波光粼邻,光彩熠熠。诗人着一"潋滟"之词,把这晴天下的西湖美景做了高度概括。

而一个"方"字,此处不妨解释为"正当"。正当他陶醉于晴天下的西湖美景,啧啧称好之时,不久"天公"突然转换了另一张面孔,竟然下起了绵绵细雨。而这细雨在苏轼这样一位天生的乐天派眼中,可不是凄风苦雨,而是"好雨知时节,当春乃发生"诗句中的"好雨"。在这"好雨"渲染下,远处的山色变得迷蒙苍茫,若有若无,恍若"烟涛微茫信难求"的仙境,更增添了一丝神秘梦幻的美。一个"亦"字,道出了诗人的心声:晴天的潋滟固然好,细雨的空蒙也很奇,两者他都喜欢。

"潋滟""空蒙"两词互相对应,对西湖晴雨两种不同的景色作了高度的艺术概括,没有对景物进行具体的描绘,却给读者留下很大的想象空间。同时,两词又均为韵母相同的叠韵词,大大增强了诗歌的音乐性。

那这样的西湖到底有多美呢?可以用古代四大美女之一的西施作比,关于她的传说,也正好和西湖水有关。

现在形容女孩的美貌,往往会说"沉鱼落雁""闭月羞花"。这其中的四组词正好对应着四大美女的有关传说,其中"沉鱼"说的就是西施。传说她在河边浣洗衣服,连水里的鱼看见她都忘了游动,身体僵硬,直接沉到水底,可见她的美丽,不但人为之倾心,连鱼都为之沉底。

当然,用西施来比喻西湖不单是因为这个原因。尾句"淡妆浓抹总相宜"告诉了我们另一层原因。如同西施,"天生丽质难自弃",因此盛装浓抹时美丽动人,而淡雅朴素时同样令人怦然心动。西湖亦是如此,晴天的它美不胜收,雨天的它同样别有风味。

最后还有一点,虽然西施作为古代四大美女而闻名,但是你我见过她真容吗?非但没有见过,甚至她可能只是一个传说。既然她是一个传说,而她的美艳竟然能让鱼都动心沉入水底,那就请读者诸君发挥一下你们的想象力,想象一下她的绝世容颜吧。而作者给西湖用上西施的比喻,可谓异曲同工之妙。作者用西施这样一位未睹真容、可能只是传说的人物作喻,从而激发读者的想象,用想象去感受西湖晴雨的美,去填补诗人创作的空白,去进一步丰富诗意的内涵。如同把整张画都填满会给人压抑感,把所有感受都细致地描绘出来不是也很无趣吗?这也形成了中国艺术(诗词画等）的一大特点：留白。

最后补充一下，苏轼与杭州、西湖还真是非常有缘分。16年后的宋元祐四年（1089年）苏轼第二次来杭州，这次是担任知州。他看到当年自己在脍炙人口的《饮湖上初晴后雨》中大为称赞的对象——西湖，眼下却已草长水涸。于是第二年，苏轼上书朝廷，要求疏浚西湖。最后采用以工代赈的方法募民开湖，征用了20多万人工，终于把葑草打捞干净，并用挖出的葑草和淤泥筑起了一条长堤。后人为缅怀他，称此堤为"苏堤。"

许多著名的文人官吏，如白居易、苏轼、杨孟瑛等的治水遗迹和功绩都成为杭州城的名胜古迹和历史佳话。

题 临 安 邸

（宋）林升

山外青山楼外楼，西湖歌舞几时休？

暖风熏得游人醉，直把杭州作汴州。

这首《题临安邸》系南宋淳熙时士人林升所作，原作写在南宋皇都临安的一家旅舍墙壁上，是一首古代的"墙头诗"，可能原本无题，此题为后人所加。全诗不但通过描写乐景来表哀情，使情感倍增，而且在深邃的审美境界中，蕴含着深沉的意蕴。同时，诗人在讽刺的语言中，不露声色地揭露了"游人们"的反动本质，也由此表现出诗人的愤激之情。

靖康年间（1126—1127年）金兵南侵，靖康二年（1127年）金军攻破东京（今河南开封），在城内烧杀掠夺，搜刮数日，掳徽宗、钦宗二帝和后妃、皇子、宗室、贵卿等数千人后北撤，东京惨遭洗劫，城中公私财物为之一空，对北方社会经济造成严重破坏，并致北宋灭亡。史称"靖康之耻"，又称靖康之难、靖康之祸和靖康之变。赵构逃到江南，定都临安，史称南宋。南宋小朝廷并没有接受北宋亡国的惨痛教训而发愤图强，当政者不思收复中原失地，只求苟且偏安，对外屈膝投降，对内残酷迫害岳飞等爱国人士、抗金将领。政治上腐败无能，生活上贪图安逸，达官显贵一味纵情声色，寻欢作乐。南宋绍兴二年（1132年），宋高宗赵构第二次回到杭州，这水光山色冠绝东南的"人间天堂"被他看中了，使他有了"终焉之志"。于是，上自帝王将相，下至士子商人，在以屈辱换得苟安之后，大修楼堂馆所，建明堂，修太庙，宫殿楼观一时兴起，达官显宦、富商大贾也相继经营宅第，壮大这"帝王之居"，并大肆歌舞享乐，沉沦于奢侈糜烂的腐朽生活中，致西湖有"销金锅"之号。几十年中，把临时苟安的杭州变成了这班寄生虫的安乐窝。这首诗就是针对这种黑暗现实而作的。

诗的首句"山外青山楼外楼"，诗人抓住了临安城的特征——重重叠叠的青山，鳞次栉比的楼台。先描写南宋国都及周边的大好山河，起伏连绵的青山，楼阁一个接着一个，这是多么美好的人间美景。从诗歌创作来说，诗人描写山河的美好，表现出的是一种乐景。接着写"西湖歌舞几时休?"诗人面对国家的现实处境，触景伤情。这样美好的祖国大好山河，却已被金人占据一半。诗句中一个"休"字，不但暗示了诗人对现实社会处境的心痛，更为重要的是，表现出诗人对当政者一味"休"战言和、不思收复中原失地、只求苟且偏安、一味纵情声色、寻欢作乐的愤慨之情。在诗人的心中，"西湖歌舞"正是消磨抗金斗志的淫靡歌舞。他此时多么希望这样的歌舞"即可休矣"。这里，诗人运用反问手法，不但强化了自己对这些当政者不思收复失地的愤激之情，也更加表现出诗人对国家命运的担忧而产生的忧伤之感。

后两句"暖风熏得游人醉，直把杭州作汴州"。"游人"在这里不能仅仅理解为一般游客，它特指忘了国难，苟且偷安、寻欢作乐的南宋统治阶级。这句紧承上句"西湖歌舞几时休"而来。诗人面对这不停的歌舞，看着这些"游人们"陶醉其中，不由得表现出自己的感慨之情。其中，"暖风"一语双关，在诗歌中，既指自然界的春风，又指社会上淫靡之风。在诗人看来，正是这股"暖风"把"游人"的头脑吹得如醉如迷，忘记了自己的国家正处于危难之中。其中的"熏""醉"两字用得很精妙。首先，一个"熏"字，暗示了那些歌舞场面的庞大与热闹，为"游人们"营造了靡靡之音的氛围。接着一个"醉"字，承接上一个"熏"字，把那些纵情声色的"游人们"的精神状态刻画得惟妙惟肖。一个"醉"字，给读者留下了丰富的审美想象空间，刻画了"游人们"在这美好的"西湖"环境中的丑态。诗人为了进一步表现出"游人醉"，在结尾中写道："直把杭州作汴州。"宋朝原来建都于汴梁，此时已为金侵占。就是说，纸醉金迷中，这些"游人"简直把杭州当成了故都汴州。这里，诗人不用"西湖"而用"杭州"是很有意义的。因为"西湖"虽在杭州，说到"西湖"，确是美景之地，是游山玩水的最佳去处，但也仅是杭州的一个景点。而诗人用"杭州"，就很好地与北宋都城"汴州"（今河南开封）对照。在对照中，不但引出"汴州"这一特殊的、富有政治意义的地名，而且更有助于抒发诗人的情感，揭露那些"游人们"无视国家前途与命运，醉生梦死，不顾国计民生的卑劣行为，同时，也表达诗人对国家民族命运的深切忧虑，以及对统治者只求苟且偏安，对外屈膝投降的愤怒之情。152年后，南宋也终于走到了尽头，广东崖山一役，是南宋与元军的最后一次大决战，最终南宋20万军民不敌元军7万人，宰相陆秀夫背着8岁的南宋小皇帝纵身跳海，宣告南宋灭亡。除了双方交战的伤亡近5万人外，南宋军民还有近10万军民选择跳海殉国！这是南宋军民最后的气节，宁愿选择慷慨赴死也不投降做亡国奴。

全诗短短四句，以景臣情，情中有景，用大肆渲染西湖的美丽和繁华的手法来反衬出作者的愤怒与忧虑，效果比平铺直叙强烈很多，也更能唤起读者对全诗内涵和思想的多样理解和广泛联想。作品充分体现了宋诗咏史论理、论古察今的特点，折射出对杜甫批判现实主义的继承。

天津师范大学左振坤教授曾对这首诗给予高度评价，"作者深切地关注着祖国的命运，对沉迷于歌舞生活，全然不想收复北方失地的南宋统治集团，予以辛辣的讽刺，表现了爱国者对他们的愤恨。这是那个时代具有代表性的名作，为后世广为传诵，并常用以鞭笞醉生梦死者"。

"山外青山楼外楼，西湖歌舞几时休？暖风熏得游人醉，直把杭州作汴州。"林升的诗句，犹如警钟，一千年来，敲打着人们的心坎，回荡在中华大地的上空！

五律·看山

毛泽东

一九五五年

三上北高峰，杭州一望空。

飞凤亭边树，桃花岭上风。

> 热来寻扇子，冷去对美人。
>
> 一片飘飘下，欢迎有晚鹰。

1955年夏秋之际，毛泽东同志来到杭州休息。休息期间，他心情很好，游兴很高，接连攀登了南高峰、北高峰、玉皇顶、莫干山、五云山等。攀山途中，他时常被名胜古迹和南方山峦秀丽的优美风景所吸引，诗兴盎然。在这期间他一连写了三首诗，此为其中一首。

北高峰，在浙江省杭州市灵隐寺后，与南高峰相对峙，为西湖群山之一。在北高峰附近有飞凤亭、桃花岭、扇子岭、美人峰等名胜。诗中的"扇子"指扇子岭，"美人"指美人峰。飘飘，同"飘摇"，飘荡、飞扬貌，这里指鹰翔。一望空即一览无余。飞凤亭，在保俶塔下。桃花岭即桃源岭，在杭州植物园附近。毛主席第三次登北高峰，由玉泉过桃源岭而上北高峰（见《王芳回忆录》）。

全诗平和起笔，轻盈收韵，朗朗上口，功力深厚。首联写观赏山水风光的经过，言次数之多，表示游兴之浓，衬托山川之美。颔联写登上北高峰后视力所及的景色。"飞凤亭"和"桃花岭"都是极目所眺的杭州美景。颈联用拟人手法表达看山主题，写"扇子岭"和"美人峰"两处胜景，并借此展开丰富的想象。尾联写出作者下山时轻盈的步履与心境，闲适自然，别有意蕴。

据当年的浙江省公安厅厅长王芳回忆，这首诗虽然明写风景，其实暗含毛主席对保卫部门工作的不满和无奈。原来，当年新中国建立不久，因担心潜伏的特务破坏，浙江省公安厅第一时间安排在毛主席将要经过的区域布置警戒，公安人员不仅疏散了山上的游客，还把沿途村里的农民都临时请下了山，集中到指定的地方。当毛主席看到农家小院大门紧闭，他轻轻叹气，微微摇头，直到见到一只大公鸡大摇大摆走出院子，才笑着对陪同的浙江省公安厅厅长说："我们到这里来，没有群众欢迎我们，只有大公鸡（晚鹰）出来欢迎我们。是群众不欢迎我们，还是我们不喜欢和群众在一起呀？"毛主席的话，虽然风趣幽默，言语中的分量却绝对不轻。身边的警卫人员知道，毛主席这是在委婉地提出批评意见，以此表达对"封山清场"的不满。《五律·看山》话外有话，表达了毛主席思想上和感情上，都难以接受与群众隔离的安排，更反对一些干部高高在上、脱离群众的作风。今天我们登上北高峰，从毛主席题诗碑亭俯瞰，群山叠嶂，西湖如璧，杭州城林立的高楼，尽收眼底。

主题二　杭嘉湖概述

浙江省西北部的杭州、嘉兴、湖州三市所在的杭嘉湖平原，位于太湖以南，钱塘江和杭州湾以北，天目山以东，是浙江最大的堆积平原，属长江三角洲平原的一部分。包括嘉兴市全部，湖州市大部以及杭州市的东北部。属中亚热带季风气候，常年光照充足，气候暖湿，夏季高温多雨，雨热同期，冬季低温少雨。河网密布，大运河纵贯南北。

杭嘉湖平原总体地势低平，地面形成东、南高起而向西、北降低的以太湖为中心的浅碟形洼地。河网密度平均12.7千米/平方千米，为中国之冠。平原表层沉积物以细颗粒泥沙（细粉沙、黏土）为主，属河流湖泊堆积物，其南缘属潮滩相沉积物，地势相对较高。土质粗而疏松，湖泊减少，水系变稀，土壤肥沃，农业十分发达，素有鱼米之乡的美誉，为全国商品粮、蚕茧和淡水鱼生产基地。西部水网平原盛产稻米、蚕茧、淡水鱼等，其织锦工艺驰名中外，东部滨海历来盛产棉花。

浙江的省会杭州是我国首批十四座历史文化名城之一，也是我国六大古都之一，城市历史悠久，文化发达，文人荟萃，人杰地灵。以西湖、灵隐寺等为代表的名胜古迹驰名中外，令人流连忘返。近年来，杭州互联网经济异军突起，成为与北京、深圳齐名的网络经济名城，2023年杭州市GDP总量达2万亿元，居全国内地（境内）城市第八位，在长三角，仅次于上海和苏州，并且已经成为常住人口超过1 000万的超大城市。

嘉兴位于钱塘江北岸，地处沪杭之间，京杭运河过境，可谓江湖河海汇聚之地。这里也是中国共产党一大会址所在地，被习总书记誉为"中国共产党的启航地"。嘉兴的地理位置有利于融入上海、苏锡常、杭州等都市圈。过去，只能连通上海和杭州的铁路条件，使其沦为沪苏杭甬之间的经济洼地。修建中的通苏嘉甬高铁和已通车的沪昆高铁，将使嘉兴南北向交通运输条件大为改善，助推嘉兴经济起飞。

湖州位于浙江省最西北部的天目山以东的太湖南岸，但目前湖州境内太湖岸线长度极短，似乎名不符实。历史上，湖笔、湖丝闻名全国，南宋时有"苏湖熟，天下足"之美名。但步入现代后，因其不利的地理位置和交通运输条件，湖州的经济地位远不如沪宁杭苏甬等周边城市。计划2024年年底开通的沪苏湖高铁和2027年年底开通的通苏嘉甬高铁，将使湖州的区位劣势大为改观。

2005年8月15日，时任浙江省委书记的习近平同志在湖州市安吉县天荒坪镇余村考察时，提出了"绿水青山就是金山银山"的著名论断。在习近平生态建设思想的指导下，中华大地上开启了一场声势浩大、全民参与、造福当代、泽被子孙的生态修复工程。十八年光阴荏苒，十八年艰苦奋斗，十八年大地回春。水土流失、草场退化、沙漠扩大、环境污染日趋严重的趋势终于得以根本扭转。

为了推动各地探索"两山"转化路径和机制，总结推广典型经验模式，2024年2月2日生态环境部办公厅颁布了《生态文明建设示范区（市）建设指标》《生态文明建设示范区管理规程》《"绿水青山就是金山银山"实践创新基地建设管理规程》。

主题三　指点江山

西湖

杭州西湖位于杭州市西南部，旧称武林水、钱塘湖、西子湖，宋代始称西湖。湖泊面积现约6.39平方千米，四周山峦环绕，湖水清澈，景色优美。目前除近岸水域外，一般水深约两米，部分水域深达5米以上。但历史上多次水位大幅降低，严重淤塞，导致草长水涸。

杭州地势低平，河网密布，具有江、河、湖、山交融的自然环境，在尚未形成平陆之前，还属于海湾范围，随着海水渐渐退下，今天的杭州市区才逐渐成陆，而西湖也随之产生。伴随着后代的发展，西湖与杭州城的关系亦逐渐形成。在东汉之前，西湖尚未形成内湖，杭州地区还大范围处于海水的覆盖下，随着钱塘江潮水带来泥沙的慢慢沉积，才逐渐形成西湖。竺可桢先生曾在分析西湖成因时认为，现在杭州所在地方原是一片汪洋。秦时西湖还不过是钱塘江北岸的一个小海湾。后来钱塘江大潮带来的泥沙沉淀积厚，在现在的吴山和宝石山山麓形成沙嘴，南北两沙嘴逐渐靠拢，最终连成一体形成沙堤，沙堤以西变成一个潟湖。可见当时西湖还是钱塘江的一部分，由于泥沙的淤积，使得西湖逐渐变成内湖，这个时间约为秦汉时期。随着江潮淤积，钱江南移，此时的西湖与杭州城还没有关系，而西湖真正意义上参与到杭州人居环境营建中的时期应该从唐代算起。

笔者认为，历史上西湖多次水量大减，面积缩小，水深变浅的原因有以下几点：首先，两晋开始，随着北方民众南迁，浙北地区人口快速增加，杭州城市人口规模也随之膨胀。隋朝以后，西湖作为杭州城居民生活用水和周边农田灌溉用水的主要来源，出湖水量大增。其次，随着隋朝大运河开通后，原江南运河运输量猛增，对其水位的保持与提升必然提出较高要求，西湖自然成为大运河杭州段的重要水源，这就又增加了西湖的出湖水量。再次，位于钱塘湖（西湖）之南的钱塘江虽然流量不小，却是世界著名的感潮河段，潮高流急，苦咸海水常上溯到杭州城以西，常常迫使人们想方设法阻止海水入侵西湖。这使得西湖虽然滨江临海，但并不能得到大量河流淡水的补给，导致常年入湖水量远远小于出湖水量。因此，历史上经常因水位降低而导致严重淤塞，水枯草长。

杭州之美，美在西湖。西湖位于杭州城西，三面环山，东面濒临市区，是一个湖泊型的国家级风景名胜区。南宋西湖十景为：苏堤春晓、曲院风荷、平湖秋月、断桥残雪、花港观鱼、柳浪闻莺、三潭印月、双峰插云、雷峰夕照、南屏晚钟。现在的西湖新十景为：云栖竹径、满陇桂雨、虎跑梦泉、龙井问茶、九溪烟树、吴山天风、阮墩环碧、黄龙吐翠、玉皇飞云、宝石流霞。湖中有三岛，名曰三潭印月、湖心亭、阮公墩。云山秀水是西湖胜景的底色，山水与人文交融是西湖风景的格调。西湖之妙，在于湖裹山中，山屏湖外，湖和山交相辉映、相得益彰。西湖的美，在于晴中见潋滟，雨中显空蒙，无论雨雪晴阴都能成景。湖区的苏堤和白堤风光尤佳，苏堤和白堤贯穿西湖，把西湖分隔为西里湖、小南湖、岳湖、外湖和里湖五部分。每当晨光初启，宿雾如烟，湖面腾起薄雾时，便出现"六桥烟柳"的优美风景,是钱塘十景之一。

苏堤春晓:苏堤全长三公里,是北宋诗人苏东坡任知州时,疏浚西湖,利用挖出的泥构筑而成的,故名之以"堤"。早春四月,迎着熹微晨光,沿修长的湖堤漫步,但觉清风徐来,十里垂柳飘忽。在轻烟薄雾中,灼灼红桃含露开放,宛若喷霞,景色着实娇媚迷人,而当春雨霏霏,透过袅娜柳丝眺望西湖,但见薄霭弥漫,渐远渐淡,景色更是奇幻诱人,被人称为"六桥烟柳"。苏堤连接了南山和北山,给西湖增添了一道妩媚的风景线。且花木一年四季姹紫嫣红,五彩缤纷。如诗若画的迷人风光,成了人们长年游玩的好地方。

柳浪闻莺:柳浪闻莺前身是南宋的皇家花园——聚景园。新中国成立后经整修,已扩建成为占地300多亩的大型公园。这里因柳叶葱葱,莺声婉转而成为人们休闲的好去处。春天的花园柳树荫荫,枝枝翠柳婀娜多姿,有些随风摇曳,更有临湖而植者,枝叶俯垂水面,远望如少女浣纱的"浣纱柳"。步履其间,浓荫深处的柳树令人引发阵阵思绪,悦耳的莺啼声更是撩人遐想。柳浪闻莺现共分三组园景,即闻莺馆、友谊园和聚景园。这里引进了一批日本樱花、草坪,使园中景色越具诱人之处,以景寓意,情景交融,别有一番情趣。

花港观鱼:"卢园"是南宋内侍卢允升的私人花园,因其处有清溪自花家山流下,故名"花港"。花港观鱼,与堤前接,西山在北为其护屏,还有碧波粼粼的小南湖和西里湖,像两面镶着翡翠框架的镜子分嵌左右。全园分为鱼池古迹、红鱼池、牡丹园、花港、大草坪、丛林区、芍药圃等七个景区。公园中部的南端是最吸引人的地方——红鱼池。池中满蓄金鳞红鲤,池畔花木扶疏。游人投饵,群鱼争食,有声有色,赏心悦目。现公园的主景区为牡丹园,用牡丹、湖石等组成,小径迂回,布置紧凑有致。仲春时节,站在耸峙高处的牡丹亭向下俯视,但见大大小小的花坛间红夹绿,那灿若云锦的牡丹花千姿百态,斗奇竞妍,令人流连忘返。不久将再辟芍药圃,可与牡丹亭相媲美。

曲院风荷:曲院风荷在灵隐路洪春桥畔,据说南宋时有一处官家酿酒作坊,作坊与金沙涧相通的池塘种满了荷花,每逢夏日熏风吹拂,荷香与酒香四溢,令人陶醉,人们称之为"曲院风荷"。旧时的曲院风荷,仅一碑一亭半亩地,局促于西里湖一隅,颇有些名不副实。清康熙年间,在堤跨虹桥畔的岳湖种荷花,并建亭立碑,题为"曲院风荷",此景遂复。今天的"曲院风荷"仍以荷花为主景,建有五个荷花池,分别栽植红莲、粉莲、白莲以及重瓣的"重台"等多种品种。全园又分为岳湖、竹素园、风荷、曲院、滨湖密林等五个景区。每当夏日,荷花开放,满眼翠盖红妆,香飘数里,池和池之间筑小桥相连,便于游人流连观赏,可以领略到"接天莲叶无穷碧,映日荷花别样红"的迷人景色。

双峰插云:在洪春桥畔。双峰即南高峰、北高峰,分别位于西湖之西南、西北。南高峰海拔256.9米,北高峰海拔355米。两峰遥相对峙,绵延相距十余里。旧时人们游湖多在春秋两季,每当欲雨未雨时,从湖上眺望南、北两高峰,但见云雾袅绕,双峰时隐时现,时露双尖,宛如峰插云霄,自然风光异常优美,峰势高峻磅礴,晴雨晨昏不同,尤在雨后或阴翳多云天气,彩云白云或浓或淡,忽缠忽遮,是云是山,一片朦胧。如一幅壮观的水墨淋漓而浓淡有致的山水画卷展现在面前,气象万千,景观十分吸引人,便定为"西湖十景"之一,名两峰插云。后"两峰"改为"双峰",从此这湖中之景便成为陆上之景。南高峰"揽长江若带,俯平湖如杯",北高峰称"钱塘之柱",山间林木苍翠,有石磴数百级,曲折盘上山顶。正所谓:"一峰一高人,两人相与语。此地有西湖,勾留不肯去。"

三潭印月:三潭印月位于西湖中部偏南,与湖心亭、阮公墩鼎足而立,合称"湖中三岛",它由三座葫芦形石塔和"小瀛洲"两个部分组成。岛是明万历年间用疏浚的湖泥堆积而成的,岛外又筑有环表堤埂,堤岛之间由九转三回、三十个弯的曲桥相连,构成了一个湖中岛、岛中湖的胜似仙境的著名旅游胜地。其湖岸垂柳拂波,水面亭榭倒影;园林富于空间层次变化,形成"湖中湖""岛中岛""园中园"的境界。三潭印月是我国水上景园的经典,古代园林艺术的精品。中秋之时,在塔中置灯烛,洞口蒙以薄纸,灯光外透,月光、灯光、湖光,月影、塔影、云影溶成一片,恍惚迷离,说不尽的诗情画意。登上小瀛洲,一路更有九曲桥、九狮石、开网亭、亭亭亭、竹径通幽、木香榭、迎翠轩、花鸟厅等,最后是我心相印亭。这些建筑错落布置,极尽巧思,一路游赏,意趣无穷。

平湖秋月:平湖秋月位于白堤西端,濒临外西湖,此地商阁凌波,绮窗俯水，平台宽方，视野开阔，中秋之夜，月白风清，湖水盈盈，坐在平台茶座上，仰看天上月轮当空，俯视湖中月影倒映，天上、湖中两圆月，交相辉映，有使人如入广寒宫之感。所以，前人题有"万顷湖平长似镜，四时月好最宜秋"的楹联。而且假山迭起，四季花木，构成一处诗趣盎然的游览胜景。更值得令人寻访和体味的是其丰富的历史古迹和文化底蕴，令人想到南宋的望月亭，明代的龙王祠，以及清初的御书楼。

雷峰夕照：位于西岸夕照山上的雷峰塔，相传为吴越王为庆黄妃得子而建，故初名"黄妃塔"。但民间因塔在雷峰，均呼之为雷峰塔。塔共七层，重檐飞栋，窗户洞达，十分壮观。旧时雷峰塔与保俶塔，一南一北，隔湖相对，有"雷峰如老衲，保俶如美人"之誉。每当夕阳西下，塔影横空，别有一番景色，故被称为"雷峰夕照"。至明嘉靖年间，塔外部楼廊被倭寇烧毁。塔基砖被迷信者盗窃，致使1924年9月25日倾圮。清人许承祖曾作诗云："黄妃古塔势穹窿，苍翠藤萝兀倚空。奇景那知缘劫火，弧峰斜映夕阳红。"2000年，政府批准复建雷峰塔，重现了雷峰塔与保俶塔隔湖对峙的景观。

南屏晚钟：南屏山横亘于西岸，山上林木苍翠，秀石玲珑。山上有一净慈寺，位于西岸南屏山慧日峰下，吴越始建，称"禅院"，饱经沧桑。寺有宗镜堂、慧日阁、济祖殿、运木井等古迹，山门前有放生池。寺院原有铜钟一口，每天傍晚，深沉、浑厚的钟声在苍烟暮霭中回响，山回谷鸣，发人悠远沉思，"南屏晚钟"因此得名。南屏山麓另一座著名的佛刹兴教寺始建于北宋开宝五年，它曾是佛教天台宗山家派的大本营，晨钟暮鼓，香烟烛光，南屏山从此添了"佛国山"的别称。

断桥残雪：西湖雪景，历来受人称颂。"断桥残雪"的意境尤为脍炙人口。关于断桥残雪景观的涵义说法不一，一般指冬日雪后，桥的阳面冰雪消融，但阴面仍有残雪似银，从高处眺望，桥似断非断，故名断桥。伫立桥头，放眼四望，远山近水，尽收眼底，给人以生机勃勃的深刻印象，是欣赏西湖雪景之佳地。中国著名的民间传说《白蛇传》，则为断桥景物增添了浪漫的色彩。洪丞《断桥闲望》诗云："闲作步上断桥头，到眼无穷胜景收。细柳织烟丝易断，青屏拂鸟影难留。斜拖一道裙腰绕，横着千寻境面浮。投者近来忘俗累，眷怀逋客旧风流。"

南湖

嘉兴南湖，位于嘉兴市东南部，规划总面积276.3公顷，其中水域占98公顷，景区总面积为5.86平方千米，核心区占地2.76平方千米。其地属于亚热带湿润季风气候，风光旖旎，气候宜人，冬无严寒、夏无酷暑、春暖秋爽，四季分明。虽不同于西湖的浓艳，太湖的雄奇，却有一番得天独厚的动人气韵，以"轻烟拂渚，微风欲来"的迷人景色而著称于世。其不仅以秀丽的风光享有盛名，还因中国共产党第一次全国代表大会在这里胜利闭幕而备受世人瞩目。南湖素来与南京玄武湖和杭州西湖并称为江南三大名湖，代表景点有烟雨楼、南湖红船等。

1921年8月初，中国共产党第一次全国代表大会在南湖的一艘游船上胜利闭幕，标志着中国共产党的正式成立。这一历史性瞬间赋予了嘉兴这座美丽的江南小城全新的精神内涵。南湖成为中国共产党的发源地，为嘉兴这座城市注入了深厚的革命历史底蕴。

南湖一大会址仿制了当年中共"一大"代表乘坐的游船样式，建造了一座革命纪念船，如今陈列在烟雨楼下的万福桥旁。这座具有历史纪念价值的建筑，不仅见证了中国共产党的初创历程，也承载着无数革命先烈的奋斗足迹。

起初，中国共产党首次全国代表大会在上海法租界的望志路106号（现为黄浦区兴业路76号）秘密召开，却受到了法租界巡捕的袭扰，会议不得不中断。在代表们展开关于在何地继续开会的讨论时，李达的夫人王会悟提出了一项独到而大胆的建议：是否能够转移到嘉兴南湖，以游客的身份租用一艘画舫船，在船上游湖赏湖的同时继续召开会议。8月初，代表们从上海北站搭乘早班火车抵达嘉兴，由王会悟引导他们乘坐摆渡船抵达湖心岛，再由小拖梢船接载上王会悟事先雇佣的开会游船，而王会悟则于船头放哨。

王会悟原籍浙江嘉兴桐乡乌镇，中共一大会议期间负责会务和保卫工作。她曾就读于嘉兴女子师范学校，对南湖一带颇为了解，熟悉当地的社会贤达。这样的安排方便代表们万一遭遇危险时获得及时营救。

代表们以游湖之名将船停泊在烟雨楼东南方向的幽静水域。会议首先审议并通过了中国共产党的首个纲领和决议。通过无记名投票，选举出陈独秀、张国焘、李达三人，组成了党的全国领导机构——中央局。会议圆满完成了全部议程，庄重宣告了中国共产党的诞生。

1959年，在党中央和浙江省委的直接关怀下，南湖革命纪念馆正式建成。1990年6月，纪念馆进行了扩建。现在的南湖革命纪念馆距离南湖不远，远远望去庄严雄伟。新馆正门上方嵌有邓小平题写的"南湖革命纪念馆"七个金光熠熠的大字，而主楼顶部矗立着象征天地圆满的建筑标志，象征着中国共产党的丰功伟绩永放光芒。

馆内的"中共一大史料陈列"系统地展示了自1840年鸦片战争后，中国人民为寻求救国救民之道路而不懈探索、抗争的历程，以及中国工人阶级的壮大、马克思主义在中国的传播，各地共产主义小组的创建，直到中国共产党成立的历史实践。其中特别强调了中国共产党成立的艰辛历程，并有力地诠释了中国共产党的奋斗历程和伟大贡献。作为一个重要的教育平台，引导党员干部接受反腐倡廉的教育，同时也是广大人民群众培养反腐倡廉意识的重要场所。

2005年6月21日，时任中共浙江省委书记的习近平同志在《光明日报》发表《弘扬"红船精神"走在时代前列》的重要文章，首次公开提出"红船精神"，并深刻阐述了"红船精神"的主要内涵：开天辟地、敢为人先的首创精神，坚定理想、百折不挠的奋斗精神，立党为公、忠诚为民的奉献精神，并明确指出"红船精神"是中国革命精神之源。"红船精神"成为一代又一代中国共产党人接续奋斗的精神底蕴，它同我们党在中国革命、建设、改革的宏阔实践中所形成的井冈山精神、长征精神、遵义会议精神、延安精神、西柏坡精神、红岩精神、抗美援朝精神、"两弹一星"精神、特区精神、抗洪精神、抗震救灾精神、抗疫精神、脱贫攻坚精神等一道，共同构成了中国共产党人的精神谱系。作为新时代的青少年，应该传承红船精神，立足自己的工作岗位和学习岗位，不懈奋斗，为国家、社会贡献自己的力量。

南浔

南浔镇位于浙江省北部、湖州市东部，其东北部与江苏省震泽镇毗邻。属太湖流域和杭嘉湖平原，居江南腹地。北面是太湖，距太湖约9公里，东与江苏省交界，距苏州市仅51公里，途中经过著名水乡同里。陆路距浙江省会杭州约120公里，北与江苏吴江市七都镇相邻。南浔是浙江省历史文化名镇，一条运河穿镇而过，古老拱桥，整齐的驳岸，绿柳迎风，夹河小街，粉墙黛瓦，傍水而居。同大多数的吴越古镇一样，南浔的造化更是地设天成，透出江南水乡独有的灵气与娇态。历史与文化的积淀使南浔留下了许多独树一帜的古建筑，是其他古镇所不能比拟的。这自然之美与其别具风格的建筑格局交相辉映，衬托出令人惊叹而又无法"克隆"的江南水乡古镇。

南浔自南宋淳祐末年（1252年）建镇，现南浔区面积为716平方千米，镇域面积为141.3平方千米，其中古镇景区为1.68平方千米。南浔自宋以来经济繁荣，盛产鱼、米、蚕桑，至南宋理宗时，已是"耕桑之富，甲于浙右"，丝贸业尤为发达。明万历年间，浔溪之畔尽桑麻，更是盛况可观。至明末，南浔已有"江浙雄镇"之称。至清末，南浔辑里丝已名闻中外，出口量居中华之最，南浔被誉为"江南名镇"。

在清代，南浔人将当地人家财富的多少，以动物形体大小形容为"四象、八牛、七十二黄金狗"，财富在1 000万以上为象，100万以上为牛，30万以上为狗。南浔名胜古迹众多，与自然风光和谐融化，既充满着浓郁的历史文化底蕴和灵气，又洋溢着江南水乡古镇诗画一般的神韵。南浔自古以来文化昌盛，人才辈出，书香不绝。明代时就有"九里三阁老，十里两尚书"之谚。仅宋、明、清三代，南浔就出了进士41名。晚清到民国，南浔经济基础雄厚，商界政界名人辈出，殷实的富商构筑了精美极致的私家花园和宠大而又富丽典雅、中西合璧的私宅。

明万历至清代中叶为经济繁荣鼎盛时期，置地造楼，大兴土木，一时成风。镇上有许多著名古建筑，如刘镛的庄园小莲庄、张静江故居、张石铭旧居、百间楼和宋代古石桥等。不少南浔的文人、学者热衷于收藏古籍、碑刻、文物、字画。清末民初吴兴一地有四大藏书楼，其中有三大藏书楼在南浔，即蒋汝藻的"岙韵楼"、张均衡的"元宜阁"和刘承干的嘉业堂藏书楼。另外还有庞莱臣的"半画阁重楼"。嘉业堂藏书楼是江南四大藏书楼之一，是晚清的秀才刘承干在1920年到1924年修建的。藏书最多时曾达到60万卷。现在是浙江省图书馆的古籍书库。

据《江南园林志》记载,"南浔以一镇之地,而拥有五园,且皆为巨构,实为江南所仅见"。与嘉业堂毗邻的小莲庄是南浔著名私家园林,园内莲池、假山、凉亭处处流露出江南园林的小巧与别致。

张石铭旧宅五落四进,占地5 135平方米,共有中西式楼房150余间,人称"江南第一民宅"。其气势之雄伟为世所罕见。更为人称奇的是张宅的建筑居然拥有早期的欧式流行风格,包括罗马柱、法国地砖及西洋楼等,在古建筑中独领风骚。联合国教科文组织世界文化遗产亚太地区副主任明佳·杨曾点评道:张石铭旧居拥有如此丰富而精湛的木雕、砖雕、石雕、玻璃雕(法国进口蓝晶刻花玻璃),可称为"四绝"。2024年底,沪苏湖高铁有望通车,届时,乘高铁从上海至湖州仅需40分钟。上海和湖州之间历来联系频繁,上海地标建筑大世界就与张石铭有关。"石铭"是张钧衡的字,现在都以字为名称呼他。他是南浔"四象"之一张颂贤的长孙,张颂贤有两儿,长子张宝庆有一子张石铭,次子张宝善有子女七人,其中张静江为国民党元老,民国首任浙江省主席。

张宅大厅后是内厅,俗称"女厅"。楼上住女眷,楼下是公共空间,砖雕门楼的门楣上"竹苞松茂"出自《诗经》,看来是寄托了家族兴旺的心愿。这里住过张石铭的母亲桂太夫人。正是她别具慧眼,买下了上海一块宝地。

清咸丰年间,太平军进入江南,南浔当地富人逃入上海租界避难,经营房地产的外国人大发横财,南浔来沪的富人们也从买房住转为经营房地产,张家是其中一个大户。到1921年前后,张石铭在沪拥有价值500万银圆的地产,南浔"象"排名上海富豪第三。

那块落入老太太法眼的地皮,就是今日大世界所在地。洋泾浜(今延安东路)是公共租界与法租界分界线,这块地在浜南。到1914年,两租界达成协议填洋泾浜,到1916年筑成上海当时最宽的爱多亚路,路宽达27.45米。成为通衢大道后,马路两边随即繁荣起来,张家买下的这块地遂成黄金地。

1916年,上海滩国药大亨黄楚九集资组建大发公司,登报告知:"本公司在西新桥堍英法租界交界繁盛之区,以基地九亩八分创建大世界花园。"

他租地不付租金，地上一切在一定年限后归土地产权所有者。1917年7月14日，大世界游艺场开门迎客，时为东亚最大游乐场。老上海著名中医陈存仁说："凡是沪宁、沪杭两路的人，到了上海，也必然要到大世界玩一次的。"直到20世纪60年代，"白相"（玩）大世界仍是上海游的热门，人说"不到大世界，等于没到大上海"。

张家后人在《张静江、张石铭家族》中写道："张家的房地产业，最出名的有两个地方，一个是大世界所在的那块地皮，曾在张石铭之孙张葱玉名下；另一个是南京西路上的静安别墅，当初在张澹如名下。"

在张石铭旧宅里，就有张葱玉的住宅，是位于四进豪华舞厅后的那栋二层西式建筑，人称"西洋"。楼名实为"韫辉斋"，与张葱玉在上海的斋名相同，出自陆机的名句"石韫玉而山辉，水怀珠而川媚"。

大世界这块地怎么到了张葱玉名下呢？1928年张石铭过世，三年守孝期满后分家，可分财产：一是常熟、苏州的田地、盐厂、房产、家藏字画古籍；二是上海的房地产和其他产业2 000万元。5个儿子得大头，每房分200万元。四房张乃骅的独子张葱玉独得200万元，又念他4岁丧父，特把大世界地皮分给他，让他可保这辈子生活不愁。该怎么来形容这笔天价遗产呢，有人评估说，当时的200万，其购买力相当于当下的200亿；张葱玉的女儿张贻文听祖母说，当时"家里上上下下包括众多佣人在内，一天的菜钱只需两元钱，吃的却是鸡鸭鱼肉"；之后，张葱玉寓居上海。当时的上海已经开始了传统和摩登的互相交融。

17岁继承巨额遗产的张葱玉，不做生意，财产只出不进，钱主要奔两个去处：收藏和赌博。他的条件得天独厚，祖父张石铭即为收藏大家。张葱玉丧父后随张石铭生活，从小耳濡目染，获益匪浅。最初藏品便是祖父张石铭传他的一批字画，后来他自己也收藏不少国宝级藏品，唐代的有张萱的《唐后行从图》、周昉的《戏婴图》和颜真卿的《竹山堂联句》，宋代的有易元吉的《獐猴图》，金代有刘元的《司马槱梦苏小》，元代的有钱选的《梨花鸠鸟图》、倪瓒的《虞山林壑图》和王蒙的《惠麓小隐图》等。1938年，年仅24岁的张葱玉就跨入了一流鉴藏家之列。当时海派五大收藏家的其他四位庞莱臣74岁，吴湖帆44岁，张大千39岁，王己千31岁。他在上海的寓所"韫辉斋"，和庞莱臣的"虚斋"、吴湖帆的"梅景书屋"、张大千的"大风堂",并称海派收藏的"四大名斋"。吴湖帆对他赞不绝口:"葱玉年才廿六,所藏法书为海内私家甲观,而自书仿元人亦至佳,洵少年中英俊才也。"20岁就被故宫博物院聘为鉴定委员的张葱玉,1950年受老朋友、国家文物局局长郑振铎之邀,任文物处副处长兼文物出版社副社长,为新中国文博事业,作出了杰出贡献。①

此外,还有建于清末民初的适园石塔、颖园、丝业会馆、商会旧址以及通津桥及广惠桥等十多处景点,都被列为全国、省级或市级文保单位。这些人文景观及建筑如一颗颗璀璨的明珠,镶嵌在南浔这个江南名镇上,他们无一不实实在在地证明着南浔作为古镇的实力与格局。

同济大学教授、国家历史文化名城研究中心主任阮仪三教授费了多年心血,着笔著有《南浔》一书,图文并茂,将南浔要景收编一册。"走遍天下,不如南浔廊下。"南浔,这沉甸甸的古建筑,是翻不完的画卷。

交通运输是国民经济的先行官,这一点古今中外皆同此理。江南的杭州、嘉兴、苏州、无锡、常州,连同长江北岸的扬州,哪个不在大运河沿岸呢?大城市如此,一个个大大小小的江南古镇也无一例外地分布在这河汊纵横交错的江南水乡河流交汇处。江南水乡大大小小的河流交织而成的河网,不就是"南船北马"时代的铁路网和高速公路网吗?南浔、湖州当然也不例外。

頔塘

頔塘,又名荻塘,是人工开凿的运河,西接苕溪之水,本只到湖州。系西晋(265—316年)吴兴太守殷康初开,筑堤岸,旁溉田千顷。因沿塘丛生芦荻,故名荻塘。塘经历代修治,其中唐贞元八年(792年),湖州刺史于頔动员民工大规模修筑,民怀其德,把"荻"字改为"頔"字(两字同音),故名頔塘,以作纪念。宋代的沈与求,曾作《舟过荻塘》诗云:"野航春入荻芽塘,远意相传接渺茫。落日一篙桃叶浪,薰风十里藕花香。"

明代曾多次整修,塘岸面貌大为改观。清雍正六年(1728年)湖州知

---

① 关于张石铭旧宅及其后人的介绍,参考了《解放日报》2024年3月20日11版袁念琪的文章《从韫辉斋到大世界》。

府唐绍祖主持重修頔塘。从今湖州市东门二里桥向东迤逦延伸，经升山、塘南、晟舍、菁南、东迁各乡至南浔镇，再向东达江苏平望与京杭大运河会合，流入太浦河。从此，湖州市、南浔镇连通嘉兴、苏州、上海等地的水路交通主航道——頔塘开通了。再过一个半世纪后，南浔的"四象八牛"们经此塘来到上海，湖丝也经此塘销往世界——頔塘，便有了"中国的小莱茵河"之称。

辛亥革命后，民国十二至十七年（1923—1928年）亦增修过一次。南浔富商庞莱臣提议：全用石不如兼用水泥，黏且固，石不必远求，近可取诸升山。众议赞同，遂成立塘工董事会。塘岸砌石用水泥嵌缝，使水利工程"泥石交融，固粘不解"。塘岸上都用水泥压栏石，使塘岸坚固，塘路整齐。在这次修筑中，众多的工程技术人员和塘岸两边的广大群众，做出了重大贡献。根据碑文记载，本次修筑工程共花银元二十八万四千七百余元，大部分由浔湖商界和群众资助，其中南浔庞氏、张氏、刘氏各捐助三万元。为褒扬此举，民国十八年（1929年）在今晟舍乡建立了頔塘碑亭。亭中立《重建吴兴城东頔塘记》碑石，高约3.5米，宽1米，石碑正面刻碑文，北面列捐款单位、姓名、金额、收支等。现此碑石砌在亭的北墙之内。

新中国成立以来，经省、市（县）人民政府拨款，由市（县）航管部门组织航道工程队伍，多次分段进行了整治、疏浚，使古老的頔塘面貌为之一新，焕发了青春。

今日湖州境内的頔塘，河宽80—100米。湖、嘉、苏、沪公路紧沿其塘北岸而过。塘两侧湖荡星布，阡陌交错，桑林遍野，好一片"江南鱼米之乡"，好一条"江南水上丝绸之路"。

莫干山

莫干山（国家AAAA级旅游景区、国家级风景名胜区、国家森林公园），位于浙江省湖州市德清县境内，为天目山之余脉，美丽富饶的沪、宁、杭金三角的中心。是中国四大避暑胜地之一，众多的历史名人既为莫干山赢得了巨大的名人效应，更为莫干山留下了难以计数的诗文、石刻、事迹以及二百多幢式样各异、形状美观的名人别墅。因春秋末年，吴王阖闾派干将、莫邪在此铸成举世无双的雌雄双剑而得名。

山峦连绵起伏，风景秀丽多姿，景区面积达43平方千米，它虽不及泰山之雄伟、华山之险峻，却以清澈不竭的山泉、绿荫如海的修竹、星罗棋布的别墅、四季各异的迷人风光称秀于江南。

观瀑亭：在荫山山脊，六角、绿顶、红柱，额题"海天浴日"，联书"野人坐待东方白，云海推开大地红"。登亭，剑瀑全景，一览无余。

滴翠潭：滴翠潭在武陵村口，系人工开凿，潭水清澈、内植睡莲。旁有抱翠亭，松木结构、古朴典雅。潭边赭红色巨岩，高20余丈，镌"风月无边""莫干好"及钱君陶所题"翠"字。翠字高如三层楼，气度雄伟、神韵飘逸，为江南第一擘窠大字。1987年夏，钱氏应友人邀请，赴莫干山避暑。见光秃巨岩一无点缀，甚感惋惜，欣然题"翠"。管理局花两年时间刻于崖壁。1991年6月《文汇报》以《钱君陶题写"翠"字》为题报道云：钱氏"平生写得最大者，当推莫干翠字"。

摩崖石刻：计三四十处，集中在剑池、灵鹊桥周围，以近人手迹为多。剑池飞瀑第二叠峭壁有周庆云题"剑池"二字，字体端正，笔势雄浑。

四叠飞瀑：上有阜溪桥（又曰"飞虹桥"），桥柱上刻有陈毅"夹道万竿成绿海，百寻涧底望高楼""飞瀑剑池涤俗虑，塔山远景足高歌"诗联。阜溪上游50米处，有两股溪水汇合，一股源于中华山，一股出自芦花荡。合流后，水势增大，顺涧而下，直奔阜溪桥，此乃第一叠飞瀑。溪水出桥后，猛跌二三丈，注入剑池，成为第二叠瀑布。剑池约五米见方，周有铁栏，靠峭壁处有亭，瀑布注池，稍一停蓄，水势益壮。于是飞瀑凌空，直泻剑潭，飞流竟高10余米，气势磅礴，触石有声，颇为壮观，为第三叠。沿剑潭而下，束水入溪，形成短瀑，此为第四叠。嗣后逶迤远去，淹没于竹林绿海，行踪难寻。

干将、莫邪雕塑：在阜溪桥上方，距"试剑石"十余米的地方，有一座作干将莫邪练剑状的雕塑。美丽端庄的莫邪持剑在前，身后体魄雄健的干将抡锤欲击，两人在严肃而紧张的神情中透露出成功的喜悦。

磨剑石、试剑石：磨剑石在阜溪桥下方，为一黑褐色巨石，呈侧卧状，有周庆云镌"周吴干将莫邪夫妇磨剑处"篆文。试剑石在观瀑亭上方，为一半裂巨石，裂口平直、光滑，似剑削而成。

剑池：据说就是莫邪干将磨剑的地方，藏于荫山修篁幽谷中。相传，莫邪、干将在此铸雌雄宝剑，磨以山之石，淬以池之水，则锃利倍常。

莫干山有句谚语："三胜竹云泉，三宝绿净静。""三胜"指竹胜、云胜、泉胜；"三宝"指绿宝、净宝、静宝。

"竹"是莫干山"三胜"之冠，以其品种之多、品位之高、覆盖面积之大列于全国之首、世界之最。走近莫干山，只见修竹满山、绿荫环径，风吹影舞、芳馨清逸，宛如置身绿幕之中。连片竹林127平方千米，有诗云："竹径数十里，供我半月看。""黄金嵌碧玉""碧玉嵌黄金"这两类珍贵竹种为莫干山所独有。

"云"极具特色。因时而异、变幻万千，动若浮波、静若堆絮，站在云海上餐雾饮露、枕云席絮，令人有"遗世而独立"之感。

"泉"也是一胜，飞瀑流泉多达百余道，可谓峰峰有水、步步皆泉。

"绿"是"四优"之一，树绿、竹绿、草绿、山绿，如绿色的海洋，满目皆翠。全山绿化覆盖率高达92%。

"清"也是一大优点。若漫步于竹林或憩息于林荫，或眺望于亭台，或夜坐于别墅，处处清新悦人、神舒肤爽。

"凉"是避暑的主要条件，因莫干山海拔较高，绿化覆盖率高，且多流泉及储水量大的修竹，因此夏季气温较低，七、八两月平均温度仅24.1℃，早晚尤为凉爽，最宜避暑。

"静"，谷幽境绝，走出久被噪声围困的圈子，走进莫干山，你仿佛来到了静谧的世外桃源。

主题四　放眼风物

茶叶是与咖啡、可可齐名的世界三大饮料作物之一，原产于我国。秦岭淮河以南的丘陵山区是我国茶叶的主要分布区，茶叶喜酸怕碱，喜光怕晒，喜暖怕寒，喜湿怕涝。浙江中南部、福建、湖南、云南、皖南丘陵山区，是我国优良茶叶品种的主产区，尤其是长江以南到南岭以北的亚热带红壤丘陵低山，无论气候、地形、土壤都非常适合于茶叶生长，成为我国优质茶叶精品的核心产地。浙江的西湖龙井、福建的铁观音、苏南的碧螺春、皖南的祁红屯绿和黄山毛峰以及云南的普洱茶都是闻名中外的茶叶名品。

以江南为核心产地的丝绸和茶叶与瓷器齐名，这三样物品是我国古代外贸出口的三大拳头产品。德国著名地理学家李希霍芬将连接欧亚大陆的东西两岸古代贸易通道命名为"丝绸之路"，足以证明丝绸在中国对外贸易发展史和中西交流历史上的重要地位。丝绸所含的天然纤维主要是蚕丝纤维，是一种"蚕"吐丝结茧时所分泌的丝液凝固而成的连续长纤维，也称天然丝，是人类利用最早的动物纤维之一。根据不同的气候区，蚕所"蚕食"树叶树种的不同，所产丝可以分为桑蚕丝（桑树叶）、柞蚕丝（柞树叶）等。桑树主要生长在亚热带季风气候区的长江流域及邻近地区，此地所产丝多为桑蚕丝，色泽几乎全为白色。而柞树主要生长在我国山东、河北、辽宁等温带季风气候区，此三省成为我国柞蚕丝的主产区，柞蚕丝色泽偏黄。此外，还有蓖麻蚕丝、木薯蚕丝，主产于热带，我国南方有少量生产。

产于杭嘉湖平原的辑里丝和以丝为原料的传统手工纺织精品——杭州织锦，久负盛名，驰名中外。其千百年的发展历史，蕴含着我们祖先的智慧和汗水，蕴含着锦绣江南的自然基因，隐含着诗画江南的文化血脉。

龙井茶

欲把西湖比西子，从来佳茗似佳人。西湖龙井茶，因产于中国杭州西湖的龙井茶区而得名，中国十大名茶之一。龙井茶历史悠久，最早可追溯到我国唐代，具有1 200多年历史，明代列为上品，清顺治列为贡品。清乾隆游览杭州西湖时，盛赞龙井茶，并把狮峰山下胡公庙前的十八棵茶树封为"御茶"。早在北宋时期，龙井茶区已初步形成规模，当时灵隐下天竺香林洞产的"香林茶"，上天竺白云峰产的"白云茶"和葛岭宝云山产的"宝云茶"已列为贡品。北宋高僧辩才法师归隐故地也是当年与苏东坡等文豪在龙井狮峰山脚下寿圣寺品茗吟诗之处，苏东坡有"白云峰下两旗新，腻绿长鲜谷雨春"之句赞美龙井茶，并手书"老龙井"等匾额，至今尚存寿圣寺、胡公庙、十八棵御茶园中狮峰山脚的悬岩上。明代，龙井茶开始崭露头角，名声逐渐远播，开始走出寺院，为平常百姓所饮用。嘉靖年间的《浙江通志》记载:"杭郡诸茶,总不及龙井之产,而雨前细芽,取其一旗一枪,尤为珍品,所产不多,宜其矜贵也。"万历时期的《杭州府志》有"老龙井,其地产茶,为两山绝品"之说。万历《钱塘县志》又记载"茶出龙井者,作豆花香,色清味甘,与他山异"。此时,龙井茶已被列为中国名茶。西湖龙井历史上曾分为"狮""龙""云""虎""梅"五个品号,现在统称为西湖龙井茶("狮":产地狮峰;"龙":产地龙井;"云":产地云栖;"虎":产地虎跑;"梅":产地梅家坞)。

春茶中的特级西湖龙井、浙江龙井外形扁平光滑,苗锋尖削,芽长于叶,色泽嫩绿,体表无茸毛;汤色嫩绿(黄)明亮;清香或嫩栗香,有部分茶带高火香;滋味清爽或浓醇;叶底嫩绿,尚为完整。其余各级龙井茶随着级别的下降,外形色泽由嫩绿到青绿再到墨绿,茶身由小到大,茶条由光滑至粗糙;香味由嫩爽转向浓粗,四级茶开始有粗味;叶底由嫩芽转向对夹叶,色泽由嫩黄到青绿再到黄褐。夏秋龙井茶,色泽暗绿或深绿,茶身较大,体表无茸毛,汤色黄亮,有清香但较粗糙,滋味浓略涩,叶底黄亮,总体品质比同级春茶差得多。

清明前三天采摘的称"明前茶",嫩芽初迸状似莲心,故称"莲心"。一个熟练的采茶姑娘,每天最多只能采摘嫩芽十二两,一斤干茶有三万六千棵嫩芽,故极为珍贵,称得上珍品中的绝品。过了清明后采摘的茶叶就大不如明前茶那么珍贵了,谷雨前采摘的二春茶称"雨前茶",量比较多,已有一叶一芽,其形似旗,茶芽稍长,其形如枪,故又称之为"旗枪"。立夏之前采三春茶,茶芽旁有附叶两瓣,两叶一芽,形似雀舌,称为"雀舌";四春茶则在三春茶后一月开始采摘,这时茶已成片,并附带有茶梗,称之为"梗片",在过去是供茶农的后代练技术用的。

辑里丝

丝绸产业及丝绸贸易一直是南浔商业巨子们发家致富的主要支柱产业,与南浔相距7里远的辑里村是著名的辑里丝的产地。辑里村第三等的蚕丝被制成丝棉被,而一、二等的辑里丝与湖州双林镇出产的绫齐名,成为清代字画装裱的主要材料,直到现在故宫博物院还从双林镇购买绫。南浔"四象八牛",都以湖丝发家。早在唐开元年间,湖丝已成为贡品,形成产业。宋代湖丝已出口国外，辑里湖丝更驰名于国内外，因为辑里湖丝质地洁白细匀，富有拉力，优于其他湖丝，如《南林报国寺记》中所载："南林（南浔古称南林）一聚落耳，而耕桑之富，甲于浙右。"当时的湖丝生产和质地就数南浔辑里丝好，清道光年间的诗人董蠡舟在《蚕桑乐府》中赞道："蚕事吾湖独盛，一郡之中，尤以南浔为甲。"天时地利以营丝而富。

被称为四"象"的刘镛、张颂贤、庞云曾、顾福昌，加上"八牛"，总财产约计七千万至八千万两银子之间。相当于19世纪90年代初清政府每年的财政收入。而1894年前，本国产业资本投资总额仅有六千万两。无疑，他们是近代中国最大的丝商群体。所以当时有所谓的"湖州整个城，不及南浔半个镇"的夸张比喻。

20世纪30年代南浔民谣云："刘家的银子，张家的才子，庞家的面子，顾家的房子。"刘镛为"四象"之首，据传刘镛的财富达二千多万两银子之多，故有"刘家的银子"之美称。

南浔的丝商发家后，经营领域大为拓展，除土丝业以外，他们迈向缫丝等近代工业，在制丝、棉纺织服装、房地产、金融业、娱乐业等方面发展，形成跨行业的集团。在商界地位进一步提高，使南浔成为中国近代民族工商业的发祥地之一。故浙江省旅游集团的专家说："打开上海商埠的发展史，其中的丝行、钱庄、银行、码头、房地产、证券交易，很多都是由南浔人在上海启动创业的。"而尤为可贵的是，南浔人没有"为富不仁"，而是克勤节俭，"得诸社会，还诸社会"，南浔的"四象八牛"都有这些事迹，值得后人推崇。他们也曾开办学堂，教育子弟，培养人才，故出现了这么多历史文化名人，如今成为南浔一道美丽的风景。

历代以来，南浔物富民殷，风谷阜安，地杰人灵，文化昌盛，由于辑里丝的闻名带动了南浔的经济及地域文化，并且出现了大批名人。其丝文化、书文化、园林文化、人文文化、建筑文化、饮食文化、民俗文化无不各有特色。南浔的辑里丝早在明代万历年间已驰名中外，通过海上丝绸之路远销欧美，曾在1915年巴拿马国际博览会上获奖，传说清代两位最有建树的皇帝康熙、乾隆身上的龙袍就是用辑里丝做成的，这成为南浔辑里丝的一大殊荣。

杭州织锦

杭州地处富饶的杭嘉湖平原，气候条件和土壤环境等均适合于桑树生长和桑蚕繁殖，是著名的生丝产地和丝绸加工地之一。这里素有"丝绸之府"之称。杭州丝绸产品的织造历史可追溯至五代十国，发展到明清时，杭州的丝绸织造业已相当繁盛，各类丝绸产品琳琅满目，包括"绫、罗、绸、缎、锦、绮、纱"等十四个种类，其中"锦"成为杭州独具特色的丝织种类。

说到"锦"，杭州人首先想到的就是具有百年历史的"都锦生织锦"，当年的杭州人曾家家户户为拥有一块都锦生织锦而感到骄傲。到了今天，这些老都锦生织锦，已然成了珍贵的收藏品，让收藏爱好者们爱不释手。

时光追溯到民国八年（1919年），青年都锦生毕业于浙江省甲种工业学校机织专业，留校任教。在教学实践中，他亲手织出我国第一幅丝织风景画《九溪十八涧》。后在亲戚宋春源与钱庄资本家宋锡九的支持下，都锦生购置了一台手拉机，雇了一名工人，于1922年5月15日在茅家埠家中开工织造。所织造的丝织风景画由于新颖别致，价格不高，极受社会欢迎。

1926年，都锦生已拥有手拉机近百台，轧花机五台，工匠八人，职工约一百三四十人，开办起名副其实的织锦工厂，产品曾在当年美国费城国际博览会展出，荣获金质奖章，一时蜚声中外，产品远销南洋和欧美等地。

如今的杭州都锦生实业有限公司，坐落在美丽的西子湖畔，主要生产丝织工艺品和真丝绸缎两大类近千品种，而主打产品依然是杭州织锦。"杭州织锦技艺"采用两种以上彩色丝线，在专用提花机上制织成多重组织的织物。织锦早期为手拉机或人工织机制织，后来发展成半机械化，多梭箱织造。因织锦在制织过程中既利用经、纬组织的变化，又利用经纬色彩的变化来显现花纹图案，故质地厚重、织纹精细、色彩瑰丽，代表了我国丝绸织锦的最高水平。

杭州织锦制造有58道传统手工工序，五彩锦绣织锦的织纹穿吊装造法以及盘梭（纬）法、换道（纬）法、抛梭（纬）法、通经回纬挖花法等织锦工艺技法均为杭州织锦特色。现代的织锦工艺分为装饰织锦和日用织锦两类，主要包括丝织风景、人物和台毯、窗帘、床罩、坐垫等，将写生画和装饰艺术有机地融为一体，使织锦艺术更为精美，被誉为神奇的"东方艺术之花"。

1957年，周恩来总理在视察杭州都锦生丝织厂时曾指出："都锦生织锦是中国工艺品中一朵奇葩，是国宝，要保留下去，要后继有人。"在党和政府的关心和支持下，唯一保存杭州织锦传统织造技艺的都锦生织锦得到了很好的保护和发展，2011年7月，杭州织锦技艺被成功列为国家级非物质文化遗产项目，同时也与四川蜀锦、南京云锦、苏州宋锦并称为"中国四大名锦"。

从20世纪50年代开始，都锦生织锦就经常被作为国礼赠送。G20杭州峰会召开期间，每位国家元首夫人都欣喜地收到一份特制的织锦台毯靠垫套装《丝绸之源》，这是都锦生国礼织造团队耗时一个月赶制而成的。这份荣耀代表着杭州丝绸近代史的缩影，代表着鲜明的杭州地域文化特色，是将杭州人文底蕴和西湖旅游完美结合的艺术瑰宝。杭州都锦生织锦艺术作为享有国际美誉的"金名片"，完美地展现在世人面前。

油纸伞

文化是一个民族的精神和灵魂，是一个民族真正力量的决定性因素。文化的载体百样千种，大到青铜重器，小有桐油纸伞。

伞骨为竹，竹报平安，寓意节节高升；伞形为圆，寓意美满、团圆、平安。

在中国的民间传说中，桐油具有消灾、辟邪、驱鬼的功效，因此有桐油纸伞放在家中，当然可以平安吉祥。因为这样，油纸伞成了婚礼的一项不可或缺之物，客家方言中有说道："油纸"与"有子"谐音。故客家女性婚嫁时，通常会以两把油纸伞为嫁妆，含早生贵子的意思。因此在中国传统婚礼上，新娘出嫁下轿时，媒婆会用红色的油纸伞遮着新娘以作辟邪。

在中国古代，还有一个习俗：男子十六岁成人礼时，父母会赠予一把油纸伞，希冀支撑门户之意。赴京赶考的人，背上的包裹里除了书本以外，一定会带一把油纸伞，也称"包裹伞"或"保福伞"，这也是亲人们表达祝福的一种方式，预祝路途平安，高中状元。在现代，也还有很多地方的亲戚、朋友、家长或同学买一把油纸伞送给考生，预祝高考成功。

现在在很多地方，也有用油纸伞祭祀祖辈先灵的习俗。因为在中国古代，皇帝打着黄盖伞，表示地位至高无上，因此用油纸伞祭祀祖辈，表达了在世的人们对他们已逝亲人的一种思念。从古至今的宗教庆典中，也经常可以看到油纸伞作为遮蔽物出现在神轿上。

老人喜好象征长寿的紫色油纸伞,送葬时则用象征庄严的白色油纸伞,日本传统舞蹈也会以油纸伞做道具。

油纸伞大多代表着喜庆。在我国很多地方,做寿、生子、乔迁时依然保留着送油纸伞的习俗。

一把油纸伞,千年江南韵。她不仅内涵丰富,文化气息浓厚,更是中国古典美的象征。撑着油纸伞,独自徘徊在悠长又寂寥的雨巷,别有一番意境。

油纸伞也代表着忧愁。它是雨季的常用物,更是忧愁的象征,因为它与欲望有关,与寂寥有关,所以在诗人的笔下,它又多了一种无法远望的惆怅。也许是因为它太过寂寞,有时让人似乎听见淅淅沥沥的雨声。

油纸伞收着的是一种祝福,一种思念,一种情怀。但是在各种钢制布伞盛行的今天,油纸伞已逐渐淡出了我们的生活,甚至连传承技艺的手工艺人也早已寥寥。

"江南雨,古巷韵绸缪。"真不希望有一天,那把从江南雨巷中走来的,承载着无数的美好和寂寞的油纸伞,最终消散在江南的烟雨中。

"撑着油纸伞,独自彷徨在悠长、悠长又寂寥的雨巷,我希望逢着一个丁香一样的,结着愁怨的姑娘……"

主题五 旅 游 开 发

旅游资源的类型

旅游资源十分丰富,大致可以分为自然旅游资源和人文旅游资源两大类。

一、大自然的造化——自然旅游资源

自然旅游资源是指在自然环境中,各类自然要素在一定条件下形成的旅游资源。自然旅游资源主要包括以下几类。

地质、地貌旅游资源:形成于地球岩石圈中的旅游资源。包括典型的地质构造、生物化石采集点、自然灾变（如地震、滑坡）遗迹、火山熔岩、古冰川遗迹、山岳以及海岸、荒漠、喀斯特等地貌景观。如非洲一望无垠的撒哈拉沙漠是典型的沙地类自然旅游资源，古代冰川遗迹形成的挪威峡湾景观、火山遗迹形成的日本富士山都是世界著名的旅游胜地。

水文旅游资源：形成于地球水圈之中，是地表水循环过程中由水的各种作用力形成的旅游资源，如河流、湖泊、瀑布、泉水、现代冰川等。如加拿大、美国交界处的尼亚加拉大瀑布，我国江苏的太湖、新疆天山的1号冰川、浙江海宁的钱塘江大潮等都是重要的水文旅游资源。

生物旅游资源：形成于地球生物圈中的旅游资源，是由地球生物界多姿多彩的生命现象和生物体组成的景观，如森林、草原、珍稀动植物等。赤道带的热带雨林，非洲大草原的野生动物，我国四川卧龙的大熊猫、北京香山的红叶、洛阳的牡丹等都是著名的生物旅游资源。

气象、天象旅游资源：形成于地球大气圈层中，由特殊的气候现象、天气现象、天象现象形成。如一定季节中的避寒型气候或避暑型气候、雪景、雾凇、阳光、极光、佛光、海市蜃楼等。吉林的雾凇、哈尔滨的冰雪世界、泰山日出、山东蓬莱的海市蜃楼、峨眉山的佛光都是闻名全国的气象、天象类旅游资源。

二、地域文化的精粹——人文旅游资源

人文旅游资源是指在人类历史发展过程中，由人类生活、生产行为以及与自然环境相互作用形成的旅游资源，它是人类创造和积累的文明成果中的精华部分。人文旅游资源主要包括以下几类。

建筑景观类旅游资源：由具有特殊文化价值、使用价值、历史价值、技术价值、纪念价值、景观价值的建筑单体或建筑群组成。如上海外滩建筑群、安徽徽州古民居、四川都江堰水利工程、加拿大的多伦多广播电视塔、法国巴黎的埃菲尔铁塔等。

遗址、遗迹类旅游资源：包括人类历史上遗留下来的各种重要行为迹象和重要事件发生地，如北京周口店"北京人"文化遗址、新疆楼兰遗址、上海的中共"一大"会址、美洲玛雅人文化遗址和希腊雅典卫城遗址等。

园林类旅游资源：是指人工修建的各种供人们休憩的园林，主要包括

皇家园林、寺庙园林和私家园林，以及城市公益性园林等。我国北京的颐和园、河北承德的避暑山庄都是中国古代皇家园林的杰出代表，苏州的拙政园和留园，则是私家园林的杰出代表，它们都已被列为"世界文化遗产"。

文化、风情与艺术类旅游资源：包括人类社会发展中形成的各种习俗民风、文化艺术宗教信仰等，是不同自然环境条件下地域文化的具体表现，具有鲜明的区域性特征，是人文旅游资源中最为鲜活的部分。如不同区域所特有的饮食服饰、岁时节令、歌舞曲艺、婚丧习俗、宗教文化、土特产品等，都是旅游资源开发中十分重要的人文旅游资源。

购物休闲类旅游资源：主要指大城市中的商业娱乐休闲街区。随着社会经济的发展，城市作为区域商业中心、服务中心的地位得到提升，城市购物休闲旅游已经成为旅游的热点。中国香港地区凭借发达的商业服务，成为世界著名的"购物天堂"，每年吸引2 000多万旅游者前来购物消费。

主题六　行　路　天　下

特别提醒：参观和考察过程中，应注意安全，随时记录或摄影，如有同伴或家长同行，应争取配合与合作，并遵守相关单位的有关规定，尊重工作人员，遵纪守法，遵守社会公德，礼貌谦让。

"中秋月　钱塘潮"
中秋节长假浙江海宁综合旅行研学　活动方案

一、研学点概述

钱塘江位于我国浙江省，古称浙，全名浙江，又名"之江""罗刹江"，一般浙江富阳段称为富春江，浙江下游杭州段称为钱塘江，它最终注入东海，在入海口形成的海潮即为钱塘江潮，天下闻名，每年都有不少游客前来观看这一奇景。

钱塘江潮是"世界三大潮涌"之一，与印度的恒河口、巴西的亚马孙河口齐名。江道变幻莫测，潮水瞬息万变，形成了丰富的涌潮景观。苏轼的传世名句"八月十八潮，壮观天下无"，描述的就是钱塘江潮。

二、研学时间与主题

时间：中秋节假日（2天）。

第一天，主题一：体验"潮文化"——参观观潮胜地公园；

第二天，主题二：感受"潮壮观"——在观潮点进行观潮活动。

三、研学内容与研学顺序

此次研学活动的内容主要有两项：一是从文化的角度感受钱塘江潮——参观观潮胜地公园，讲述钱塘江潮的观潮风俗、观潮历史，以及揭秘钱塘水利工程。二是实地体验观钱塘江潮，认识钱塘江潮的类型，分析钱塘江潮的成因并探讨钱塘江潮的开发利用。

研学顺序设计依据：学生首先参观观潮胜地公园，了解钱塘江潮的历史渊源与观潮风俗，对钱塘江潮的历史有全面的认识。通过收集资料掌握钱塘江潮类型以及最佳观潮点，并记录研学期间月相与潮汐情况，为第二天的现场观潮做足充分的前期准备。将历史材料中呈现的壮观的钱塘江潮与亲眼所见所感进行对比，感受钱塘江潮的壮阔。引导学生深入思考钱塘江潮的开发与利用，培养综合思维。

四、研学旅行活动设计

（一）研学旅行目标

1. 通过参观观潮胜地公园，总结地域文化与地域景观的关系。

2. 通过参观观潮胜地公园，了解钱塘江潮类型、成因及与月相之间的关系，为实地观潮做准备。

3. 通过实地调查观潮胜地公园，认识浙江海宁地域文化的多样性与地域性，培养对祖国文化的热爱，提升民族文化自信。

4. 通过实地观察，感受钱塘江潮的壮观，探讨钱塘江潮的开发和利用，感受人地相互影响，正确认识人与自然的关系。

（二）活动探究

1. 浙江海宁经纬度：_____　　　观潮胜地公园面积：_____

2. 记录观潮胜地公园内主要景点建筑物的高度、建筑风格、建筑材料、建筑物功能，填入调查表。

观潮胜地公园主要景点建筑物记录表

建筑名称与类型	高　度	建筑风格	建筑材料	建筑物功能

3. 钱塘江观潮文化对观潮胜地公园内主要景点建筑物文化的影响体现在哪些方面？结合现场观察与网络资料，记录观潮文化要素并拍摄照片。

观潮胜地公园观潮文化要素记录表

所属年代	文化要素	文化内涵	照　片

4. 搜集鱼鳞石塘相关资料并结合实地考察，用图文描述鱼鳞石塘的建造过程，并分析鱼鳞石塘历经数百年潮水冲击依然能够抵御狂潮的原因。

建造过程：_____

_____

原因分析：_____

_____

鱼鳞石塘相关示意图：

5. 结合课堂学习的潮汐、洋流、地形等知识，查找相关资料，总结探究钱塘江潮成因，并绘图或者提供相关图片分析示意。

钱塘江潮成因分析表

成 因	影响过程	结 果	示 意 图

6. 查找并记录研学期间与潮汛时间对应的月相等数据，将结果填入月相与潮汛情况记录表中，对本次研学期间月相与潮汐情况绘图分析。

月相与钱塘江潮潮汛情况记录表

观测时间	农历	月相	月出方位	月出时间	目视图（照片）	观测示意图	涌高	潮汐时长	观潮位置	潮汐形态类型

7. 根据所选最佳观潮时间和地点进行观潮，拍摄记录潮汐形态以及实际潮水时长，设计最佳观潮线路。

钱塘江潮实际观潮情况记录表

观潮点位置	观潮时间	潮汐形态	潮汐时长	潮汐照片	观潮线路设计

8. 根据实地考察情况，并查找相关资料，分析对于钱塘江潮的开发利用现状。

钱塘江潮的开发利用分析（浙江海宁）

开发资源	开发角度	利	弊

（三）请说出你的"新发现"，提出你的"新问题"

思考题

1. 历史上，隋代和元明两次大规模修建大运河，都向南止于杭州，从杭州再延伸，则折向东去，那就是始建于春秋时期的浙东运河。请从地形、河流、经济等方面分析古代大运河不再南下的自然与人文原因。

2. 素有"大树华盖闻九州"之誉的天目山，位于浙江省杭州市西北部临安区境内，浙皖两省交界处，距杭州84公里，在杭州至黄山黄金旅游线中段。天目山，尤其是西天目山，动植物种类繁多，珍稀物种荟萃，为国家教学科研重要基地。被国家授予"全国青少年科技教育基地""全国科普教育基地"称号。天目山峰峦叠翠，古木葱茏，有奇岩怪石之险，有流泉飞瀑之胜，素负"大树王国""清凉世界"盛名，为古今揽胜地。天目千重秀，灵山十里深，她赋予人类享之不竭的璀璨文化与独特的大自然风韵。如果您是一位植物学爱好者，我们强烈推荐您花上三五天时间置身天目山中，来一次"大树王国"漫游，写一篇"大树王国"漫游记。

3. 读下文《建德灵栖洞天》，回答问题。

建德灵栖洞天由12个溶洞组成，该洞群位于浙江省建德县西南37公里的石屏乡，是新安江—富春江旅游线上的一处风景点，也是我国首批国家级44个重点风景名胜区之一。目前人们所指的灵栖洞天，即地处山麓的灵泉洞、半山腰的清风洞和近山顶的霭云洞三个已开发的自然洞群。这三个洞穴除具有一般溶洞的喀斯特景观外,还各具自己的特点:灵泉洞以水称奇,需坐小船进入洞内;清风洞以风取胜,凉风习习,盛夏入内,暑气全消;霭云洞则以灵奇多姿、云雾缭绕的特点吸引游人。

灵泉洞为一水洞,地下河河道长300米,河水平均深1.2米左右,河身曲折幽深,全洞自然景观计有九曲、五潭、一宫。"九曲"为石山灵笋、泉中异花、通幽古道、玉树琼花、黄龙戏水、水獭跳涧、葫芦口、龙潭峡、咫尺云天等河曲;"五潭"为鱼跃潭、落英潭、日月双潭、古龙潭;"一宫"即是水晶宫。"水晶宫"是一个面积为600多平方米的地下湖泊,宫顶高处距湖水面约19米,高大空旷,华丽宽敞。整个宫顶倒悬着琳琅满目、形状各异的石钟乳。"水晶宫"的四壁有不少宋代和元代的题记,最早者为南宋乾道年间,距今已有800余年。宫中正中下垂的巨大的钟乳石上,有元代大德三年(1299年)进士郑文枃率领乡民们求雨的题记,这近百字的墨宝,虽经700年的风化剥蚀,但字迹仍然清晰可辨。

出灵泉洞,沿石级而上,行百米余,就到了"习习山庄"。"习习山庄"是为了使游人在夏季领略到凉风的爽意和在冬季感到暖风的和煦而精心设计的,在清风洞口依山布局而建,将洞内清风引出洞口,是一处旅游洞穴中成功的建筑。据地方志记载,该洞口在"盛夏炎日,风从口出,寒不可御";隆冬季节,洞口又如"春风拂面,温暖和煦"。其原因是离洞口高90米处,还有一个洞穴,空间也较大,当洞内外的温度相差很大时,就形成空气对流。夏季洞内冷气由下洞口流出,冬季地面温度较低,冷空气由上洞下沉,将洞内暖空气从下洞口逼出,从而使清风洞吹出的风冬暖夏冷。这种因对流产生的风速,有时可达2—3米/秒。故清风洞由此得名。

霭云洞距清风洞800米,要翻铁帽山才至洞口。霭云洞以奇著称。据地方志记载,霭云洞又名"云气洞",洞口会呈现出"天将雨则云气霭然"的现象,因此得名。天将要下雨时,霭云洞口会冒出团团云气,高出洞口十几米,呈云柱状悬浮在洞口,远远望去,景色迷人。冬春季节的清晨在朝阳照耀下，亦有云气缭绕于洞口之上。因为天降雨时，地面气压较小，而洞内受影响不大，故含水汽的高密度空气冲上洞口呈云柱状；冬春时晴天上午，朝阳刚露，地面空气较冷，密度较大，而洞内空气相对较暖，密度较小，洞外地面冷空气向洞内沉降，迫使湿暖而轻的洞内空气上升到洞口，与洞外温度较低的空气相遇，湿暖空气凝结成雾体，如云霭袅袅飘荡于洞口上空，形成奇观。

根据研究，灵栖洞天处于浙西褶皱带的石屏向斜区内。在漫长的地质历史时期内它处于浙西北坳陷的浅海环境，在距今3亿年前至2.8亿年前沉积了中石炭统黄龙组和上石炭统船山组碳酸盐岩，地层厚度大，灰岩质地纯，再加上后期多次地壳运动的作用，使石灰岩内形成众多断层、节理和裂缝等。地表降水就沿着这些缝隙深入地下，并相互聚合而成地下河，溶蚀、侵蚀石灰岩，生成巨大的千疮百孔的洞穴。脱离地下河水面的洞内，接受由地表下渗的含碳酸钙水的沉淀作用，生成千奇百怪的碳酸钙体，组成"地下艺术宫殿"。

此外，灵栖洞天外则是出露的石芽，宛如小石林，林间曲径通幽，俯视石林峰巅，犹如群峰连绵的山脉模型。灵栖洞于1979年3月进行开发建设，1980年7月正式对外开放，是建德旅游业的发祥地。

请回答下列问题：

（1）请阅读上文并查找相关资料，说明"灵栖洞天"及浙西北石灰岩地层的形成年代、古环境及钙质的来源。

（2）灵泉洞中大量地下水的主要直接补给形式是什么水？源头在哪里？

（3）仔细阅读上文对霭云洞的介绍，结合相关高中地理和物理知识，解释为什么"天降雨时，地面气压较小"？你能说出自然界常见的大气降水成因类型有哪几种吗？哪一种降水成因类型与霭云洞洞口的云霭成因相似呢？请做分析比较，说明两者的共性和差异。

第四单元

宁镇扬

引言与提问

明朝初期,朱元璋在离自己家乡(今安徽凤阳)不远的"金陵帝王州"南京建都。为了扩大南京的影响力和经济实力,朱元璋把南京周围的大片土地都划归南京管辖。这片土地的范围很大,不仅包括现在的江苏、安徽、上海三个省市,还要加上今天浙江、江西的一部分区域。因为归首都南京直接管辖,所以又把它称为"南直隶省"。南直隶省在当时不仅能享受到政治中心的好处,而且还占有南京、长江、淮河、运河等地理优势。南直隶省发展很快,设省不久,就成为当时最富裕的省份,可谓富甲天下。这里还崇文重教,人才辈出,文化发达。明成祖迁都北京后,南京虽然不再是首都,但仍然是南直隶省的行政中心,并且南直隶在全国的经济地位不降反升。南直隶虽是个崇尚诗词书画的地方,但明朝灭亡后,民众抗清意志十分顽强,以至于发生"扬州十日""嘉定三屠"等惨烈事件。为除后患,清军入关后就多管齐下,不断削弱南直隶省的实力。康熙六年(1667年),康熙帝将已改名称"江南省"的原南直隶一分为二,东取江宁、苏州两府首字称江苏省,西取安庆、徽州两府首字称安徽省,从此苏皖两省开始分道扬镳。但任职安徽的不少官员长期不去新省会安庆,赖在江宁府隔江遥控。看来南京的"徽京"之称古已有之,并不新鲜。以上史实告诉我们:南京,至少从元代以来,一直是江、淮下游地区的政治中心,甚至成为实质上的全国行政中心。

而该区域的经济重心在哪里呢?南朝梁人殷芸的《殷芸小说·吴蜀人》一文中有这样的句子:"有客相从,各言所志:或愿为扬州刺史,或愿多资财，或愿骑鹤上升。其一人曰：'腰缠十万贯，骑鹤上扬州'，欲兼三者。""腰缠十万贯，骑鹤上扬州"，不知殷芸本人当初是否有足够的自信，确信自己的吉言能在此约百年之后成为现实，并给扬州带来美好的前程和未来！不过，殷芸小说中魔幻的"鹤"变成了从隋大兴城直达杭州，沟通中国五大水系的隋唐大运河。"尽道隋亡为此河，至今千里赖通波"，公元610年，隋唐大运河建成了，而8年之后，隋朝灭亡了，当年吴王夫差修筑的古邗沟与长江交汇处的扬州，此时已矗立在千里运河与"黄金水道"万里长江的交汇处。大约200年后，诗人徐凝在《忆扬州》中发出了这样的感叹："天下三分明月夜，二分无赖在扬州。"

明清时代的扬州盐商，依靠朝廷给予的优惠和特权，趁着乾隆朝六十年间全国人口从1亿增加到3亿的人口红利期，独占江淮六省250多个州县的食盐消费市场，那时的扬州简直可以富可敌国。然而，扬州的大盐商实质上就是官商，有了盐官的庇护，两淮盐业最终成为一个弊端重重的死水潭。在官商勾结、共同作弊下，盐商本身的走私活动也日益猖獗。尽管康熙和雍正时期曾试图整顿盐务，但实际上收效甚微。康雍乾三朝，是中国封建社会的回光返照，也是扬州最后的辉煌。1840年，鸦片战争爆发，不久，五口通商，1843年上海开埠，1867年江南制造局在上海黄浦江畔成立，1873年轮船招商局在上海开业，1912年津浦铁路在南京长江北岸的浦口轮渡过江，与1908年通车的沪宁铁路在长江南岸的下关实现连乘。现代交通运输方式家族的"一哥"——铁老大时代开始了，"漕运"时代带着运河明珠扬州一起走上了"实用退潮，审美登场"之路。

南京似乎稳坐长江、淮河下游区域政治中心的位子，而该区域的经济重心似乎在清中期后，就开启了南下、东进的进程。鸦片战争后不久，这一进程明显加快了。决定这一进程的影响因素有哪些呢？运输方式、产业结构、主导产业、产业链的长度、产品的科技含量、产品附加值利润率、各地自身的区位条件等，可能莫衷一是，可能都有关系。扬州作为经济活动的空间城市，其区位当然无法改变，但盐商们在扬州积累的雄厚资本转移到哪里去了呢？用于何处了呢？答案会不会就写在个园的大门上？藏在瘦西湖的湖水里？

主题一　腹　有　诗　书

泊　船　瓜　洲

（宋）王安石

京口瓜洲一水间，钟山只隔数重山。
春风又绿江南岸，明月何时照我还？

　　这首诗的作者王安石，是北宋著名文学家，"唐宋八大家"之一；而作为政治家的王安石，是北宋神宗时期著名宰相，于神宗熙宁元年（1069年），推行影响了整个北宋后期政治的"熙宁变法"，也称"王安石变法"。

　　学术界历来对于这首诗的创作背景有所争论。但既然王安石也是以变法而出名，那么其中有两种说法自然就与变法产生了紧密的联系。

　　当王安石于1069年推行变法以后，一定程度上改善了北宋积贫积弱的局面，但也因为各种原因而遭到为数不少的人的反对。就在这样激烈的政治斗争中，王安石于1074年罢相，而其中一种说法认为这首诗就是此次罢相自京都（北宋首都汴京，今河南省开封市）返回家乡南京途经瓜洲时所作。第二年，即1075年，王安石二度拜相，而另外一种说法则认为这首诗是他从家乡启程前往京都任相途经瓜洲所作。大部分学者倾向于第二种说法，而本书也同样如此。

　　这首短短的绝句共28个字，却出现了三个地名，分别是：京口，即今江苏省镇江市；瓜洲，在今扬州南郊，确切说是扬州靠近长江的地方，因此与镇江只隔着"一水"，即长江。说到这里还要补充一下，古代除了黄河特称"河"之外，对于其他的江河经常也直称"水"。如"洛水"，如"一衣带水"——即指只隔着一条衣带那样窄的江河。有时候这"水"如同本诗也特指长江，如李白《登金陵凤凰台》："三山半落青天外，一水中分白鹭洲。"而钟山，即现在位于南京的紫金山，诗人以此来代指他的家乡南京，应该是为了与后面的"数重山"相呼应。

　　接到再度拜相的诏令，王安石从南京老家一路向北朝京都奔去，途经瓜洲，小舟靠岸停泊，做一番小憩。他极目远望，发现长江水在他脚下滚滚流过，而在这滚滚长江的对面不就是京口（镇江）吗？

原来扬州与镇江竟然只有一江之隔！那么眼下这似乎峰峦叠嶂，绵延不绝，一眼望不到尽头的数重山外是不是就是我的家乡——南京呢？

诗人站在瓜洲远眺看到了一江之隔的京口，不禁联想到了在这数重山外的家乡。前两句一实一虚，虚实结合，为读者构筑了一个丰富的地理空间。

想着舟虽已驶出甚远，原来家乡还"只"隔着数重山啊。诗人的思乡之情由此陡然升起。是啊，在家乡闲居六载，家乡的一草一木已经深深镌刻进了他的脑海，无时无刻不萦绕在他的心头。家乡门前的老树是否又盛开了花朵？拂面的春风是不是又让家门口的小湖荡漾起了绿波？

而且前一次为何罢相？还不是朝中局势风云诡谲，朝堂上政治斗争尖锐复杂，官场小人当道、是非颠倒。此次虽然皇帝一时心动，又召我回朝，授予重任，却不知道还要面对多少巨大的阻力、汹涌的波涛啊。家乡，那意味着无忧无虑、吟诗作对、抚琴观鹤、闲庭信步的地方就只在那数重山外，静静地等候着我回去啊。"数重山"这样地理上的遥远距离，却用了一个"只"字，突出了作者对家乡的依恋。

你看，这春风，又来到了江南岸，还夹带着一股沁人心脾的草木芳香。春风已经一次又一次，一年复一年地来到这江南了，可是抬头望这皎洁的明月，"当时明月在，曾照彩云归。"（晏几道《临江仙·梦后楼台高锁》），这曾经照耀过小蘋，伴随她彩云般倩影回乡的明月何时能够陪伴着我，照耀着我回乡的路呢？

基于此，诗人不禁写下了"春风又到江南岸，明月何时照我还"。但仔细品读总觉得虽写出了心中的感觉，却总缺了那么一点韵味。是不是"入"更加好呢？"随风潜入夜"啊，也不太好。"过"呢？"满"呢？（根据宋人洪迈《容斋续笔》记载）都总觉得欠了那么一点火候。诗人这一夜注定是辗转难眠的，脑中盘旋的就是那一个字，真可谓"吟安一个字，拈断数茎须"，或者用他老人家自己的话说是"文字频改，工夫自出"。但是第二天一早，当他来到船头，对岸的一片绿色映入他的眼帘，也霎时映入他的内心，敞亮了他的内心。春风真是大自然拥有的一支魔法的画笔，他不正是用这支画笔染绿了那江南岸吗？一个"绿"字，把春风人格化，而且化无形为有形，把看不见的春风转换成鲜明的视觉形象——千里江岸，一片新绿。这句诗意境一下子凸显，从而成为千古名句，而这首诗也流传千古。

另外，也有版本将这个"又"写成"自"。"春风又绿江南岸"表明春风吹绿这江南岸已经不止一年了，突出了作者在外的时间之长，时间流逝之久。而"自绿"在"绿"的拟人成分上再加一些埋怨的成分，好像江南岸偏偏与王安石作对，在王安石漂泊在外之际，全然不顾他此时的惆怅，自管自地渲染出一片春意盎然的美景，看似无理，却符合中国古诗词"无理而妙"之境，是相思之意浓厚得无处宣泄，也是"以乐景衬哀情"。究竟哪个字更好，读者诸君尽可有自己的高见。

不过故事到这里似乎并没有说完。按照第二种说法，王安石这次可是奔赴京都拜相的，如果你认为对于胸怀大志、心系苍生而又清廉朴素的他来说，拜相等同于玉堂金马、锦衣玉食、权倾朝野，那绝对是"以小人之心度君子之腹"。对于王安石来说，拜相意味着他又有机会完成他未竟的事业——熙宁变法。在王安石的理想中，变法意味着神宗不用再为北宋财政的捉襟见肘而长吁短叹，朝廷不用为四周的列强（辽、西夏）的虎视眈眈而心惊胆战，平民夫妻也不用为交不上高额的地租而牛衣对泣。因此这"春风"可能还是一个虚指，有一番政治寓意：此番一去，改革的春风将要吹遍大江南北，我的"青苗法"将让受到高利贷剥削而无法耕种的百姓获益，从而让荒芜的田地"重青"。政治上的冬天将要过去，朝堂上将迎来变法的春天。从这一点上说，"春风又绿江南岸"又配合了此次再度拜相的写作背景，带了那么一点点喜悦之情。不过，这点喜悦可能还是敌不过可能到来的反对派的猛烈攻击。秀丽的钟山、恬静的山林，仍然对他有很大的吸引力，从而自然吟出"明月何时照我还"。

因此，诗人内心可能充斥着一点矛盾，但总体并不影响这是一首抒发乡愁之诗的基调。

乌 衣 巷

（唐）刘禹锡

朱雀桥边野草花，乌衣巷口夕阳斜。
旧时王谢堂前燕，飞入寻常百姓家。

这是一首怀古诗。凭吊东晋时南京秦淮河上朱雀桥和南岸的乌衣巷的繁华鼎盛，而今野草丛生，荒凉残照。感慨沧海桑田，人生多变。

这首诗写出诗人对盛衰兴败的深沉感慨：朱雀桥和乌衣巷依然如故，但野草丛生，夕阳已斜。荒凉的景象，已经暗含了诗人对荣枯兴衰的敏感体验。

后二句借燕子的栖巢，表达作者对世事沧桑、盛衰变化的慨叹，用笔尤为曲折。此诗为刘禹锡著名的咏史诗《金陵五题》中的第二首。

以燕栖旧巢唤起人们想象，含而不露；以"野草花""夕阳斜"涂抹背景，美而不俗。语虽极浅，味却无限。施补华的《岘佣说诗》评这首诗的三、四句时说："若作燕子他去，便呆。盖燕子仍入此堂，王谢零落，已化作寻常百姓矣。如此则感慨无穷，用笔极曲。"

首句"朱雀桥边野草花"，朱雀桥横跨南京秦淮河上，是由市中心通往乌衣巷的必经之路。桥同河南岸的乌衣巷，不仅地点相邻，历史上也有瓜葛。东晋时，乌衣巷是高门士族的聚居区，开国元勋王导和指挥淝水之战的谢安都住在这里。旧日桥上装饰着两只铜雀的重楼，就是谢安所建。

在字面上，朱雀桥又同乌衣巷偶对天成。用朱雀桥来勾画乌衣巷的环境，既符合地理的真实，又能形成对仗的美感，还可以唤起有关的历史联想，是"一石三鸟"的选择。句中引人注目的是桥边丛生的野草和野花。草长花开，表明时当春季。"草花"前面按上一个"野"字，这就给景色增添了荒僻的气象。再加上这些野草野花滋蔓在一向行旅繁忙的朱雀桥畔，这就使我们想到其中可能饱含深意。

记得作者在"万户千门成野草"（《台城》）的诗句中，就曾用"野草"象征衰败。现在，在这首诗中，这样突出"野草花"，不正是表明，昔日车水马龙的朱雀桥，今天已经荒凉冷落了吗？

第二句"乌衣巷口夕阳斜"，表现出乌衣巷不仅是映衬在败落凄凉的古桥背景之下，而且还呈现在斜阳的残照之中。句中作"斜照"解的"斜"字，同上句中作"开花"解的"花"字相对应，全用作动词，它们都写出了景物的动态。"夕阳"，这西下的落日，再点上一个"斜"字，便突出了日薄西山的惨淡情景。本来，鼎盛时代的乌衣巷口，应该是衣冠来往、车马喧阗的。而现在，作者却用一抹斜晖，使乌衣巷完全笼罩在寂寥、惨淡的氛围之中。

经过环境的烘托、气氛的渲染之后，按说似乎该转入正面描写乌衣巷的变化、抒发作者的感慨了，但作者没有采用过于浅露的写法，诸如，"乌衣巷在何人住，回首令人忆谢家"（孙元宴《咏乌衣巷》）、"无处可寻王谢宅，落花啼鸟秣陵春"（无名氏）之类；而是继续借助对景物的描绘，写出了脍炙人口的名句："旧时王谢堂前燕，飞入寻常百姓家。"

他出人意料地忽然把笔触转向了乌衣巷上空正在就巢的飞燕，让人们沿着燕子飞行的去向去辨认，如今的乌衣巷里已经居住着普通的百姓人家了。为了使读者明白无误地领会诗人的意图，作者特地指出，这些飞入百姓家的燕子，过去可是栖息在王谢权门高大厅堂的檐檩之上的旧燕。"旧时"两个字，赋予燕子以历史见证者的身份。"寻常"两个字，又特别强调了今日的居民是多么不同于往昔。从中，我们可以清晰地听到作者对这一变化发出的沧海桑田的无限感慨。

飞燕形象的设计，好像信手拈来，实际上凝聚着作者的艺术匠心和丰富的想象力。晋傅咸《燕赋序》说："有言燕今年巢在此，明年故复来者。其将逝，剪爪识之。其后果至焉。"当然生活中，即使是寿命极长的燕子也不可能是四百年前"王谢堂前"的老燕。但是作者抓住了燕子作为候鸟有栖息旧巢的特点，这就足以唤起读者的想象，暗示出乌衣巷昔日的繁荣，起到了突出今昔对比的作用。《乌衣巷》在艺术表现上集中描绘乌衣巷的现况；对它的过去，仅仅巧妙地略加暗示。诗人的感慨更是藏而不露，寄寓在景物描写之中。因此它虽然景物寻常，语言浅显，却有一种蕴藉含蓄之美，使人读起来余味无穷。

晋代豪门世族的覆灭，暗示当代的新贵也必将蹈此覆辙。

这首诗通篇写景，不加一字议论。诗人从侧面落笔，采用以小见大的艺术手法加以表现。语言含蓄，耐人寻味。

南乡子·登京口北固亭有怀

（宋）辛弃疾

何处望神州？满眼风光北固楼。千古兴亡多少事？悠悠。不尽长江滚滚流。

年少万兜鍪，坐断东南战未休。天下英雄谁敌手？曹刘。生子当如孙仲谋。

公元1204年抑或1205年，距离偏安一隅的南宋小朝廷的建立已经过去快80年了。徽、钦二宗被金人所俘留下的亡国之泪恐怕已经干涸得了无痕迹。朝廷主和派势力占据绝对上风。"靖康耻、犹未雪"早已被他们抛弃于九霄云外；杭州的繁华早已让他们忘记了故都汴州的失陷；他们沉浸于无休无止的歌舞升平，他们陶醉于"四面楚歌"的虚幻的和平。

而有一个人，或者有以他为代表的一批人却显然没有忘记，也从来没有沉浸于这"伪和平"中。他，就是辛弃疾。

辛弃疾，是中国古代文人中的一根脊梁。21岁怀揣着满腔收复中原之热血，组织义军走向抗金战场。但连岳飞这样的朝廷名将都为十二道金牌所召回，最终屈死于狱中，更何况他这样一个名不见经传的小人物。因此，他的抗金之路注定艰难坎坷，他的收复中原之志注定难以实现，而他注定只能面对着大好河山陷入敌手而嗟叹自己的有心杀敌却无力回天，埋怨南宋朝廷的绥靖苟且和懦弱无能。而这首词就是其心声的写照。

此时的辛弃疾处于镇江知府任上。此时的镇江，名字仍叫京口，但已经完全不是王安石笔下"京口瓜洲一水间"的京口了，因为中原的大面积沦陷，此时的它已然成为宋金对峙的前线。

因此，当辛弃疾怀着满腔的忧愤以及对故土眷恋之情登上北固楼时，不禁发出了由衷的感慨。都说登楼可以远望，李白登楼远望见到的是"长亭更短亭"（李白《菩萨蛮·平林漠漠烟如织》），他找不到家乡、找不到"归程"，因此发出了"何处"的疑问。但毕竟，这"长亭更短亭"，还是属于唐朝，从广义上来说，还是属于他的家乡的。然而辛弃疾发出的同样是"何处"的疑问，却是因为他登楼远望见到的只有北固楼附近的满眼风光，而不见了曾经的中原（这里用"神州"指代中原）——曾经的中原早已沦落于金人之手，不属于南宋王朝。

看着远处的大好河山沦陷，辛弃疾不禁浮想联翩。历史的兴衰交替在他脑海中一帧一帧如同电影般闪过，连绵不断，就如同眼前的长江奔流不息。

长江，这条和黄河一起哺育着炎黄子孙的母亲河，"逝者如斯，不舍昼夜"，滚滚不息，永不停止。她见证了历史的"兴"，见证了历史的"亡"。"悠悠"叠词的使用，写出了这历史兴亡交替的漫长，写出了长江奔腾的气势，更凸显出一种历史的沧桑感。

这闪过的一幕幕最终定格在了——三国，这样一个叱咤风云、群雄逐鹿、英雄辈出的乱世。是啊，这样一个对于普通百姓来说意味着水深火热、颠沛流离的时代却是英雄大展身手的舞台。而它也总能与长江联系在一起。就在一百多年前，苏子瞻面对长江，发出了对三国孙吴的周公瑾的慨叹。为何要用慨叹，因为这其中包含了对他少年英雄"羽扇纶巾，谈笑间，樯橹灰飞烟灭"（苏轼《念奴娇·赤壁怀古》）的叹赏，也包含了对自己"早生华发"、碌碌无为的感慨。两相对比，其中的情绪真是难以道来。

而此时，辛弃疾面对着长江，同样发出了慨叹，他要慨叹的人是周公瑾的主公，孙吴的继任者——孙权。

当"江东小霸王"孙策于建安五年（200年）遇刺身亡时，孙权继承哥哥的权柄，登上了东吴主公的宝座，此时也不过18岁。孙权即位之时，却是东吴盛衰存亡之秋，在外有曹操虎视眈眈，在内有各种势力的纷争、对王位的觊觎。不过，在文有张昭、武有周瑜的倾心辅佐下，孙权力挽狂澜于既倒，不但稳定了国内的政局，而且于建安十三年（208年）联刘抗曹，大破曹军，取得了名载史册的赤壁之战的胜利。

这里的"曹刘"，引用了《三国志·蜀书·先主传》煮酒论英雄的著名典故。曹操与刘备谈到当今英雄当有谁时，曹操说："今天下英雄，惟使君（刘备）与操耳。"但这里"独二无三"的两大英雄其实都是为了给孙权——这首词中的主角作为陪衬。

想那孙权，20岁不到登基，振臂一呼而数万甲胄之士（兜鍪，原是战士头上所戴的头盔，这里指代将士）齐声响应，用他的文韬武略，率领他们外御强敌，内镇叛乱，在三国硝烟弥漫的乱世中，和群雄竞相角逐最终脱颖而出的两位当之无愧的时代真英雄——曹操与刘备互为对手，并最终形成鼎足之势，难道不是一件幸事，不愧于少年豪放，雄姿英发吗？也难怪作者不禁又要引用典故，借曹操他老人家的话来生发感慨了："生下的儿子就应当如孙权一般！"

词的下阕充满了对孙权这样一位少年英主的赞颂之情。但笔者在之前的行文中用了和苏轼对周公瑾相同的"慨叹"一词,说明不仅只有赞赏之意,再结合当时的时代特征,这首词就被赋予了新的深意。

面对着朝廷主和派的苟且偷安,懦弱无能,辛弃疾此时多么希望能有像孙权这样的少年英才出现,坐镇东南,驾长车,踏破贺兰山缺,收拾旧山河,重振北宋,甚至是恢复大唐的风采。这样来看,词人在本词中所赞颂的孙权也可以视作辛弃疾所期待的主战派,甚至是自己的一个象征,代表了一种报效国家、积极进取的壮志豪情。

"生子当如孙仲谋"其实还有另外一层含义。因为曹操在说这句话的时候还有下半句:"生子当如孙仲谋,若刘景升儿子,豚犬耳。"意思就是生儿子的话就要像孙权那样,奋发图强,有积极收复失地,甚至统一天下的宏愿;而不能像刘景升,即刘表的儿子那样窝囊。其实笔者感觉,这句话中作者更是直指刘表,因为刘表是一位于乱世中苟且偷生,立意自守,而无四方之志的无能苟且之辈。作者在这里巧妙地通过只引用正面评价的前半句,而空出负面评价的后半句,隐晦地表达对南宋朝廷君臣上下均如同刘表那样苟且偷安、不思进取的批判和愤懑。

本词继承了稼轩一贯的偏爱用典的风格,通过三问三答的方式,强烈地表达了对古代英雄人物的歌颂,抒发了自己为国效力的壮志豪情;也委婉含蓄地表明了自己报国无门的无限感慨以及对苟且偷安、无所作为的南宋朝廷的愤懑之情。本词与另一首同样写京口北固亭的《永遇乐·京口北固亭怀古》一起,堪称歌咏京口北固亭的双璧。

寄扬州韩绰判官

(唐)杜牧

青山隐隐水迢迢,秋尽江南草未凋。
二十四桥明月夜,玉人何处教吹箫。

1 200多年前的一个秋天,杜牧任淮南节度使掌书记(掌朝觐、慰问、聘荐、祭祀、祈祝之文及号令、升黜之事,军队中的记室掌书记也负责军队战情军需的记录、文书、信件等),当时居扬州,与韩绰是同僚。

这首诗当是杜牧离开扬州幕府后不久,寄赠韩绰之作。韩绰去世后,诗人作过《哭韩绰》诗,可见他与韩绰有深厚的交谊。

这是一首调笑诗。诗的首句写江南秋景,即诗人在秋天怀念故人,并联想到江南的秋天,末句是借扬州二十四桥的典故,与友人韩绰调侃。意思是说你在江北扬州,当此深秋之际,在何处教美人吹箫取乐呢?

诗的第一、二句:"青山隐隐水迢迢,秋尽江南草未凋。""青山隐隐水迢迢"一句,一说是远景描写——诗人站在江边,隐约遥见长江对岸青山逶迤,隐于天际,江水如带,迢迢不断。"隐隐"和"迢迢"这两对叠字,不但画出了山清水秀、绰约多姿的江南风貌,而且隐约暗示着诗人与友人之间山遥水长的空间距离,那抑扬的声调中仿佛还荡漾着诗人思念江南的似水柔情。

一说是:诗人站在江北,遥想江南的秋景——此时时令已过了深秋,我所在的江北早已是草木凋零、一派晚秋的萧条冷落,而江南的草木却还未凋落,还是青山绿水,风光依旧旖旎秀美。真是很怀念远在热闹繁花之乡的朋友啊。

扬州虽地处长江北岸,但整个气候风物实与江南无异。不少诗人有"烟花三月下扬州""春风十里扬州路"的诗句,说明扬州在当时人的心目中简直花团锦簇,四季如春。"草未凋"与"青山"、绿水组合在一起,正突现了江南之秋明丽高远,生机勃勃的特征。

无论如何,这两句特意渲染山清水秀、草木常绿的江南清秋景色,正是要为下两句想象中的生活图景提供美好的背景。而首句山、水相对,"隐隐""迢迢"叠用,次句"秋尽江南"与"草未凋"之间的转折,更构成了一种抑扬顿挫、悠扬有致的格调,诗人翘首遥思、怀恋繁华旧游的感情也隐约表达出来了。

扬州自古以来都是花繁柳茂、烟波画桥之地。徐凝《忆扬州》说:"天下三分明月夜,二分无赖是扬州。"这首诗中就提到了"二十四桥"。关于二十四桥有两种说法,一说为指数量,即二十四座桥。北宋沈括《梦溪笔谈·补笔谈》卷三中对每座桥的方位和名称一一做了记载。还有一说为指一座桥名叫二十四桥,清李斗《扬州画舫录》卷十五:"廿四桥即吴家砖桥,一名红药桥,在熙春台后。……扬州鼓吹词序云,是桥因古二十四美人吹箫于此，故名。"

"二十四桥明月夜，玉人何处教吹箫？"诗的三四两句美景落到旧日同游好友韩绰身上，点醒寄赠之意，趁此表现出扬州特有的美景佳胜，和自己对它的怀念遥想。"玉人"，既可借以形容美丽洁白的女子，又可比喻风流俊美的才郎。从寄赠诗的作法及末句中的"教"字看来，此处玉人当指韩绰。

诗人将回忆之地集中到"二十四桥明月夜"，因为此景最能集中体现扬州风光繁华独绝、浪漫美丽。所谓"二十四桥明月夜"将活动场所集中在小桥明月，实际上等于说扬州明月夜，更加突出扬州的"江南"水乡特点，杜牧在扬州作幕府的两年中，经常于夜间到十里长街一带征歌逐舞，过着诗酒流连的生活。当时韩绰想必也常与诗人一起游赏。

诗人问：此时此刻，你在二十四桥中的哪一桥上教歌女们吹箫作乐、流连忘返呢？

"何处"对应"二十四桥"，表现了想象中地点不确定的特点，且以问语隐隐传出悠然神往的意境。

诗人本是问候友人近况，却故意用玩笑的口吻与韩绰调侃，不但韩绰风流俊傥的才貌依稀可见，两人亲昵深厚的友情得以重温，而且调笑之中还微微流露了诗人对自己经历和遭遇的感叹。

月光笼罩的二十四桥上，吹箫的美人披着银辉，风流倜傥的韩绰在一旁指点。仿佛听到呜咽悠扬的箫声飘散在已凉未寒的江南秋夜，回荡在青山绿水之间。

这幅用回忆想象织成的月明桥上教吹箫的生活图景，不仅透露了诗人对扬州的繁华景象和令风流才子们醉心不已的生活的怀恋，而且借此寄托了对往日旧游之地的思念，重温了彼此同游的情谊；既含蓄地表现了对友人的善意调侃，又对友人现在的处境表示了无限欣慕。

主题二 宁镇扬概述

南京是六朝古都，"江南佳丽地，金陵帝王州"，扬州是历史文化名城，运河明珠，"淮左名都，竹西佳处"，镇江是"天下第一江山"（米蒂题于北固山），刘备招亲、吴蜀结盟所在地，这三城位置关系如何？王安石诗云"京口瓜洲一水间，钟山只隔数重山"。京口，即今江苏省镇江市；瓜洲在现今的扬州中心城区南郊，长江与大运河的交汇处，这里有宋诗宋词中的"网红地标"瓜洲渡，古时从中原、北方乘船顺大运河去江南的必经之地；而钟山，即南京的紫金山，指代南京。历史上这三座城市地缘相近，人缘相亲，联系紧密。太平天国运动爆发后，因漕运渐被新兴的海运取代而江河日下的扬州，在20世纪初津浦（南京长江以北的浦口）铁路与沪宁铁路（上海至南京长江南岸下关）在南京实现隔江相望后加速没落。1928年国民政府正式入驻南京，镇江为当时江苏省政府所在地，三座城市的区位条件完成了历史性的逆转，经济、人口规模、城市地位的差距拉大了。中华人民共和国成立后，南京成为江苏省会，成为仅次于上海的华东第二大城市，地处京沪铁路与长江"黄金水道"的交汇处，其政治、经济、交通等城市发展的区位条件绝非镇江、扬州可比。改革开放后，苏锡常地区发展迅猛。进入21世纪，南京充分利用其紧邻安徽的位置优势，加强对皖经济辐射和服务，并吸纳安徽庞大的劳动人口，南京经济和城市规模日益壮大。而1996年8月，原县级市泰州、泰兴、姜堰、靖江、兴化从扬州划出，组建地级市泰州市，扬州市面积、人口、经济总量几乎减半。

近年，随着都市圈、城市群发展加速，南京都市圈建设获批，"宁镇扬一体化发展"正在成为江苏高质量发展和现代化建设的"关键词"。南京都市圈规划提出的该都市圈空间发展格局为"一带三圈四轴"。一带指沿江发展带，是新型工业化、城镇化的重点区域以及长江国际航运物流和金融商务中心的核心载体；三圈指以宁镇扬中心城区为核心构成紧密圈层（城市新区）、次紧密圈层（中小城市区）和外围圈层（生态休闲城镇区）；四轴指以重大交通通道为依托，形成扬滁发展轴、镇马发展轴、淮宁杭发展轴、淮扬镇发展轴四条发展轴。逐步形成高快结合、公铁结合的全天候、复合型城际运输通道，实现宁镇扬主枢纽站半小时通达，主城区之间一小时通达。打造宁扬通道，研究规划宁扬城际，完善南京—六合—扬州传统运输走廊；宁启铁路复线电化改造，新建浦仪高速公路，快速化改造328国道，规划建设北沿江高铁。加快建设南京—龙潭—扬州走廊；

规划新建龙潭公路过江通道，实现龙潭与仪征之间的跨江对接。打造扬镇通道：加强扬镇跨江通道建设，构建润扬滨江地区完善的同城交通网络，促进扬州与镇江的跨江融合发展，最终形成东、中、西全方位布局的扬镇复合运输走廊，即，东部走廊：加快建设五峰山过江通道、连淮扬镇铁路，加强两市东部江都区、扬州生态科技新城、大港、丹阳之间的联系；中部走廊：加快推进都市圈轨道扬马线扬州至镇江段建设，规划新建焦山过江快速路，促进两市城市快速路对接；西部走廊：在现有润扬大桥的基础上，积极推进两市城市轨道交通跨江对接。最终形成由高速公路、快速路、普通铁路、城际铁路和都市轨道交通构成的整个宁镇扬都市圈综合交通运输体系。

港口建设方面，建省港口集团，助力南京港建成区域性航运物流中心、国际性江海转运枢纽港。以资本为纽带，尽早启动建设宁镇扬组合港，发展公铁联运等方式，共同推进水陆联运物流一体化。

镇江跟扬州只有一江之隔，而且都比邻南京，可以想象，宁镇扬三市的位置关系，最终将相当于"武汉三镇"的汉口、武昌、汉阳之间的关系。

除了交通运输等基础设施建设外，三市还着力推进教科文卫体和社会公共服务及生态环保等领域的一体化建设，实现公共文化资源共享，实施涵盖基础设施、产业布局、公共服务、旅游开发、生态保护等方面的"五个一体化"工程。如积极推动南京邮电大学扬州研究院、东南大学扬州研究院、扬州大学镇江高新技术研究院等跨区域合作平台建设，加强扬州与南京联创集团等机构的深度合作。实现宁镇扬公交卡同城通刷并互享当地优惠，签订《宁镇扬公共图书馆区域合作联盟协议》，建立完善宁镇扬三市统一就医预约挂号平台功能、远程医疗系统，加快推进医疗保险异地就医联网结算机制。三市还携手共同组办南京都市圈龙舟大赛、宁镇扬城市足球邀请赛，推进体育电子消费卡三地场馆通用。生态环境保护工作方面，三市将深度合作，加快实施江淮生态大走廊建设，实施镇扬河段三期综合治理工程，推进长江堤防达标加固及提级工程，推动建立健全环境治理联防联控机制和跨区域生态补偿机制。

旅游开发方面，宁镇扬三市将合作开展旅游资源整体利用与开发，实现三地旅游一体宣传、一体推介、一体发展。近期要做好"三件实事",一是宁镇扬联合开展旅游线路产品推介会,实现旅游信息互通、资源共享、产品互动;二是加快推动宁镇扬旅游一卡通;三是联合策划旅游精品线路,开发"世园会""省园会"等旅游资源。

扬州应更加主动,以只争朝夕的积极姿态,紧紧抓住经济地理区位再度发生历史性优化的战略机遇,通过宁镇扬同城化建设和发展,主动寻求融入苏南,汇入苏南现代化示范区建设的大潮,实现历史性跨越。"故人西辞黄鹤楼,烟花三月下扬州",我们企盼古城扬州,这座唐代我国长江流域及东南部的大都市,涅槃重生,再次起飞,再创辉煌。

主题三　指点江山

钟山风景区

"钟山风雨起苍黄,百万雄师过大江。虎踞龙盘今胜昔,天翻地覆慨而慷。宜将剩勇追穷寇,不可沽名学霸王。天若有情天亦老,人间正道是沧桑。"毛泽东主席的《七律·人民解放军占领南京》,气势磅礴,撼人心魄!

1949年4月20日晚,中国人民解放军第三、第二野战军参战部队在西起湖口、东至江阴的千里长江上,千炮齐鸣,万船齐发,百万雄师过大江。巍巍钟山脚下,虎踞龙盘的南京城,见证了这一沧桑巨变。

钟山风景区坐落在六朝古都南京主城区东,这里林木葱茏,山清水秀,是南京历史文化遗产保护区之一,游客不仅可以在这里欣赏山林风光,也可在此凭吊历史,追忆前贤,抚今思昔。

钟山又称紫金山,这里历史文化深厚、名胜古迹众多,生态体系完整。钟山风景名胜区现由两大区域构成,即东部主体钟山区域的中山陵园风景区(包含中山陵景区、明孝陵景区、灵谷景区三大核心景区和其他区域景点)以及西部的玄武湖区域(包括玄武湖公园景区和九华山区域)。其中,明孝陵为世界文化遗产,中山陵为首批中国20世纪建筑遗产,还有汉族地区佛教全国重点寺院灵谷寺,此三处为核心景点。钟山风景名胜区拥有42处各级文物保护单位，200余处各类文物古迹，是融生态、文化、体育、休闲娱乐为一体的综合性风景名胜区。

中山陵

"万象阴霾扫不开，红羊劫运日相催。顶天立地奇男子，要把乾坤扭转来。"这是孙中山先生作的一首小诗。他一生为推翻帝制，建立共和而奔走呼喊，历尽艰难险阻，百折不挠。孙中山先生原名孙文，字逸仙，因在日本从事革命活动时曾用过"中山樵"的化名，所以国内尊称他为中山先生。孙中山生于1866年11月12日，少年时立有大志，先后求学于檀香山、香港等地，毕业后在广州、澳门等地行医，后弃医从政，并于1905年成立了中国历史上第一个资产阶级政党——中国同盟会，提出了"驱除鞑虏，恢复中华，建立民国，平均地权"的著名纲领，以及"民族、民权、民生"的三民主义学说。1911年10月10日发动辛亥革命，因声望高而被推举为中华民国临时大总统，并于1912年元旦在南京宣誓就职。后又经历了"二次革命""护国运动""护法运动"等，1924年11月应冯玉祥邀请抱病北上讨论国是，终因积劳成疾，于1925年3月12日在北京逝世。

孙中山先生在他生命的最后岁月里，把旧三民主义发展为新三民主义，执行"联俄、联共、扶助农工"的三大政策，毛泽东主席在1956年纪念孙中山诞辰90周年时，称孙中山先生为"伟大的革命先行者"。直到今天，每逢十一国庆节或重大政治活动，天安门广场仍然会矗立孙中山先生的巨幅画像，表达中国共产党和中国人民对孙中山先生的怀念和崇敬。

中山陵坐落于紫金山第二峰小茅山的南麓，陵墓在孙中山逝世一周年之际奠基，1926年6月1日开工，1929年春天完工。中山陵目前是国家5A级景区，也是国家重点文物保护单位。中山陵的墓址是孙中山先生生前选定的。1925年3月，孙先生临终前又嘱咐左右"吾死之后，可葬于南京紫金山麓，因南京为临时政府成立之地，所以不忘辛亥革命也"。

民国著名建筑师吕彦直的设计稿被"葬事筹备处"认为"简朴坚实且完全根据中国古代建筑精神"，从而获"一致决定采用"。吕彦直设计的中山陵，形状如钟，象征着中山先生精神如响亮钟声，响彻四方，同时也给人以警钟长鸣，发人深醒之感，最符合先生遗嘱中"唤起民众"之意。整个陵墓既融合了中国古代陵墓的布局建筑形式，保持了民族的风格，又汲取了西方先进的建筑方法，获得了极大的成功。

陵寝面积8万余平方米，前临平川，背拥青嶂，东毗灵谷寺，西邻明孝陵，整个建筑群依山势而建，由南往北沿中轴线逐渐升高，融汇中国古代与西方建筑之精华，庄严简朴，别创新格。中山陵音乐台、光华亭、流徽榭、仰止亭、藏经楼、行健亭、永丰社、永慕庐、中山书院等建筑众星捧月般环绕在陵墓周围，构成中山陵景区的主要景观，色调和谐统一更增强了庄严的气氛，且均为建筑名家之杰作，有着极高的艺术价值，被誉为"中国近代建筑史上第一陵"。

1929年6月1日正午十二时奉安大典举行，孙中山灵柩葬于墓室下的墓穴内，中山先生从此长眠于此。为迎接孙中山先生的灵柩由北京运往南京，当时的南京政府拨款150万银元修筑了一条"迎榇大道"，即现在的中山路。

中山陵的半月形广场正南面石台上有一尊重达万斤，三足双耳的紫铜宝鼎即为孝经鼎。这只铜鼎是1933年秋由戴季陶和中山大学的全体师生捐赠的。鼎高4.25米，鼎的腹部铸有中山大学校训"智、仁、勇"三字，另一面铸有"忠、孝、仁、爱、信、义、和、平"，这是孙中山先生所提倡的中国传统"八德"，鼎内立有一块六角形铜牌，上面刻有戴季陶母亲手写的《孝经》全文，所以此鼎又叫"孝经鼎"。

沿着广场拾级北上，迎面便是"博爱牌坊"。这是一座四柱三楼檐的冲天式石牌坊，高12米，宽17.3米，用福建花岗岩仿古代木结构牌楼形式，由四根大石柱和六块长横额相连组成，横额上覆蓝色琉璃瓦，其正中的横额上有一块石匾，上面刻有孙中山先生手写的"博爱"两个镏金阴文。"博爱"一语出自唐朝韩愈《原道》中的"博爱之谓仁"。

由博爱牌坊向前走，是长480米、宽近40米的墓道。从墓道的设计我们可以看出，中山陵的设计既符合中国传统建筑精神又独具风格，严格的中轴对称，给人以法度严谨的感觉。其间以两两对称的雪松、桧柏、银杏、红枫等树木代替古代帝王墓前常见的石人石兽，寓意中山精神如松柏一样万古长青。

走过墓道，来到宽约70米的第二大平台，广场两侧种植了松柏等常绿树木。平台正北方就是单檐歇山顶的陵门了。陵门用福建花岗岩建成，上盖蓝色琉璃瓦。陵门檐下的石额上镌刻着孙中山先生手写的"天下为公"四个大字，语出《礼记·礼运》中的"大道之行也，天下为公"，"天下为公"正是与"家天下"相对立的思想，三民主义中"民权"所阐发的也正是这种思想，这是孙中山先生毕生奋斗的理想。在陵门前有一对三米高的石狮。陵门两侧半环形的石拥壁与陵墓的围墙相连，勾勒出吕彦直设计的"自由钟"的下端轮廓。

陵门之后一座拱券式结构的建筑就是碑亭，宽12米，高17米，亭顶为重檐歇山式，上覆蓝色琉璃瓦，东西南各有一座拱门，亭中间立有一块石碑，碑高8.1米，碑座上有山海图案，碑身上刻有"中国国民党葬总理孙先生于此 中华民国十八年六月一日"二十四个颜体楷书镏金大字。字为原国民政府主席、行政院院长谭延闿所写。碑额上有阴刻的国民党党徽。这块碑突出的特点便是强调孙中山先生的葬礼为"党葬"。

从碑亭到上面的祭堂共有八段大石阶，每段设有一平台，上三下五计八段平台，其寓意为"三民主义、五权宪法"。这八段大石阶共有290级。如果从博爱坊算起共有392级台阶。这样设计的意图就是要游人在攀登时记住"革命尚未成功，同志仍需努力"这一总理遗言。

在第五层平台上左右各有两个大铜鼎，鼎身铸有"奉安大典"四个篆字，在西侧的鼎腹部还有两个洞，这是1937年日军攻占南京时向中山陵炮击留下的弹洞，这两个弹洞时时刻刻提醒中华儿女莫忘国耻。一路攀登使人油然而生"高山仰止，景行行止"的感觉，祭堂前的大平台北部和东西都是花岗岩拥壁，周围种植有玉兰、冬青、梅花和雪松等，祭堂两旁还有一对高12.6米的华表，上刻祥云图案，为林森（曾任国民政府主席）所赠，平台台口两侧各有一个石座，石座之上各有一尊仿古石鼎，为孙科所赠。

正面这座仿古代木结构宫殿式结构的建筑就是祭堂。祭堂长30米，宽25米，高29米。堂前有廊庑，在重檐正中嵌有孙中山先生手写的"天地正气"直额。檐下祭堂正面开了三个拱门，门楣上方从东到西分别刻有"民族""民生""民权"六个阳篆镏金字。由国民党元老张静江所书。

祭堂内用云南产的大理石铺地。堂内左右前后排列着12根巨大的石柱，四隐八显，下承大理石柱础。东西护壁上镌刻着孙中山先生书写的《建国大纲》全文。祭堂内顶为斗式，正中藻井为马赛克镶嵌的国民党党徽图案，表现了一党专政之意。祭堂的正中端置着孙中山先生长袍马褂全身坐像。石像用意大利白色大理石雕成，高4.6米，由法国籍波兰雕刻家保罗·兰窦斯基于1930年在法国巴黎制成，总造价150万法郎。孙中山先生端坐在太师椅上，双脚并拢，膝上摊着展开的长卷，他沉思着，双目凝视远方，仿佛思考着建国方略，表现出一位思想家的深沉和睿智。

在石像下的像座四周有六幅反映孙中山先生生平事迹的浮雕。南面一幅为《如抱赤子》，东面两幅是《出国宣传》和《商讨革命》，西面两幅是《振聋发聩》和《讨袁护国》，北面是《国会授印》。白玉般的坐像在黑色的衬托下，更加显得高洁。

与祭堂两端相通的就是墓室了。墓室外门是两扇铜质大门，外门横额上刻"浩气长存"，第二道是单扇铜门，门上刻有"孙中山先生之墓"七个篆字。

墓室为天穹状半球形封闭建筑，直径18米，高11米，顶上有用马赛克镶成的国民党党徽图案。墓室正中的圆形大理石圹，直径3.9米，四周围着一圈精致的白色大理石栏杆，石圹深1.6米，圹内石棺座上安放着孙中山先生的汉白玉卧像，雕像身着中山装，安详如睡，这是由捷克雕塑家高祺按孙先生刚刚去世时的遗体形象所作。

在这尊卧像下五米处就是墓穴了，孙中山先生的遗体用一具美国制造的铜棺盛殓安放在穴中央楠木棺座上，自1929年6月1日放入墓穴后，从未被打开移动过。

中山陵的主体建筑到这里就结束了，但中山陵还有一些附属建筑，如孙中山纪念馆，原名为藏经楼，位于中山陵与灵谷寺之间，为收藏孙中山著作而建，由主楼、僧房、碑廊组成。还有光华亭，它位于茶室东侧小山上；音乐台位于中山陵广场东南，是一个露天舞台。此外，还有位于中山陵东去明孝陵路口供谒陵人和旅游者休息的行健亭，赏梅佳地流徽榭，以及为纪念孙中山先生而建的中山植物园。该植物园是我国四大植物园之一，国家级科普教育之地，亦是金陵四十八景之一。并且在中山陵周围还有廖仲恺和何香凝墓、谭延闿墓、紫霞湖、正气亭等。

紫金山天文台

在南京旅行，中山陵是必访之地。在中山陵不远处有一座紫金山天文台，登顶紫金山天文台天堡城，玄武湖静美，中山陵绿树成荫，前湖、琵琶湖、燕雀湖交相辉映，"千江有水千江月，万里无云万里天"，在惬意的微风中可以俯瞰整个金陵城的风景。

紫金山天文台毗邻钟山风景名胜区，是中国自主设计、建设的首个兼具东西方特色的近代天文台。天文台牌楼采用毛石作三间四柱式，覆蓝色琉璃瓦，跨于高峻的石阶之上，建筑间以梯道和栈道通连，各层平台均用民族形式的钩阑相连，建筑台基与外墙用毛石砌筑，与周围环境浑然一体，庄重朴实。紫金山天文台的建成标志着中国现代天文学研究的开启，中国现代天文学的许多分支学科和天文台站大多在这里诞生、组建和拓展。

地球是宇宙中心吗？太阳会毁灭吗？流星是怎么产生的？陨石如何分类呢？外星人真的存在吗？我们总会对身处的宇宙产生好奇之心，而好奇是推动人类探索地球、探索宇宙、探索自然规律、探索星空奥妙的一大动力。因为好奇，人类发明了工具用来观测太阳运动，演示星座位置。

中国是世界上天文学起步最早、发展最快的国家之一，从公元前5世纪开始逐步完善，建立了以二十八宿、北极为参考的天赤道天文坐标系，并创造了圭表、漏壶、浑仪、简仪、水象台等天文仪器。中国古代则拥有世界上最成建制的天文观测机构，拥有全世界同时期最全的天文观测记录，很多历史上的特殊天象的记录，中国都是独一份。中国最早的系统天象观察，距今已有三千年之久，无论是太阳、月球、行星、彗星、恒星，还是日食和月食，太阳黑子、日珥、流星雨等罕见天象，都有着悠久而丰富的记载，这些记载至今仍具有很高的科学价值。中国古代天文研究，除了为政治、农作服务外，还形成了宇宙无穷大、天地结构模式、宇宙发生演变、天人关系等独具特色的宇宙观。

我们的祖先是如何计算时间的？古老的日晷为我们展开揭秘。日晷本义是指太阳的影子，其原理就是利用太阳的投影方向来测定并划分时刻，通常由晷针（表）和晷面（带刻度的表座）组成。利用日晷计时的方法是人类在天文计时领域的重大发明，这项发明被人类沿用达几千年之久。

我们的祖先是如何观测恒星的？天球仪给出恒星的可视位置。天球仪又名浑象，东汉张衡、三国王蕃、刘宋时期钱乐之都曾造过这种仪器。它能演示天体的周日运动。此仪直径三尺，嵌有1 449颗恒星，沿用了中国古代的星名和星座划分。

古埃及人根据天狼星和太阳在一起的位置制定历法。他们没有闰年，一个"季度"就是365乘以4加上一天，也就是1 461天，这比单纯的以太阳为参照更加准确。

美索不达米亚的古巴比伦人绘制了世界上最早的恒星表，观测记录了五大行星的波浪形运行轨迹，还发现了行星在近日点和远日点的运行速度差异。

猿经过自然选择进化成人，人类经历艰辛奋斗，又创造了文明。宇宙无垠，如何观测宇宙，确认人类的摇篮地球在宇宙中的位置？这是所有人类文明不断寻找答案的共同问题。然而真正的天文学史是从古希腊开始到文艺复兴时期的欧洲，其他文明几乎都是从最基本的观察体验出发，然后用哲学思辨的方式去思考宇宙图像，但思辨并不能带来真正的科学发现。各大文明的历法，他们对行星运行轨迹以及日食、月食的预测，基本上都是建立在统计规律之上的，而不是建立在函数、几何等数学模型上。

然而，单纯的观察记录和哲学思辨并不能得出天体运行的基本规律。古希腊天文学与中国古代以及古埃及、古印度、美索不达米亚平原的古巴比伦等古文明的天文历法，本质区别在哪里呢？数学模型的建立与应用就是古希腊天文学与其他古文明天文观测成果的最本质的区别所在。

真正创立了我们今天意义上的天文学的伟大学者是古罗马时期的希腊数学家、天文学家、地理学家克罗狄斯·托勒密（约90年—168年）。托勒密在天文学上的贡献，堪比欧几里德之于几何学，牛顿之于物理学。托勒密的"地心说"，用"大圆套小圆"方法建立的模型，不仅仅停留在哲学思辨的层面，它的每一个圆都代表星体的运行轨道，根据自己的天文观测，详细设计了半径角度和速度值。如果预测和实际不符，他就会修正各种参数，或者增加圆的数量，最终在套上了80多个圆，并且引入了偏心圆之后，能够精确地计算出所有当时已发现行星的运行轨迹。托勒密计算的精度之高，让后世科学家惊叹不已，即使在今天，不借助计算机，一般人也很难解出80个套在一起的圆的方程。

后来哥白尼提出了日心说，教会指责哥白尼是邪说，其中的一大原因是哥白尼的日心说模型预测的行星轨道，误差比托勒密的"地心说"模型更大。而当开普勒把圆形轨道换成了椭圆形之后，发现再也不用大圆套小圆了，一个椭圆轨道就能完美解决问题，模型变得简洁，预测变得更加准确。正是这样，建立在数学模型上的一步一步探索，催生并构建了现代天文学，而其他文明仅限于观测统计和哲学思辨的古代朴素天文学，经过数千年也没有发现天体运行的本质和基本规律。

托勒密几乎创立和规定了天文学乃至一切科学研究的基本模式和科学进步的道路！那就是观察—测量—假设建模（提出经验公式，建立数理模型）—新一轮观察、测量与验证；如果正确，再开展新一轮观察，测量……如果错误，则修改原数学模型，再展开新一轮"观测、建模、再观测、再修改原模型"，这就是天文学研究的基本范式，也是整个人类科学进步的基本道路。物理、化学等实验科学，就是在观测前多了"创设人造情境—控制变量"的步骤。哥白尼的成功，说到底，是在生产力发展和观测手段、仪器设备进步到更高的新水平条件下，开展观测与建模工作得到的新成果，从某种意义上说，这些成果本身也恰恰证明托勒密所开创的天文学发展道路的正确性，普适性和永恒性。由此，我们可以对科学作以下定义：科学就是人类探索世界、认识世界的一整套系统化方法。从这个意义上讲，科学态度和科学方法才是科学的本质内容，而科学知识不过是一定的社会发展阶段，在一定生产力条件下，人类科学发展取得的暂时成果，是并未穷尽的、相对的真理性的认识。因此，科学教育的核心内容应该是科学态度的培养和科学方法的传授。

梅园新村

中共代表团梅园新村纪念馆，位于江苏省南京市城东长江路东端的梅园新村街道两侧，由中共代表团办事处旧址、国共南京谈判史料陈列馆、周恩来铜像、周恩来图书馆等组成，是南京重要的近现代历史遗迹及革命纪念建筑物。1946年5月至1947年3月，以周恩来为首的中国共产党代表团，在这里同国民党政府进行了10个月零4天的谈判。

雨花台

雨花台是一座松柏环抱的秀丽山岗，高约100米、长约3.5公里，顶部呈平台状，由2个紧紧相依的山岗组成：东岗名为梅岗，中岗也称凤台岗。历史上曾将向西延伸至安德门外的西岗（即石子岗），与前两个山岗合称聚宝山，明朝的南京南门——聚宝门（今中华门），即由此山而得名。自公元前472年，越王勾践筑"越城"起，雨花台一带就成为江南登高揽胜之佳地。三国时，因岗上遍布五彩斑斓的石子，又称石子岗、玛瑙岗、聚宝山。南朝梁武帝时期，佛教盛行，有位高僧云光法师在此设坛讲经，感动上苍，落花如雨，雨花台由此得名。明、清两代，景区内的"雨花说法"和"木末风高"分别被列为"金陵十八景"和"金陵四十八景"之一。

雨花台还是历代文人墨客乃至帝王将相吟咏之地，从李白、王安石、陆游、朱元璋、康熙、乾隆到鲁迅、田汉、郭沫若、刘海粟、陈运和，都留下了吟咏雨花台的优美诗篇。由于雨花台是南京城南的一处制高点，因此成为历代兵家必争之地。东晋豫章太守梅颐曾在此抵抗外族入侵，南宋初金兵入侵，抗金名将岳飞在此痛击金兵；此后的太平天国"天京保卫战"，辛亥革命"讨伐清兵"，抗日战争"首都保卫战"，都曾在此掀起连天烽火，雨花台也因此逐渐荒芜。

1927年以后，雨花台沦为国民党统治者屠杀共产党人和革命志士的刑场。因此，雨花台也是新民主主义革命烈士殉难处，在这里遇难的共产党人和革命群众达10万之多。新中国成立后，党和政府决定在此兴建烈士陵园。

北固山

镇江三山之一的北固山，有"天下第一江山"之称，坐落于长江南岸，镇江市京口区东吴路3号，很多三国时期的历史故事都发生在这里。

驻足山顶，极目远眺：大江东流，江北一马平川，千里平畴；眼下石壁嵯峨，山势险固，因此得名北固山。凭栏远望，使人顿生思古之幽情。难怪年逾花甲的南宋著名主战派，与苏轼并称"苏辛"的"豪放派"代表词人辛弃疾，在此直抒胸臆，"何处望神州？满眼风光北固楼。千古兴亡多少事？悠悠。不尽长江滚滚流"。

三国时"甘露寺刘备招亲"的故事也发生在北固山。山上亭台楼阁、山石洞道，无不与三国时期孙刘联姻等历史故事有关，成为游人寻访三国遗迹的向往之地。甘露寺高踞峰巅，形成"寺冠山"的特色。

相传甘露寺始建于三国东吴甘露元年（265年），后屡废屡建，寺内包括大殿、老君殿、观音殿、江声阁等，规模虽不大，名气却不小。古往今来，来镇江的游客，都喜欢到此一游，寻访当年刘备招亲的遗迹。

金山

金山位于镇江市西北，海拔43.7米，占地面积41.6公顷。金山风景幽绝，形胜天然，自古为镇江游览胜地之一。古代金山原为扬子江中的一个岛屿，有"江心一朵美芙蓉"之美誉。由于"大江东流"，至清光绪末年（1903年）左右与陆地连成一片。白蛇传中的"水漫金山"，说的就是这里。

金山名胜古迹甚多，俯拾皆是。玲珑秀丽的慈寿塔立于金山西北山巅之上，高30米，和整个金山及金山寺融为一体，恰到好处，仿佛把整座山都拔高了。砖木结构的塔，上下通行，每一层八面都有走廊和栏杆，八面通风，面面有景，层层风光各异，宋代王安石诗云："数重楼枕层层叫，四壁窗开面面风，忽见鸟飞平地上，始惊身在半空中。"

再如楞枷台、妙高台、观音阁、法海洞、古仙人洞、古白龙洞等古迹，皆依山旁势凿岩而建，构思神巧，令人赞叹建筑者的神奇智慧和高超技艺。

唐代张祜有诗赞曰"树影中流见，钟声两岸闻"。北宋大学者沈括也不吝赞美之词："楼台两岸水相连，江北江南镜里天。"

清代大诗人、大书画家张船山《十六日雪中渡江》云："故人折简近相招，一舸横江路不遥。醇酒暗消京口雪，大帆平压海门潮。扬州灯火难为月，吴市笙歌剩此箫。那管风涛千万里，妙莲两朵是金焦。"将金山和焦山比作滔滔长江中两朵美丽的莲花。

瘦西湖

瘦西湖为京杭大运河扬州段的支流，属于京杭大运河扬州段水系，由古代隋唐大运河弃用河道和隋、唐、宋、元、明、清等不同时代的护城河和城壕连缀而成。清代康乾时期已形成基本现有格局，是典型的小型浅水湖泊，其水源来自京杭大运河。明清时期，许多富甲天下的盐业巨子纷纷在沿河两岸，不惜重金聘请造园名家擘画经营，构筑水上园林。现公园大门地址为扬州市邗江区大虹桥路28号，目前园内水域面积700亩。

瘦西湖始建于公元969年，是为了迎接宋太祖赵匡胤到扬州参加封王庆典而建。园林设计灵感源自湖北的东湖和南京的秦淮河，同时还引入了北方的山水元素，使得整个园林具有独特的地方特色。瘦西湖园林占地面积约为5.3万平方米，分为内湖和外湖两部分，形成了扬州独有的水乡风情。

瘦西湖景区现有：御码头、五亭桥、西园、冶春园、绿杨村、卷石洞天、西园曲水、四桥烟雨、虹桥、长春岭、琴室、月观、梅岭春深、五亭桥、白塔晴云、二十四桥景区等景点。

在瘦西湖"L"形狭长河道的顶点上，是眺景最佳处。由历代挖湖后的泥堆积成岭，登高极目，全湖景色尽收眼底。文人雅士看中此地，构堂叠石代有增添，至清代成为瘦西湖最引人处，有"湖上蓬莱"之称。

岭上为风亭，连同岭下的琴室、月观和近处的吹台，远景近收，近景烘托，把整个瘦西湖景区装扮得比"借"用的原景多了许多妩媚之气。

近代，人们巧取瘦西湖之"瘦"，小金山之"小"，点明扬州园林之妙在于巧"借"：借得西湖一角，堪夸其瘦；移来金山半点，何惜乎小。

扬州中国大运河博物馆

"尽道隋亡为此河，至今千里赖通波。若无水殿龙舟事，共禹论功不较多。"这是唐代诗人皮日休所作的《汴河怀古二首》之二。隋炀帝时，征发河南淮北诸郡超十万民众，开掘了名为通济渠的大运河，消耗了大量民力物力。唐诗中有不少作品是吟写这个历史题材的，大都指称隋亡于大运河云云。皮日休生活的时代，唐朝已走上隋亡的老路，对于历史的鉴戒，一般人的感觉已很迟钝了，而作者却以诗文的形式有意重提这一教训。仅有38年短暂历史的隋朝却给我们中华民族留下了两大遗产，其一是实行了整整1 300年的科举取仕制度，其二就是大运河。

中国大运河博物馆，简称"运博"，全称"扬州中国大运河博物馆"，位于江苏省扬州市广陵区开发东路（三湾湿地公园西北侧约150米），占地200亩，总建筑面积约8万平方米，隶属江苏省文化和旅游厅，是集大运河文物保护、科研展陈、休闲体验为一体的地方现代化综合性博物馆，是大运河国家文化公园建设标志性项目，由南京博物院负责布展和运营。该馆整体基调为唐代建筑风格，由中国工程院院士、中国建筑西北设计研究院总建筑师张锦秋领衔设计。博物馆整体馆型采用了巨型船只造型，同时融入风帆元素，就像运河边一艘即将扬帆起航的巨船。大运塔则以唐塔的风格设计，塔高百米，可通过馆顶建设的长虹卧波式长廊进入高塔。大运塔距离文峰寺的文峰塔大概1.2公里，距离高旻寺天中塔大概4公里，站在三湾风景区最高的观景台远眺，南北两方分别可以看到一座塔尖：北边是文峰塔，曾是唐代高僧鉴真东渡日本的起点；南边是天中塔，曾是清朝皇帝的行宫所在。文峰塔、大运塔、天中塔在运河边形成了"三塔映三湾"的景观。

2019年5月5日，中国大运河博物馆（筹）奠基仪式举行。同年9月27日，中国大运河博物馆正式开工建设。2021年6月16日，扬州中国大运河博物馆建成开放。

2021年，扬州中国大运河博物馆先后入选江苏"运河百景"标志性运河文旅产品公示名单、江苏省省级水情教育基地名单，以及江苏省爱国主义教育基地。截至2021年年末，扬州中国大运河博物馆藏有自春秋至当代反映运河主题的古籍文献、书画、碑刻、陶瓷器、金属器、杂项等各类文物展品1万多件（套）。

平山堂

"太守雅集事，风流宛在堂；游目江天外，似谁醉扬州。"

平山堂位于扬州市西北郊蜀冈中峰大明寺内。始建于宋仁宗庆历八年（1048年），当时任扬州知府的欧阳修，极赏这里的清幽古朴，于此筑堂。

坐此堂上，江南诸山，历历在目，似与堂平，平山堂因而得名。平山堂是专供士大夫、文人吟诗作赋的场所。宋代的叶梦得称赞此堂壮丽，为淮南第一。山堂于元代曾一度荒废，明代万历年间（1573—1619年）重新修葺。清代咸丰年间（1851—1861年），山堂毁于兵火，重建于清同治九年（1870年）。

根据南宋时期楼钥写的《平山堂记》的记载，迨至南宋，平山堂在六十多年间得到了五次维修，南宋末年，自宝祐四年（1256年）起，蒙古兵南侵，扬州作为"据淮东以窥江表"的重要据点，深受战乱破坏。覆巢之下安有完卵，平山堂一带也当然是一片荒凉。

张蕴斗《平山堂吊古》有句云："隔江山色画图中，故址荒来与庙同。试评蜀味长泉变，欲唱欧词古柳空。往事茫茫增感慨，聊凭成卒指西东。"

杜东《平山堂》曰："平山堂下水云重，孤笛凄凉淡月中。不见龙蛇飞素壁，只余狐兔成离宫。仙翁已逐风流尽，世事俱随梦幻空。广武无人同此意，慨然只有泪临风。"说的都是南宋末年平山堂的荒废景象。

元代，整个中原地区包括扬州在内，以戏曲、歌舞等文化形式唱主角，而像欧阳修等在平山堂宴乐觞咏，则是传统汉族士大夫的做派，只能是"少数派"。再加上缺少推重欧、苏，喜好古物、崇尚风雅的"文章太守"来积极倡导、组织重修平山堂，元代的平山堂自然难现前朝盛况。

康熙十二年（1673年），金镇任扬州知府，时因平山堂毁圮已久，应刑部主事邑人汪懋麟之请，力为修复，遂使名贤胜迹得以尽复旧观。康熙十四年（1675年），平山堂终于重新修建完成。汪懋麟在《平山堂记》中这样说，这次重修规模宏大，平山堂"轩敞巨丽，吐纳万景"，"台下东西长垣，杂植桃、李、梅、竹、柳数十本，敞其门为伐阅，广其径为长堤。垣以西，吉松翳翳，仍山之旧也。松下有井，即第五泉，覆以方亭，罗前人碑石移置其上，是则平山堂之大概也"。金镇和汪懋麟共同主持的重修平山堂，奏响了平山堂再度兴盛的序曲。重修以后，扬州城的缙绅学者、四方名流云集于平山堂，觞咏唱和，论者谓与苏、王、秦、刘之唱和不相上下。此后，康熙与乾隆的数次南巡，又给平山堂的持续兴盛带来了契机。康熙二十三年（1684年）、四十四年（1705年），康熙南巡两度临幸平山堂，御书"怡情"二字额悬于真赏楼上，又御书"平山堂"和"贤守清风"额悬平山堂内。康熙的御题自然给平山堂带来了极高的荣誉。乾隆元年（1736年），平山堂再经修建，形成了以平山堂为中心的建筑群，其中包括栖灵寺、平楼（平远楼）、洛春堂等。据《（光绪）增修甘泉县志》的记载，"乾隆三年（1738年），太守高公摘秦少游诗'淮东第一观'五字，金坛蒋国博衡书，新安汪少卿应庚摹勒上石，嵌大门之左"。乾隆十六年（1751年），乾隆南巡又赐联、额、书法，"皆石刻供奉山堂中"。至此，平山堂盛极一时。咸丰三年（1853年），平山堂又遭受了一次浩劫，毁于太平天国起义军"三进扬州"的战火之中。同治九年（1870年）到同治十三年（1874年）间，当时的两淮盐运使方浚颐重修了平山堂等一系列的名胜古迹。据蒋超伯《重建平山堂记》记载，这次重建的规模也很大，不仅重新修建了平山堂、平远楼（原名平楼）、洛春堂等建筑，还在平山堂后面加盖了谷林堂，重浚了第五泉，可以说造就了平山堂在清代晚期衰世中的最后辉煌。至清末，平山堂又荒废。近代以来，虽然时有兴废，平山堂一直都得到有识之士的关注和维修。

1980年，为了迎请鉴真大师像回故乡巡展，有关方面又斥资重新修建了蜀冈之上以平山堂为代表的古典建筑群，形成我们今天所见的平山堂的基本面貌。

2017年，经过扬州市政府等各方努力，平山堂被建成了新型的廉政教育基地，为全国人民增添了一道充满人文历史意蕴的新风景线。2017年11月，被江苏省纪委授予"江苏省廉政教育基地"称号。

个园

个园位于江苏省扬州市广陵区东北隅，盐阜东路10号。个园为清代嘉庆、道光时扬州大盐商、两淮盐总黄应泰所建，黄应泰字至筠，号个园。清嘉庆二十三年（1818年）在原"寿芝园"的基础上拓建为住宅园林，遍植青竹而名，且与其主人号相同。以春夏秋冬四季假山而胜，园分住宅和庭园。个园，不仅具有形彩多异的山水，而且园中多竹，种竹子是个园的特色，取苏东坡"宁可食无肉，不可居无竹，无肉使人瘦，无竹使人俗"的诗意来表现园主人风雅俊逸，超凡脱俗。

黄至筠作为一名经商奇才，同时也是位有文化修养的儒商，在书画艺术方面有着很深的造诣，现个园抱山楼下的嵌壁石刻上，还存有他画的一幅扇面。黄至筠的个园，是扬州保存最完好的一所盐商私家园林，兼有南北两派园林风格，与北京颐和园、承德避暑山庄、苏州拙政园、留园齐名，是中国园林的典范之一。

"扬州以名园胜，名园以叠石胜。"个园以叠石艺术著名，笋石、湖石、黄石、宣石叠成的春夏秋冬四季假山，融造园法则与山水画理于一体，被园林泰斗陈从周先生誉为"国内孤例"。

个园是以竹石为特色的城市山林，相传出于康熙年间著名画家石涛之手。前人谓"掇山由绘事而来"，个园掇山颇饶画理，在似与不似之间，引人无限遐想。园内山峰挺拔，气势磅礴，给人以假山真味之感。园中有宜雨轩、抱山楼、拂云亭、住秋阁、透月轩等建筑，与假山水池交相辉映，配以古树名木，更显古朴典雅。

此园南为入口，中部有二池：东池以小桥划水域为二，池南桂花厅，面阔三间，单檐歇山顶，是园中主要建筑，池北有六角亭一处；西池较小，北岸砌有湖石假山，南岸为竹林。园北有长达十一间的二层园林建筑。个园以"四季假山"闻名。春景在桂花厅南的近入口处，门外两边修竹劲挺，高出墙垣，作冲霄凌云之姿，竹丛中，插植着石绿斑驳的石笋，以"寸石生情"之态，状出"雨后春笋"之意。这幅别开生面的竹石图，运用惜墨如金的手法，点破"春山"主题，告诉你"一段好春不忍藏，最是含情带雨竹"。同时还巧妙传达了传统文化中的"惜春"理念，提醒游园的人们，春景虽好，短暂易逝，需要用心品尝，加倍珍惜，才能获得大自然的妙理真趣。

中空外奇、跌宕多姿的双峰夏山，是玲珑剔透的太湖石与高超叠石技艺完美结合的产物。中国画里有"夏去多奇峰"的意境，夏山的主体部分，正是利用太湖石柔美飘逸的曲线和形姿多变的品质，垒出停云之势，模拟夏日气象。在布景造境方面，夏山更是作足了文章。山上黄馨紫藤，繁花垂条；山下古树名木，葱郁青葱；山间石室幽邃，石梁凌波；山顶流泉飞瀑，有亭翼然；山前一池碧水，倒映亭台楼阁绿树山石，渲染出浓浓的水墨意蕴；远处青草池塘，蛙跃龟背，渲染着"黄梅时节家家雨，青草池塘处处蛙"的江南风情。

扬州历史上归属于江南文化圈，对江南园林造景艺术更是执牛耳，个园夏山，可说真切、唯美地再现了典型环境中的江南山水。

秋山是全园的制高点，黄石山体拔地而起，峰峦起伏，有摩霄凌云、咫尺千里之势。整座山，黄石间植丹枫，浓妆重彩，夕阳凝辉，霜色愈浓。无论何时登临眺望，都会使人顿生一种秋高气爽之感。秋山之上，有崎岖蹬道上下盘旋，曲折辗转，构成了立体交通。忽壁忽崖，时洞时天。人在洞中，有光隐隐从石隙透入，照见洞顶用黄石倒悬营造出的垂垂钟乳，奇异而壮观。走秋山蹬道，你一定要记住这个口诀，叫作"大不通小通，明不通暗通，直不通弯通"，它提醒人们，如果想走捷径，很可能就会误入歧途。要是不避凶险，反而能化险为夷。秋山还藏有飞梁石室，内置石桌、石凳、石床，仿佛曾有人在此饮酒、对弈、躺卧、小憩。石室外则是一处小小院落，当年主人曾植碧桃一株在院中花坛里，俨然成了一处深山洞府中的"世外桃源"。坐落在秋山南峰之上的住秋阁，山阁一体，朝夕与山光共舞，年年共秋色常住。登临秋山，在经历了奇峰曲径、石室悬崖之后，忽然见此小阁，就像久旱遇雨一般，不能不来此一坐。三五好友，分座坐定，清茗一杯在手，会油然产生"偷得浮生半日闲"的愉悦之感。

四季山中的冬山，是最富想象力的创意，以宣石堆砌的山脉，迎光时荧荧闪亮，背光处则幽幽泛白，皑皑残雪，与墙上凿出的二十四个风音洞相呼应，渲染出一派"北风呼啸雪光寒"的隆冬寒意。

个园中楼台厅馆各具特色，园的正前方为"宜雨轩"，四面虚窗，可一览园中全景。宜雨轩，东阔三楹，四面是窗户。轩的屋顶用扬州常见的黛瓦，四角微微上扬，在清秀之中显出稳重。宜雨轩是园主人接待宾客的场所。

抱山楼是座七楹长楼，巍然艮跨夏秋两山之间，两山东西依楼而掇，有多条山径直通楼上，抱山楼在空间上连接两山，楼前长廊如臂，拥抱两山于胸前，抱山楼由此得名。抱山楼长廊，犹如凌空飞架的天桥，廊上漫步，不经意间就跨越了两个不同的季节，因此被今人戏称为"时空隧道"。沿抱山楼看秋山，"有宾主、有掩映、有补缀、有补贴、有参差、有烘托"，仿佛群山峻岭，山外有山，山势未了；仰视高处，山势绝险，突兀惊人。

在抱山楼上凭栏赏景,但见楼下梧桐蔽日,浓阴满阶,檐前芭蕉几丛,婷婷玉立,夏山青翠欲滴,秋山枫红霜白,无限风光,美不胜收。楼下走廊的南墙上,镶嵌着清人刘凤浩撰写的《竹石记》刻石,专门留给想知晓个园来龙去脉者。

清漪亭是一个六角小亭,秀丽挺拔,娇好端庄。宾主在文宴之后,登山之余,温步到此,环顾四周,全园风光尽在眼中。觅句廊有曲廊和小阁数间,顾名思义,是主人寻觅诗句的地方,悬一联"月映竹成千个字,霜高梅孕一身花"。觅句,乃是古代文人最风雅的事情,尽管这里只是数步短廊和几楹小阁,但由于冠以"觅句廊"之名,其丰厚的文化内涵绝不能轻视。

个园的优美环境,吸引着传统昆曲艺术爱好者,园林中的厅榭、水阁,成为他们驰情逞性一唱三叹的最佳场所。近年每到周末下午,透风漏月厅就会传来悠扬的笛韵,这便是昆曲曲友在揎笛拍曲了。万箫吟风相和,游客流连忘返,为个园凭添了又一道风景。

徜徉于环境优美、景色迷人的个园,我却无法完全陶醉——曾经富甲东南的扬州,为什么乾隆年以后,就开始走下坡路了呢?我们可以找到众多原因:海运逐渐取代漕运;扬州与铁路无缘,失之交臂;鸦片战争后,五口通商,上海开埠,等等,甚至还有太平天国对江南地区经济的负面影响。但为什么这些盐商没有把在扬州积累的雄厚资本转移到其他地方,以图东山再起呢?扬州盐商及其后代表现好的有,但并不多,尤其是大盐商的后代中大有作为者,乏善可陈!而几乎与此同时,同受太平天国运动影响的无锡、湖州南浔、宁波以及南通(也无铁路,且南通"南不通")等地的士族与知识分子却开始改变读书当官的狭隘思想,以不同形式参与洋务运动,开学堂,学科技,办实业;而扬州的官商们则依旧自封于园林,自沉于"皮水"——官商注定与现代企业家精神无缘!

史公祠

史公祠为纪念抗清英雄史可法的祠堂,位于扬州市邗江区广储门外街,梅花岭南。史公祠坐北朝南,面向护城河,大门悬朱德题"史可法纪念馆"馆牌。穿过门厅，庭院内有乾隆所植古银杏两株，迎面是飨堂。飨堂北为史可法衣冠冢，副将史德威依史可法遗愿将其衣冠葬于梅花岭，建成史公祠。西侧是祠堂，堂中神龛内悬史可法画像。神龛以竹节构成，象征史公高风亮节，上挂"亮节孤忠"匾。墓后为梅花岭，遍植梅花。

晴雪轩又称遗墨厅，墙壁上嵌着史公手迹石刻，大义凛然的"复多尔衮书"和"遗书"，厅内还有其他史公手迹及拓片。厅外碑廊是各朝名人所题所写的纪念文章或字幅。

飨堂前两边对联"数点梅花亡国泪，二分明月故臣心"，堂中供奉史可法端坐塑像，左手扶玉带，右手握书卷，气宇轩昂。上悬"气壮山河"大匾，两侧郭沫若手书对联"骑鹤楼头，难忘十日。梅花岭畔，共仰千秋"。

主题四　放眼风物

南京雨花石

南京雨花台组砾石层（地层名称）中的玛瑙质、玉髓质、石英质、水晶质、蛋白质、硅质岩质等单一或集合体构成的卵石，被统称为南京雨花石。雨花石产于江苏南京周边的雨花台、江宁、六合、江浦、仪征等地，这里风光旖旎，山水相依，是雨花石生长的最佳环境。雨花石以"花"为名，美丽迷人，颜色丰富多样，有红、黄、蓝、绿、白等各种颜色；形状各异，有的像花朵，有的像果实，有的像动物，有的像人物，千姿百态，美不胜收。

在火山熔岩凝结过程中，穿插进入前期形成的火山侵入岩（玄武岩）裂缝中，或穿插进入侏罗纪火山喷出岩的空洞中的二氧化硅石英脉，在冷却后低温条件下，呈胶体溶液状态的超饱和二氧化硅，其带电荷的溶质体在压力作用下，电荷发生交替变化，致使二氧化硅溶质体不断与载体介质分离析出形成天然纹石，即雨花石。简而言之，在地壳运动的作用下，破碎的岩石经过长时间的风化作用，矿物质逐渐溶解，形成了含有多种矿物质的溶液。这些溶液在特定的环境下结晶沉淀，形成了雨花石。

雨花石具有很高的观赏价值和收藏价值，它颜色鲜艳，形状奇特，是园林装饰、室内装饰的理想材料，雨花石也是南京的特产，是南京市民赠送亲朋好友的礼物。除南京附近之外，目前在长江的中上游，湖北宜昌、四川等地都发现有雨花石。

南京板鸭

南京板鸭俗称"琵琶鸭"，又称"官礼板鸭"和"贡鸭"，素有"北烤鸭南板鸭"之美名，是南京地区的一道传统名菜。因其肉质细嫩紧密，像一块板似的，故名板鸭。板鸭色香味俱全，外形饱满，体肥皮白，肉质细嫩紧密，香味浓郁，故有"干、板、酥、烂、香"之美誉。板鸭分为腊板鸭与春板鸭两种，前者的产季是小雪至立春，后者是立春至清明，质量以前者为佳。

作为"江苏三宝"之一的南京板鸭驰名中外，制作技术已有600多年的历史，为金陵人爱吃的菜肴，因而有"六朝风味""百门佳品"的美誉。明清时南京就流传"古书院（南京国子监），琉璃塔（大报恩寺塔），玄色缎子（南京云锦），咸板鸭"的民谣，可见南京板鸭早就声誉斐然了。到了清代时，地方官员总要挑选质量较好的新板鸭进贡，所以又称"贡鸭"。朝廷官员在互访时以板鸭为礼品互赠，由于容易保存，后成为人们的馈赠佳品，故又有"官礼板鸭"之称。

据《玄武湖志》引梁吴均《齐春秋》说，"板鸭始于六朝，当时两军对垒，作战激烈，无暇顾及饭食，便炊米煮鸭，用荷叶裹之，以为军粮，称荷叶裹鸭"。相传南北朝时期，梁武帝在位，建都城于建康，即今天的南京。公元548年，大将侯景起兵叛乱，围困台城。战斗十分激烈，梁朝士兵有时连饭都顾不上吃，当时正值中秋，肥鸭上市，百姓们便将鸭子洗刷干净，加上佐料煮熟用荷叶包好送上战场。有时干脆将几十只鸭子捆扎在一起抬上阵地。士兵们打开成捆的干鸭，用水一煮，咸淡适宜，香气扑鼻。因为天气炎热，百姓们为了防止鸭子腐烂，加盐与佐料腌制。为了方便运输和贮藏，便用夹板压扁。经压制的鸭子颈能直立不弯，腿部肌肉硬板，胸腔凸出，全身成椭圆形。后来，百姓为了纪念那次战斗，便把挤压成板状的鸭子称为板鸭。

据清乾隆《江宁新志》记载："购觅取肥鸭者，用微暖老汁浸润之，火炙，色极嫩，秋冬尤佳，俗称板鸭。其汁数十年者，且有子孙收藏，以为业。……江宁特产也。"

今天的南京板鸭，由于食用不太方便，已经衍生出了一些其他品种，桂花盐水鸭就是其中之一，并同样久负盛名。南京桂花盐水鸭一年四季皆可制作，腌制复卤期短，现做现卖，现买现吃，不宜久藏。此鸭皮白肉嫩、肥而不腻、香鲜味美，具有香、酥、嫩的特点。每年中秋前后的盐水鸭色味最佳，因在桂花盛开季节制作，故美名曰：桂花鸭。《白门食谱》记载："金陵八月时期，盐水鸭最著名，人人以为肉内有桂花香也。"桂花鸭"清而旨，久食不厌"，是下酒佳品。逢年过节或平日家中来客，上街去买一碗盐水鸭，已成了南京人的世俗礼节。

扬州琼花

唐宋以来，琼花以其清新淡雅的姿质和众多富有传奇浪漫色彩的故事传说为文人墨客吟咏不绝、赞颂不已。琼花被称为花中"仙客"，有着"维扬一株花，四海无同类"的美誉。在中国众多的花卉中，琼花堪称最神秘和奇珍的一朵奇葩。

中国是一个花的国度，中国的花卉种类之多排名属世界前列。中国古代劳动人民很早就开始了对花卉的种植和培育。在漫长的历史长河中，花卉与中国人民的生活紧密联系在一起，形成了独具中国特色的花文化传统。扬州琼花文化也是中国花文化中的一个重要组成部分。琼花更是深受扬州人民的喜爱，在1985年扬州第一届人大常委会第十六次会议上被评为扬州市的市花。

琼花是忍冬科落叶或半常绿灌木，属温带阳性树种，花期是4—5月份。其树大花繁，聚伞花序生于枝头状如雪球，花色微黄而有香，树叶柔润而莹泽。

"琼花"一词最早出现在《诗经·齐风·著》："俟我于著乎而，充耳以素乎而，崇之以琼华乎而。"在这里，"琼华"即"琼花"，意为美丽的石头。后来琼花渐渐成了美丽花卉的统称。琼花作为特定花卉的名称最早出现在北宋扬州太守王禹偁的《后土祠琼花诗二首并序》，其序中说道："扬州后土庙有花一株，洁白可爱，且其树大而花繁，不知实何木也，俗谓之琼花云，因赋诗以状其态。""琼花"作为独产于扬州的一种名花的花名被沿用下来。

琼花的栽培历史，据考证，早在1 000多年前的唐朝，琼花就出现在扬州城东。宋代宋敏求《春明退朝录》："扬州后土庙有琼花一株，或云自唐所植。"明代郎瑛《琼花辨》："考'扬志'，谓琼花或云唐植。"说明琼花在唐朝就已经存在。

宋仁宗庆历八年（1048年），欧阳修担任扬州太守时，感于琼花的珍奇异质而下令在花旁建"无双亭"，寓意此花天下无双。琼花遂得到了专门的保护和栽培，越发繁盛起来。

宋朝琼花曾历经两次移植。据南宋周密《齐东野语》记载："扬州后土祠琼花，天下无二本，绝类聚八仙，色微黄而有香。仁宗庆历中，尝分植禁苑，明年辄枯，遂复栽还祠中，敷荣如故。淳熙中，寿皇亦尝移植南内，逾年憔悴无花，仍送还之。其后宦者陈源，命园丁取孙枝移接聚八仙根上，遂活，然其香色则大减矣。今后土之花已薪，而人间所有者，特当时接木，仿佛似之耳。"两次移植均以失败告终，说明琼花非扬州则不能成活。后来宦官陈源令园丁将琼花枝嫁接到聚八仙树根上意外成话，可是琼花的香味和色泽差了很多。

南宋高宗绍兴三十一年（1161年）十一月，金主完颜亮率大军渡过淮河，意图侵宋，在到达扬州后下令将琼花"揭花本去，其小者剪而弃之"。琼花被连根拔起，危在旦夕。十二月，出逃的道士归来，见被毁的琼花旁有一支小树根裸露在地面，遂大喜，继以日夜看护。在道士的细心照料下，次年二月十五日晚一场暴雨后，原先的树根上长出三棵小树苗，此后琼花长势迅猛，再次呈现出树大如盖的繁盛貌。

元世祖至元十三年（1276年），南宋灭亡，琼花随即枯萎绝迹。"天下惟此一株"的琼花消失在人们的视野中。人们"欲见琼之行迹"，却"邈不可得，多致嗟道"。后有名叫金丙瑞的道士用与琼花类似的聚八仙来代替琼花种植，而如今人们所谓琼花，早已不是当年的那个琼花了，一代仙花绝尘而去。

关于琼花的传说故事，流传最广的便是《隋唐演义》中"隋炀帝下扬州看琼花"的故事。故事梗概是：昏庸无道的隋炀帝为观赏琼花而下令开凿了京杭大运河，谁知在隋炀帝观赏之前，琼花就全部凋零，隋炀帝气急败坏地下令砍伐琼花树。

《隋唐演义》中还有这样一个故事，说是有一个叫"蕃"的仙人，他向人们宣扬仙界花草奇美无比，人们不相信他。于是他将一块白玉种在地下，瞬间这颗白玉种子便长成一棵大树，开出了琼瑶般的花朵，人们感到非常惊异，把开出的花朵取名叫做"琼花"。后来仙人走了，当地人就在琼花盛开的地方建造了一座蕃观，用来纪念这件事。

在扬州民间还有一种关于琼花来历的说法，说过去扬州有个青年名叫观郎，无意中救了一只受伤的白鹤。在他结婚时，从西方飞来一只仙鹤，化身为一位老者告诉观郎自己是瑶池的鹤仙，感激观郎救了自己的儿子，作为报答送给观郎一粒仙花种子。观郎收下后，把种子种到地里，第二天便长出一棵大树，开着七色的花朵，散发出异香。这些花朵就被称为"琼花"。后来隋炀帝知道了这件事就决定下扬州看琼花。当他来到琼花树旁，琼花却突然凋谢，炀帝气得拔剑欲砍琼花树。突然间，琼花树放出万道光芒，从树中飞出一只白鹤，衔起琼花树便朝着西方飞去了。

把琼花和隋炀帝联系起来的传说故事其实都是后人杜撰的，因为据目前已有的资料来看，在隋代琼花根本还没有出现。人们把本来没有关系的琼花和隋炀帝联系在一起，不仅是给琼花镀上了一层神秘的色彩，实际上更是将纯洁高贵的琼花与暴虐无道的隋炀帝进行对比，揭露出封建帝王不行仁政、昏庸贪婪的罪恶行径，表达人们对暴君的讽刺咒骂和由琼花代表的高洁品行的真诚赞美。

史上有众多描写琼花的诗词戏曲，还有许多以琼花为题材的绘画作品，现仅列举其中的代表性诗词来加以说明，以期能在纷繁复杂的文化现象中一窥扬州琼花文化的本真面目。

琼花最早出现在唐朝。唐代大诗人杜牧有咏琼花诗："气氛偏高洁，尘氛敢混淆。盈盈珠蕊簇，袅袅玉枝交。天巧无双朵，风香破久苞。爱看归尚早，新月隐花梢。"杜牧心中的琼花气氛高洁、超凡脱俗，一般的俗花凡卉实不可与之比肩而语。"盈盈""袅袅"二句写出了琼花婀娜多姿的神态，美丽的琼花婷婷立于枝头，香味馥郁芬芳。天下无双的琼花让诗人流连忘返，怎么看也看不够，直到新月初升诗人仍不舍得离去。

北宋仁宗庆历年间，时任扬州知州的欧阳修在琼花旁修建了无双亭，并作了一首《琼花》诗："天下侍女号飞琼，不识何年谪广陵。九朵仙风香粉腻，一团花貌玉脂凝。名闻琳馆无双心，心在瑶台第几层？肯使落英沾下土，飘飘应是学飞升。"欧阳修的这首《琼花》诗，将琼花比作下凡的飞琼仙子，却不知仙子何时来到广陵。诗人用仙子比琼花，赋予了琼花神秘感，凸显了琼花的高贵仙质。

北宋另一位诗人韩琦更是对琼花表达了高度赞美，在其诗中，诗人赞叹道："维扬一株花，四海无同类。年年后土祠，独此琼瑶贵。"韩琦将琼花置诸四海，琼花丽质天生，以其清幽绝伦在万花丛中独领风骚。"扶疏翠盖圆，散乱真珠缀"，这一句描写了琼花树大花繁，花色莹润如珠的外貌特色。"不从众格繁，自守幽姿粹。尝闻好事家，欲移京毂地。既违孤洁情，终误栽培意。"诗人举出琼花曾被两次移植的例子来说明琼花高洁清幽，不与世俗同流的可贵品质。

南宋时，民间时有把琼花与玉蕊、聚八仙等花卉相混淆的情况发生。面对这样的情况，南宋郑域作诗以示区别："维扬后土庙琼花，安业唐昌宫玉蕊。判然二物本不同，唤作一般良未是。琼花雪白轻压枝，大率形模八仙耳。后人不识天上花，又把山矾轻比拟。"玉蕊、聚八仙、山矾花形酷似琼花，但实际上迥然不同。南宋郑兴裔在《琼花辨》中列出了琼花与聚八仙的三种不同："琼花大而瓣厚，其色淡黄，聚八仙花小而瓣薄，其色薇青，不同者一也。琼花叶柔平莹泽，聚八仙叶粗而有芒，不同者二也。琼花蕊与花平，不结子，而聚八仙蕊低于花，结子而不香，不同者三也。"郑兴裔从花形花色、树叶、花蕊及是否结子这三个角度详细区分了琼花与聚八仙。而玉蕊花和山矾花也只是外形上略微和琼花相似，但因琼花只有一株，没有见过琼花的人就把玉蕊花和山矾花误认为是琼花，其实两种花和琼花还是有很大区别的。

南宋赵棠有《吊琼花》："名擅无双气色雄，忍将一死报东风。他年我若修花史，合传琼妃烈女中。"诗人将琼花荣枯之事写入诗中，琼花被寄寓了深厚的民族感情，已然成为以身殉难的忠诚烈女的人格代表。

元朝杨鹤年也赞美了琼花的仙质芳姿，他在诗中说："香蟠九瓣白于云，想见琼花可是君。艳质世间还再有，芳名天下共曾闻。玉皇殿上娇春晓，太乙宫中惜夜分。莫怪人家移不得，仙凡从古不同群。"杨鹤年先对琼花的美名夸赞一番，接着描述了琼花仙子在仙界的生活——"玉皇殿上娇春晓，太乙宫中惜夜分"，最后说琼花移不得的原因在于仙凡有别，琼花本是仙物是绝不肯与凡俗混为一处的。

琼花洁白无瑕、清新淡雅，仿佛仙女下凡尘。宋朝张问在《琼花赋》里把琼花与其他花卉作比："俪靓容于茉莉，笑玫瑰于尘凡，惟水仙可并其幽闲，而江梅似同其清淑。"琼花成为百花谱中清幽高洁、忠贞不二的名花代表。琼花从最初因树大花繁、洁白清幽的外在形象受到人们赞美，到后来变成有情感有品德的人格化身，在1 000多年的历史发展中琼花被赋予了深厚的文化内涵。

琼花产生在唐朝，兴于北宋，亡于南宋末，她的荣枯兴衰与宋朝的国运大体一致，在后世文人墨客的吟咏传颂中成了寄托家国兴衰之叹、世事浮沉之悲的人格化身。它所体现出的高洁品行和与家国共兴亡的高尚气节也被后人无限地遥想追忆。

主题五　旅　游　开　发

旅游资源开发的条件

旅游资源开发须具备一定的条件，主要有下列几个方面。

第一，交通条件：即指旅游资源的可进入性和交通发达程度。旅游资源距交通干线的距离是重要测量指标。有些旅游资源虽然有很丰富的美学价值和经济价值，但由于地处偏远，交通不便，暂时不具备开发条件。如我国的雅鲁藏布江大峡谷，那里自然环境优美，民风民俗古朴，对游客有很大的吸引力；但由于其远离铁路和公路干线，景区内也没有车辆通行的交通线路，因而暂时不具备旅游开发条件。

第二，市场条件：主要包括以待开发旅游资源为基础的各类相关旅游产品的市场认同程度和市场需求大小，客源市场游客数量、消费能力及与邻近旅游地的市场结构关系等。游客数量多，消费能力强，旅游地之间互补的市场关系是旅游资源理想的开发条件。如我国长江三角洲地区，人口密集，经济发达，人均收入高，上海、杭州、苏州、南京旅游景点密集，既有人文旅游资源，又有自然旅游资源，彼此互补，相互带来客源，这里的旅游资源开发具有良好的市场条件。

第三，基础设施条件：指旅游资源地区水、电、通信等基础条件和交通、餐饮、住宿等服务设施条件是否具备旅游资源开发和经营的基本要求。武陵源因地处湖南中西部山区，长期以来交通不便。张家界机场的建设方便了景区与外界的联系，促进了武陵源的旅游发展。

第四，区域社会经济条件：区域社会经济发展的总体状况，即社会环境、人力资源、政策管理、投资融资等方面是否可以为旅游资源开发提供保障。

主题六　行　路　天　下

特别提醒：参观和考察过程中，应注意安全，随时记录或摄影，如有同伴或家长同行，应争取配合与合作，并遵守相关单位的有关规定，尊重工作人员，遵纪守法，遵守社会公德，礼貌谦让。

研学活动　南京野外地质地貌研学考察

一、区域地质概况介绍

从南京向东到镇江，在长江南岸绵延着一系列丘陵和低山，称为宁镇山脉。它全长100余公里，海拔一般为100—200米，少数山峰超过300—400米，最高峰为南京紫金山（钟山）主峰，海拔448米。区内其他较高的山头还有：栖霞山、幕府山、孔山、汤山、仑山等。

（一）地层

宁镇山脉地层发育齐全，从震旦系到第四系均有出露。最古老的是形成于距今5.51亿年前的元古代末期的震旦纪地层（地质学上称为震旦系），见于背斜构造核部（中间），在丹阳县黄墟出露较好，在南京则仅见于长江南岸的幕府山一带，其后形成于古生代早、中期的寒武纪地层也仅见于南京幕府山和句容仑山，晚寒武纪地层则分布较广，在幕府山、仑山和江宁汤山都有出露。其后形成的奥陶系一般也都出现在背斜构造的核部。震旦系和寒武系年代早，生物少，不易寻到化石。奥陶系在汤山地区因硅化等原因，化石也不多见。古生代中期的志留系分布颇广，颜色以灰黄、黄绿色为特征，早期多页岩，底部多为笔石页岩，上部多为细砂岩、粉砂岩，化石丰富。志留纪之后晚古生代早期的泥盆系以紫红及灰白色砂岩为主，顶部有薄层砂岩和页岩发育。页岩中有时含丰富的植物化石，也找到过重要的鱼化石。晚古生代地层石炭系和二叠系分布最广，大部分为海相石灰岩，含多种海相化石（如珊瑚、蜓类、腕足类等），其中也夹有海退相砂页岩。总之，整个古生界以及震旦系多数是海相沉积，其中只有少数几个层位属陆相或海陆交互相沉积，志留纪晚末期和石炭系、二叠系化石相当丰富。海相沉积一直延续到中生代初的三叠纪早中期，再往上就都是陆相的沉积物或火山喷发岩，而且分布往往比较零星，岩性在不同地点也有较大变化。

（二）地质构造

内力作用使岩层发生构造运动而永久变形遗留下来的形态，称地质构造。最常见的地质构造主要有褶皱和断层。岩层受水平方向的挤压发生弯曲，形成的地质构造称为褶皱。褶皱中岩层向上隆起的部位称为背斜，向下凹陷的部位称为向斜。背斜核部岩石最古老，两侧离核部越远越新，向斜新老岩层空间排序则相反。一般情况下背斜成山，向斜成谷。世界上许多著名的山脉都是褶皱山脉，如喜马拉雅山脉、阿尔卑斯山脉、安第斯山脉等。向斜一般形成低谷。但由于自然界外力作用的长期侵蚀和堆积，地形上也可能背斜顶部被风化侵蚀成了谷地，向斜槽部受挤压，或岩石坚硬，不易受到侵蚀，反成山岭。背斜顶部附近，受张力作用，易发生断裂，形成较大的节理构造，断面两侧发生相对位移，则形成断层构造。丹阳黄墟至南京长江南岸燕子矶、幕府山一带，为宁镇地区最古老地层，即元古代末期的震旦纪地层，就是因为这里地处背斜核部，并形成了大断层，背斜北翼被破坏陷落，长江河谷在此形成。

（三）南京镇江区域构造简介

从整个南京镇江区域构造上说，宁镇山脉的主体部分由三个较大的背斜褶曲和两个较大的向斜褶曲组成，现由南向北分别为：

1. 汤（山）仑（山）背斜

它是宁镇山脉南带的主体构造。核部由上寒武统构成，两翼由奥陶系、志留系以及上古生界组成。有时在翼部还有次一级褶曲构造出现（如陡山向斜）。轴向主要为北东向，往东逐渐变为北东东向。该背斜延伸约60—70公里，宽度约4—5公里。

2. 华（墅）亭（子）向斜

这是紧接汤仑背斜北翼的一个向斜褶曲构造，向斜的南翼实际上就是汤仑背斜的北翼，向斜的北翼也由古生代地层构成，但受岩浆侵入影响，地层出露零星。向斜核部由三叠系、侏罗系的地层组成。这个向斜轴向北东，延伸约40—50公里，宽约3—4公里。

3. 宝华山背斜

组成本背斜核部的岩层为志留系高家边组和坟头群。两翼为上古生界和三叠系地层；背斜轴向北东东，延伸距离较短，约10公里左右，因而也有人把这一背斜看作是宁镇山脉中带大向斜的一个次一级褶曲构造。

4. 范家塘向斜

向斜核部为上三叠统黄马青组和范家塘组，有的地方也可以出露下中侏罗统象山群。南北两翼古生代地层基本上呈对称重复出现，轴向北东—北东东向沿伸，约20—30公里。向南或西南方向可能与上述华亭向斜合并（复合）成一个大向斜。

5. 龙（潭）仑（头）背斜

背斜核部由志留系组成，北翼受沿江断裂构造影响，已经破坏，断陷到长江河谷以下。南翼保存较完整，以龙潭擂鼓台、黄龙山、青龙山一带出露最佳。背斜轴向北东—北东东，延伸约45公里。

其中，汤（山）仑（山）背斜和华（墅）亭（子）向斜，空间尺度较小，便于组织大中学生或由父母带领开展野外实地观察和研学。

研学器物：地质罗盘（用于测产状）、（地质）放大镜、记录本、笔、防水记号笔、GPS定位器（或手机）等。

二、南京燕子矶风景区研学活动

燕子矶位于南京郊外长江南岸的直渎山上，因石峰突兀临江，三面临空，势如燕子展翅欲飞而得名。在顶部，现在保存有御碑亭一座，亭中的石碑上，正面刻着乾隆皇帝所写的"燕子矶"三个字。从矶顶继续往前走，有陶行知先生题写的"想一想，死不得"石碑，感化劝导了很多失意轻生者。过了石碑，可见很多裸露的岩石。岩石的岩性主要是紫红色厚层块状砾岩，夹杂有紫红色砂岩，粉砂岩。砾石的磨圆度不一，胶结方式为硅质、铁质胶结。

（一）主要研学内容

1. 观察三洞（头台、二台、三台洞）地区的地质条件。形成于古生代初期震旦系的白云质灰岩（可溶性岩石）受到溶蚀，形成喀斯特地貌，考察喀斯特作用形成的溶洞、暗河、石钟乳、落水洞等现象。

2. 观察河谷地貌（河漫滩、河流阶地）及垂直分布。

3. 观察断层崖。

（二）研学指导：长江沿岸，观察河漫滩和三级阶地。

河漫滩：河谷中每年中低水位时露出河水面，高水位时被淹没的部位。一般呈现上下二元结构：下部为河床相沉积物，由粗大的河床冲积物组成，如粗砂和砾石，反映了河床发育早期的堆积情况；上部为河漫滩相沉积物，主要由细小的河漫滩堆积物组成，如细砂和黏土，这些颗粒较小的物质是由悬移质构成的，代表了河床发育晚期的堆积。

河流阶地：河流下切侵蚀，原来的河谷底部超出一般洪水位之上，呈阶梯状分布在河谷谷坡上的地形称为河流阶地。

燕子矶的河漫滩：高出江面几米，典型的二元结构。

Ⅰ级阶地：一般高出江面10米，分布于矶东。

Ⅱ级阶地：一般高出江面20—25米，分布于矶南。

Ⅲ级阶地：一般高出江面43—50米，分布于矶东，保存较差。

从顶部下去，到侧面，可观察断层崖。此崖为正断层。指水平岩层断裂后，倾斜断层面上方岩层受重力作用，在断层斜面上方下滑，使断层面两侧岩层发生相对运动而形成的断层。此断崖是沿江大断层作用所形成的陡崖。该断层从江北的浦口，跨越长江，一直到栖霞山。从侧面下到底部，还可观察到岩体的节理，节理裂隙很清晰。节理是指岩石受力形成的未发生显著位移的破裂，可看作前断层构造。

三、南京江宁汤山方山国家地质公园博物馆 研学活动

江苏江宁汤山方山国家地质公园博物馆，位于南京中心城区以东20公里处的江宁区汤山街道汤泉西路169号，所在地为1993年发现的距今五六十万年前"南京直立人"头骨化石遗址。其建筑依当地山形地势而建，外观模仿沉积岩层理结构，功能定位是地质研究、科普教育和文化旅游，包括人类密码、地层天书、洞天福地、文明之基四个展区。博物馆是以"汤山地质"为基础，"生命进化"为线索，以中更新世的南京直立人生活环境为核心，用实物、图片、文字和现代化手段再现六亿年来南京汤山的地质变迁、生命演变过程，还原人类先祖在南京的生存环境，回顾这片土地孕育并延续人类基因的漫长历史，回望人类进化和文明演绎的进程。博物馆共有4层，对外开放了2层，馆内可体验单车游览虚拟景点和互动答题，附近还有汤山矿坑公园和汤山猿人洞等遗址和汤山温泉度假区等景点。比较适合家长、老师带初中生、小学生参观游玩。

思考题

1. 宁镇扬三市，都是我国著名的历史文化名城。千百年来，无数文化名人在这里驻足，无数历史故事在这里演绎，无数名篇佳作在这里诞生。南京更是被联合国教科文组织列为"世界文学之都"。据不完全统计，与南京相关的文学作品多达一万多部。除了我们重点介绍或提及的之外，你还能想到哪些赞美三地景物，或与三地有关的诗词佳句吗？请试着说出3句以上。另外，请再说出宁镇扬及其所辖县、市、区范围内的五个旅游景点。

2. 请比较说明，或撰写小论文揭示以瘦西湖、个园为代表的扬州园林与以拙政园、留园为代表的苏州园林之间的共性和差异。

3. 南京夏季炎热，常被称作我国长江流域三大"火炉"之一。请分析南京夏季炎热的原因。

4. 请列举四种以上地质构造的名称，并解释其成因，或描述其形成过程。

5. 本书第二单元的主题六，介绍了岩层产状三要素及其罗盘测量方法，你会了吗？思考一下，如何利用罗盘测绘并结合其他哪些知识、信息

研判地质构造呢?

6. 宁镇扬地区，准确地说，镇江的丹阳，地处吴越方言区与"江淮官话"方言区的过渡地段，你能实地走访、考察，作一次两方言区之间界线走向的实地调研吗？在较大比例尺（如1∶70万—1∶50万）江苏政区图或地形图上画出此线，此线对于语言学、民俗学、历史学和历史地理学研究意义重大。尝试一下吧！

7. 地图的比例尺＝图上距离∶实际距离，请回答下列问题：

同一区域的两幅地图，比例尺分别为（甲）1∶10 000和（乙）1∶20 000，其中，

（1）哪一幅地图比例尺较大？

（2）哪一幅地图较详细？

（3）哪一幅地图的纸上图幅面积更大？

（4）两幅地图的面积之比$S_甲 : S_乙$等于多少？

第五单元
甬绍

引言与提问

甬，宁波；绍，绍兴。甬绍两市位于浙江省北部或东北部，杭州湾南岸。虽有平原，常被称为宁绍平原，但面积并不大，由浙东北丘陵山地短小山区河流的山麓冲积扇与杭州湾滨海海水沉积沙滩相连接而成。这里可以算是广义的长江三角洲的一部分。理由如下：长江携带的泥沙出长江口门后，在河口河道形状造成的流向惯性和地转偏向力作用下，南下至世界著名强感潮海域杭州湾的东口。涨潮时，海水西流过程中，在地转偏向力作用下，中泓右偏，易侵蚀北岸。唐宋后，几乎历朝历代，为减轻海潮对杭州湾北岸的侵蚀而引发海岸坍塌后果，从上海奉贤、金山到浙江的平湖一带海岸，均兴修捍海塘、鱼鳞坝，杭州现建有海塘遗址博物馆。而在杭州湾南岸的宁波绍兴沿海一带，则在退潮时接受沉积。当然，在这里沉积的泥沙也有部分是由钱塘江水从上游的浙西北、皖南山区搬运到此的，但钱塘江、富春江、新安江流域植被较好，导致钱塘江带来的泥沙远远少于由涨潮海水带来的落潮时在此沉积的长江泥沙。绍兴的钱塘江南岸支流曹娥江江口含沙量有"涨潮大于落潮，大潮大于小潮"的特点，说明曹娥江等支流从上游带来的泥沙不多。

由于宁绍平原面积不大，耕地有限，人口却较多，加上古已有之的宁波港，这些因素促使人们在传统农业社会中，重视商业、手工业，积极务工经商，兴办实业，崇文重教，注重智力开发和脑力劳动。这应该是宁波工商文化、绍兴"师爷"文化深入人心，蔚然成风的自然基础。那么，这些民风民俗的养成是否可能与宋室南渡，北方不少知识分子，甚至文化名人、大家大儒随迁到此开枝散叶、收徒传业有关呢？

总的来说，无论从气候、地表物质的组成，地表河流状况等自然地理要素特征来看，还是从发展历史、社会经济文化等人文地理要素特点来说，宁波、绍兴都是"典型江南"的组成部分。

主题一 腹有诗书

钗头凤·红酥手
（宋）陆游

红酥手，黄縢酒，满城春色宫墙柳。东风恶，欢情薄。一怀愁绪，几年离索。错，错，错。

春如旧，人空瘦，泪痕红浥鲛绡透。桃花落，闲池阁，山盟虽在，锦书难托。莫，莫，莫。

陆游，作为南宋中兴四大诗人闻名于世，最为人所知的除了一腔爱国豪情，写下过"王师北定中原日，家祭无忘告乃翁"（《示儿》）这样表现着对中原的牵挂的诗句之外，当然就属他和唐琬凄美的爱情故事了。唐琬其实是陆游的表妹。陆游19岁时因为科举考试寄居舅舅家中，由此与小他五岁的表妹相知相识。唐琬出身书香门第，从小就受到良好的教育，诗词书画无不精通，与同样喜欢诗词书画的陆游可谓情投意合。随着相处的加深，两人逐渐互生情愫，定下终身。

这段亲上加亲的感情也得到双方父母的认可，于是陆家就用一支祖传精美的凤钗作为聘礼，一对伉俪就此喜结良缘，开启了一段幸福美满的日子。

本来事情到这里就可以成为一段有情人终成眷属的佳话。但是或因陆游深陷于这样情深意笃的小日子中而忽视了中国封建时代最重要的事业，以至于结婚之后科举连连失利；或是因为唐琬嫁入陆家一载有余，却没有为陆家添上一丁半口；甚或只是唐琬如同晴雯般风流灵巧招母怨。总之，陆母对这个儿媳大为不满，甚至深恶痛绝。最终，陆母逼迫陆游写下休书，一段令人艳羡的姻缘就此终结。

陆游后来娶了王氏，而唐琬再嫁皇亲嗣濮王七子赵士程。两人就此别过，各自开启人生的一段新的旅程。但是命运却偏偏这样喜欢捉弄人。上天又给了这样一对早已被拆散的鸳鸯一个重逢的机会，因此也就为中国文学史上留下了两首绝美的《钗头凤》。

陆游离开了唐琬，科举之路开始时十分顺利，但因为权相秦桧的阻挠，会试遇挫，于是回到家乡绍兴，寄情于山水来排遣内心的苦闷。

在一个春意盎然的日子，他漫步来到了沈园。而在这里，他邂逅了曾经给他留下过一段刻骨铭心恋情，却已阔别数年的表妹——唐琬。

唐琬是在丈夫赵士程的陪伴下来沈园游玩的。令人欣慰的是赵士程不是一个小肚鸡肠的人。他大度地让陆游与唐琬进行了一次叙旧。而双方也恪守伦理道德，叙旧（也说共进一餐）之后，就分别离去。

但是这次短暂的相聚却触动了陆游的心弦。如果说之前双方的思恋之伤虽从未愈合，但也经过时间的冲刷而暂时淡忘。但如今四目相对，一段已经开始冷却的旧恋又开始燃烧得炽烈，一段尘封的记忆又重见天日，和唐琬在一起的往事一幕幕出现在了他的脑海中，还是那样地真实，恍然如昨。

这闪过的一幕幕最终定格在一个画面上：他的爱妻唐琬表妹用她那双"红酥手"，端着盛放着黄縢酒的杯子，递到陆游面前。这里用"红酥手"指代唐琬表妹美若天仙，才貌双全。表妹端着杯子递到陆游面前，真是一幅举案齐眉、相敬如宾的画面啊。

但是"满城春色宫墙柳"把这个温馨和谐的画面又带回了现实之中。

陆游正陶醉于过去两人甜蜜的生活如痴如幻，但清醒过来发现只剩下沈园的无尽春色，以及宫墙边的柳树。这充满着蓬勃生机的沈园啊，这宫墙边的一排排柳树，它们曾经见证了我和唐琬携手同游的场景啊。如今呢？它们还在那里尽情地绽放，可是我的唐琬呢？我们的爱情呢？真是"斯人已乘黄鹤去，此地空余黄鹤楼"啊。

这满园春色，这茂盛的柳树又采用了一种中国古诗词中用的以自然界的不变来反衬人世的变，所谓"物是人非"的手法。同时，一派蓬勃生机的画面却反而引起了作者的感伤和惆怅，也可谓"以乐景衬哀情，倍增其哀也"。

于是陆游少不得要怨天尤人,是谁拆散了我们这对幸福的鸳鸯呢?是那可恶的东风。东风在这里成为陆游满腔怨恨无处发泄的"出气筒",和"无情最是台城柳"中的柳树以及"何事长向别时圆"的明月等一起成为中国古诗词中的"背锅侠"。是那可恶的东风让我们浓烈的感情渐渐变得稀薄,让我们满怀着愁绪,经历了多年离别的日子啊。东风无辜,它却替谁"背锅"呢?读者读了上面这段背景材料,自然能有自己的领悟。可能是专横跋扈的陆母,甚至可能只是以陆母为代表的一种封建家长制……

因此这段姻缘注定是错的。作者连用三个错对此加以强调,抒发自己的感叹。在错的时间遇到了错的人,因此最终酿成了这场错的爱情。

下阕的"春如旧"是对上阕的"满城春色宫墙柳"的呼应。而"人空瘦"把上阕的言外之意给挑明了。自然界不变,人世却变了,今非昔比了。人世变得怎么样了呢?空瘦!那如凝脂之肌肤因为思念而失去了光泽;那豆蔻梢头二月初的年轻活力因为思念而变得了无生机;那丰腴健康的体态因为思念而衣带渐宽,憔悴不堪。而导致这一切的,不是国仇家恨,不是日理万机,只是因为思念!一个"空"字——"白白地瘦,无意义地瘦,本来可以不瘦!"把这样一种怨恨、愤懑以及怜惜之情刻画得淋漓尽致。

"泪痕红浥鲛绡透"这句,诗人高明之处在于没有正面写唐琬"泣涕涟涟",而是用白描手法看似随意地刻画出此时的情景,却能突出唐琬见到陆游时心中所突然涌出的幽怨、思念、深情,种种伤感。"红浥鲛绡","红"在这里指女性脸上的胭脂。她伤心落泪,把脸上的妆都哭花了,染在了绢丝做的手帕上。眼泪竟然成了天然的"卸妆水",而"透"字更强调了泪的多,以至于把手帕都浸润了。不摹恸哭状,不闻恸哭音,却能让读者真真切切地感受到唐琬此时的伤心欲绝。

桃花凋落象征着美好事物的逝去。而古人也用桃花来代指美丽的女子,如《诗经·桃夭》的"桃之夭夭,灼灼其华",因此这里也指如桃花般艳丽的唐琬被"东风"折磨得憔悴不堪。而"闲池阁"着一"闲"字(解释为空),池塘中雕栏玉砌、无比别致的亭台阁楼竟然了无人迹、空无人烟,正呼应着唐琬离去独留陆游一人的怅然若失、寂寥凄冷的心境。

"山盟虽在,锦书难托",自己与唐琬的海誓山盟还在,对她的爱意、赤诚之心坚如磐石,永无转移。可是这满满的爱意又如何能表达呢?面对着已经有了美满幸福的新家庭、并已与赵士程育有一子一女的她,又怎么能表达呢?真是"一枝折得,人间天上,没个人堪寄。"(李清照《孤雁儿》)。此时,剪不断、理还乱的愁绪涌上作者心头。"第一最好莫相见,如此便可不相恋。"上天为何要让我和唐琬表妹相知相恋,但最终不能修成正果?而没有修成正果也就罢了,就让时间冲淡一切,但为何在这段记忆渐渐变淡之时又用这样一次偶遇来给它重新抹上一层重色?

哎,不要再去想它了吧,不要再说了吧。明明意犹未尽,明明感慨万千,却连续用三个"莫"字来给它生生地做个了断。但能够了断的是词,不能了断的是重新撩拨起的那段愁绪,唐琬表妹的那抹倩影。

本首词使用白描的手法追昔抚今。"红酥手,黄縢酒"寥寥数语把过去夫妻琴瑟相谐的场景历历呈现;而"泪痕红浥鲛绡透"也是短短几字却把如今相遇时的伤痛落泪刻画得逼真可感,而这两者又构成了鲜明的对比。并且,正是因为两人之前的生活美好幸福,而如今却"人空瘦",让之后深入骨髓的伤痛落到了实处,没有一种无病呻吟、为赋新词强说愁的感觉。

同时,本词还善于运用自然界的景物进行衬托。"满城春色宫墙柳"、桃花、池阁是他们之前携手游园、共度美好时光的见证,如今还成了他们别离的目击者。着一"落"字及一"闲"字,让这两种身份完美地完成了转变与衔接。

而全词又基本都由三四字短句组成,读来有紧迫急促之感,让读者感觉到一种泣诉。同时"错错错""莫莫莫"的感叹更增强了这种感觉,荡气回肠,感慨万千。

这首词作于1154年,当时陆游把这首词题于沈园壁上。而就在两年以后,也就是1156年,唐琬再度来到沈园,这次她没有碰见陆游,却看到了他题在壁上的词,于是也和了一阕《钗头凤》:

世情薄,人情恶,雨送黄昏花易落。晓风干,泪痕残。欲笺心

事，独语斜阑。难，难，难！

　　人成各，今非昨，病魂常似秋千索。角声寒，夜阑珊。怕人寻问，咽泪装欢。瞒，瞒，瞒！

　　可惜的是，也许对于女子来说，如同《卫风·氓》说的：于嗟（感叹词）女兮，无与士耽（沉溺）！……女之耽兮，不可说（脱）也。爱就是女子的灵魂，她们总是为情所困，终究越陷越深。对于唐琬来说就是如此吧，和陆游的爱情就是她的灵魂，灵魂不存，肉身焉附？就在题词的同一年，唐琬就抑郁而终，结束了她短短28岁的生命。（一说至少32岁）。

　　在叹惋之余，笔者觉得唐琬的早逝也许也可以这样理解吧：死者无知，活者独悲，上天更想让陆游用漫长的一生来承担这相思之悲吧。正如林觉民烈士在《与妻书》中所说："吾先死，留苦与汝，吾心不忍，故宁请汝先死，吾担悲也。"唐琬早逝之后，陆游独自承受思念之苦五十载，一直等到82岁才以一首前文提到过的《示儿》作为与现在世界告别的标志，而他也总算能与唐琬表妹在另一个世界相遇了。

　　其间，陆游也多次来到沈园，他也总能从沈园的一草一木中找到他和唐琬甜蜜恋情的遗迹并勾起他的一段回忆。例如，他在75岁时所作的著名的《沈园二首》：

　　　　城上斜阳画角哀，沈园非复旧池台。伤心桥下春波绿，曾是惊鸿照影来。

　　　　梦断香消四十年，沈园柳老不吹绵。此身行作稽山土，犹吊遗踪一泫然。

　　想那沈园的桥下，碧波荡漾，当年就在这里，我惊鸿一瞥，见到了她的情影。而如今，依然绿水逶迤，可是她却在哪里呢？

　　沈园里的柳树，曾经见证了我们的花前月下。如今它也和我一样老了，连柳绵都没有了。但唐琬表妹啊，她在我心中永远只定格了年轻的面貌。她老去的容颜会是怎么样的呢？

　　彼此深爱，但因为时代的错，注定一切无法挽回。

长相思·桥如虹

（宋）陆游

桥如虹，水如空。

一叶飘然烟雨中。

天教称放翁。

侧船篷，使江风。

蟹舍参差渔市东。

到时闻暮钟。

宋孝宗淳熙三年（1176年）担任成都知府参议官的陆游被罢官。此时陆游51岁。淳熙五年陆游离蜀东归，此词约作于东归之初。

据说被罢官的原因只是因为当时成都知府是同为南宋中兴四大家（另两位为杨万里与尤袤）的范成大。陆游与范成大都作为南宋前期著名诗人，能够摆脱江西诗派的牢笼，而自成一体，可谓是酒逢知己、琴逢知音，经常在一起游宴、酬唱。本来只是文人之间的雅事，但是却被朝廷权幸认为"燕饮颓放"，因此免去官职。

但情况似乎并没有那么简单。从之前的《南乡子·登京口北固亭有怀》可以看出南宋朝廷对于抗金的态度，主要是以主和派占据上风。但陆游和辛弃疾一样，同为主战派。陆游在临死前夕，仍然写下"王师北定中原日，家祭无忘告乃翁"，表达他立志收复中原的夙愿。因此，恐怕"燕饮颓放"只是当权者的一个借口，而实际上更有可能的被罢官的原因是他的主战思想不为当权者所容。

既然朝廷容不下我，那就投身于大自然吧。大自然是古今多少失意官僚的精神栖息之处，给予他们郁郁不平之心以慰藉。

一开头作者就用三句描绘了江南水乡灵秀的自然风光，以此衬托出自己与自然融为一体的闲适、潇洒的心境。"桥如虹"，用了比喻不仅写出了桥弯曲的形状，而且写出了桥的美丽玲珑——虽然桥不可能真的像"虹"这样色彩斑斓，五彩多姿。而"水如空"说水如同天空一般，不禁让人联想到王勃《滕王阁序》的名句："秋水共长天一色"，水天相映，水光接天。

古人往往把简陋的小船称为扁舟，还用独特的量词"一叶"来修饰，突出它的小以及随风飘荡。而扁舟也因为这些特征往往成为隐居、回归故乡、自由潇洒的象征，如李白《宣州谢朓楼饯别校书叔云》的"明朝散发弄扁舟"。这首诗中也有此意。并且用"飘然"突出了这种摆脱了官场束缚后的自由和潇洒。另外，"烟雨"也呼应了"水如空"，烟雨蒙蒙，水天一色，大地似乎苍茫一片，自己所驾的一艘小船行驶其中，真有苏轼《赤壁赋》中"纵一苇之所如，凌万顷之茫然"之感，似乎也要达到苏轼"遗世独立、羽化登仙"——抛弃了世俗，登上仙界的境界了。

但"天教称放翁"则宕开一笔。陆游晚年自号放翁，"放"可以解释为放开胸怀，也可以解释为"放荡不羁"、洒脱自由。那是谁让我变得像这样"放荡不羁"、洒脱自由的呢？似乎虽是自号，却不是本意，而是"天"的意思。这里的"天"结合写作背景，似乎就是皇帝、朝廷。所以，这句在上层意思上出现了转折。作为主战派，写过"僵卧孤村不自哀，尚思为国戍轮台。"（《十一月四日风雨大作》）的陆游，隐退江湖，不问国事并非他的本意。实在是因为皇帝不理解，主和派不接纳。所以在这句上似乎透露出了一点点的无奈和心酸。

下阕前半层三句继续描写隐居闲适的生活。作者用白描的手法，选取了隐居时候的一个片段——垂钓：作者侧放船篷（把它当作帆使用），从而让江风吹着驱使小船前进。小船驶过之处，只见渔市东侧渔民的茅屋高低不平地排列着。同样是"参差"，《望海潮》是"烟柳画桥、风帘翠幕"，描绘的是一幅雅致优美的城市图景，而本诗的"参差"，却是蟹舍——渔民在江中或湖边搭建的简陋的茅屋。论精致程度，不可同日而语，但其中包含的欢快之情却是一致的，而且陆诗更有一种自由洒脱蕴含其中。但尾句从之前的欢快洒脱的感情上再次陡然一转。"到时闻暮钟"，"钟声"往往有"余音袅袅，令人回味无穷"之感，此时这钟声是不是因为其超脱深邃、空灵清静而洗涤了作者壮志难酬的辛酸、无奈，适应于隐居生活并乐在其中了呢？还是因为其庄严肃穆，让作者似乎又回到了朝堂之上而更激发了他的愁绪？作者以"声"结尾，留给读者想象的空间，个中滋味，留给读者去揣摩和体会。

全诗总体风格清新自然，感情基调欢快愉悦，语言质朴一如所写内容。刻画出优美如画般的隐居山村景色，表现出自由闲适的乡村生活的同时又蕴含着一丝辛酸和无奈。正如作者此时有为国效力的志向，却又受到主和派阻挠，不欲归却不得不归的矛盾复杂心理，耐人寻味。

主题二　甬绍概述

宁波（简称甬）、绍兴地区地处浙江省东北部，地形主要是钱塘江和杭州湾南岸的一片东西向的狭长海岸平原，即宁绍平原，因古时东为宁波府，西为绍兴府而得名，由钱塘江、曹娥江、姚江、奉化江、甬江等河冲积而成。南部有丘陵山地。宁绍平原自西向东包括绍兴平原（旧绍兴府萧山县、山阴县、会稽县、上虞县）、三北平原（旧绍兴府的余姚县、旧宁波府的慈溪县和镇海县这三个县的北部）、三江平原（姚江、奉化江、甬江流域）。主要行政单位包括宁波和绍兴两市市域中北部、杭州市域东南的萧山、滨江和江东。宁绍平原是新石器时期河姆渡文化的摇篮和家园，是越文化的诞生地和发祥地，是吴越文化、吴越人（又叫江浙民系）的重要支系之一。

绍兴市，浙江省辖地级市，位于浙江省中北部，介于北纬29°13′35″—30°17′30″、东经119°53′03″—121°13′38″之间，属亚热带季风气候区，四季分明，气候温和，湿润多雨，总面积8 274.79平方千米。截至2023年末，绍兴市常住人口539.4万人。截至2024年2月，绍兴市下辖3个区、1个县，代管2个县级市。

绍兴市境域从新石器时代中期的小黄山文化开始，已有约9 000年历史。越国古都建于公元前490年，已有2 500多年建城史。南宋高宗赵构取"绍奕世之宏休，兴百年之丕绪"之意，命名为"绍兴"。绍兴市是长江三角洲中心区城市，是中国具有江南水乡特色的文化和生态旅游城市，首批国家历史文化名城，著名的水乡、桥乡、酒乡、书法之乡、名士之乡。著名的文化古迹有兰亭、禹陵、鲁迅故里、沈园（陆游故里）、蔡元培故居、周恩来祖居、秋瑾故居、马寅初故居、王羲之故居、贺知章故居以及柯岩等景区。2023年，绍兴市实现地区生产总值7 791亿元，按不变价格计算，比上年增长7.8%。

宁波市地处浙江省东北部、我国大陆海岸线中段，东有舟山群岛为天然屏障，北濒杭州湾，西接绍兴市的嵊州市、新昌县、上虞区，南临三门湾，并与台州市的三门县、天台县相连。全境地势以平原丘陵为主，属亚热带季风气候，温和湿润，四季分明。总面积9 816平方千米。截至2023年末，宁波市下辖6个区、2个县和2个县级市，常住人口969.7万人。宁波是国家历史文化名城，距今4 200年的夏朝堇子国，被认为是宁波作为"邑城"的最早起源。春秋时为越国境地，秦时属会稽郡的鄞、鄮、句章三县，唐时称"明州"，明洪武十四年（1381年），为避国号，取"海定则波宁"之义改称宁波。1949年5月，浙东解放，民国鄞县城区建置宁波市，城区为宁波专署驻地。1987年，经国务院批准，成为计划单列市。宁波市是上海大都市圈重要城市之一，国务院批复确定的中国东南沿海重要的港口城市、长江三角洲南翼经济中心。宁波市是典型的江南水乡兼海港城市，是中国大运河（杭州以东为浙东运河）南端出海口、"海上丝绸之路"东方始发港、东亚文化之都、中国制造2025首个试点示范城市。宁波舟山港是全球第三大集装箱港，位列2023年全球航运中心城市综合实力第9名。2023年，宁波市实现地区生产总值16 452.8亿元，按不变价格计算，同比增长5.5%。

绍兴宁波地区，自古人杰地灵，文化发达，文化名人辈出。绍兴籍的王羲之父子、贺知章、陆游、鲁迅、蔡元培、马寅初等文化巨匠，群星璀璨，照耀华夏文明"历史的天空"，还有无数明清两代活跃在全国政商两界的"绍兴师爷"更是名扬天下。据粗略计算，仅清朝年间绍兴师爷总计有数万之多，成为一段令人瞩目的历史传奇。正如俗语所言：无绍不成衙。明代时，师爷作为幕宾初露锋芒，到清代，他们已经成为官场的重要角色。服务于官场的师爷，是各级行政官吏处理政务公事的得力助手。虽然他们没有正式官职，但却以博闻强识、处事周全的品质，成就了"世事洞明皆学问，人情练达即文章"的一代名幕。绍兴人自古尚文，而中举为官的风气助长了绍兴师爷的兴起。科举制度限制了官职的数量，许多科考失意者选择了师爷这条艰辛而又充满机遇的道路。即便是家境清寒者，也纷纷投身于幕务，以谋生计、以守读书之志。绍兴师爷中涌现了一大批经世致用之才。在绍兴师爷的悠久历史中，有许多传世之作。著名绍兴师爷龚未斋在总结一生幕务经验时说："为幕亦须胸存经济，通达时务，庶笔有文藻，更须天生美才，善于酬应，妙于论言。"这句话不仅揭示了绍兴师爷的修养之道，也反映了他们全面掌握知识、应对复杂局面的能力。绍兴师爷，一代又一代，凭借着博学多才、刚正不阿的品质，为绍兴人赢得了宝贵的口碑。绍兴师爷的传统延续至今，留下的丰厚文化底蕴仍然激励着后人。或许正如绍兴师爷所展现的那样，博学多才、正直不屈的品质，才是真正经得起历史考验的人生之道。

与绍兴相比，宁波毫不逊色。历史上进士众多，状元辈出。目前，宁波籍中国科学院和中国工程院院士有121名，是名副其实的"院士之乡"。原中科院院长路甬祥院士、我国生物物理学奠基人贝时璋院士、著名遗传学家谈家桢院士、断肢再植之父陈中伟院士都是宁波人。同时，宁波还是众多活跃于江浙沪、粤港澳地区以及世界各地的工商巨子的祖籍地。

主题三　指点江山

宁波天一阁博物馆

位于宁波市月湖之滨，是一座以宁波天一阁藏书楼为核心、以藏书文化为特色的专题性博物馆。景区由藏书文化区、园林休闲区、陈列展览区三大功能区组成，占地面积为3.1万平方米，因馆内保存了大量的珍贵古籍而享誉海内外，素有南国书城的美誉。天一阁博物馆是首批全国古籍重点保护单位、全国重点文物保护单位，也是国家AAAA级人文旅游胜地，成为宁波这座历史文化名城的重要标志之一。

雄踞大门两侧的是一对清代石狮。木结构大门是清代道光年间的古建筑，门厅外侧有一匾，书"南国书城"四个字，这是由著名国画大师潘天寿1962年所书。大门两旁对联"天一遗形源长垂远，南雷深意藏久尤难"，是著名书法家顾廷龙先生于1981年到访天一阁时留下的墨宝。此对联书体为钟鼎文，上联意为宁波天一阁藏书历史悠久，以后还将长久地留存下去，下联出自明末清初著名思想家黄宗羲登上藏书楼之后的感慨。

黄宗羲，字梨洲，号南雷，被后人誉为中国17世纪最伟大的思想家。公元1673年，黄宗羲凭借他的人品、气节成为登上宁波天一阁藏书楼的第一个外姓人。黄宗羲登上宁波天一阁之后便发出了"读书难，藏书尤难，藏之久而不散，则难之难矣"的感叹。从他的感叹中，我们可以体会到藏书楼建立和保护过程的艰辛以及范氏子孙长久不衰的藏书护书所展现的操守、气节和意志。

　　进入宁波天一阁，首先映入人们眼帘的就是一座铜像，他就是宁波天一阁的创始人——范钦。范钦，字尧卿，号东明，浙江鄞县人。明嘉靖十一年（1532年）27岁的他考上进士后，便开始在全国各地做官，到的地方很多，北至陕西、河南，南至两广、云南，东至福建、江西，都有他的宦迹。据文献记载，他敢于冒犯权贵，勇于抗击倭寇。于嘉靖三十九年被提升为兵部右侍郎（相当于现在的国防部副部长的职位）。然而，使他彪炳史册的，不是他的政绩，而是他辞官归乡后修建的一座藏书楼。范钦每到一地做官，总是非常留意搜集当地的公私刻本，他所搜藏的书大都以宋元以来刊本、抄本与稿本为多，而明代刻本尤其突出。范钦藏书与一般只注重版本的藏书家不同，他比较重视明代人的著述和明代新刊古籍的收藏，所藏明代方志、政书、实录、诗文集等尤多，明代登科录和地方志的收藏成为天一阁藏书特色。其中明代方志原藏有435种，超出《明志》著录，现存明代方志有271种，占全国明代方志的80%以上，有65%是海内外孤本，近年已陆续影印出版。现代文献学家赵万里先生曾这样评价宁波天一阁藏书的历史功勋：宁波天一阁之所以伟大，就在于它能保存明代的直接史料。

　　范钦从青年时代起就有志于藏书，经史百家兼收并蓄，但是较有规模地进行收藏应该是在他致仕回乡之后。范钦号东明山人，故此归乡后初建的藏书楼以他的号命名为东明草堂，这只是早期的雏形，收藏有限，规模和保管条件均不理想，因此他把建立家族藏书楼作为自己解职归乡后的第一要务来考虑。宁波天一阁的建造约从嘉靖四十年（1561年）开始，至嘉靖四十五年完成，历时五年左右。宁波天一阁藏书最丰时达到7万余卷，为了防止藏书的失散，范钦和他的后代是颇费苦心的。藏书楼建成后，范钦因古人有"天一生水，地六成之"之说，便引以为名，取以水克火之意，祈求免遭火灾。他去世前，又嘱咐子孙：代不分书，书不出阁。遵从他的遗训，后代曾制定过严格的藏书楼族规。

然而，四百年间，宁波天一阁历经浩劫。至1949年，藏书已减少了五分之四，只剩下一万七千卷。1949年以后，宁波天一阁得到了很好的保护。人民政府设立了管理机构，多次拨款维修缮饰，使宁波天一阁生机勃发，以日新月异的面貌呈现在人们面前。如今，宁波天一阁的藏书已增至30万卷，成为以藏书文化为特色的专题性博物馆。

陆游故居

陆游故居遗址，位于浙江省绍兴市镜湖新区东浦镇（原绍兴县鉴湖乡）塘湾村。村在行宫、韩家、石堰三山环抱之中。

陆游早年故居云门草堂，位于浙江省绍兴市平水镇平江村，为云门寺三在副寺之一。陆游之父陆宰曾隐居云门，陆游青少年时读书处就在"云门草堂"，32岁赴任福建做主簿时曾作《留题云门草堂》。明嘉靖、清康熙年间，曾二度重建。现因年久失修，佛殿坍圮，仅剩断墙残壁和几间旧屋。

陆游曾居山阴鲁墟云门山草堂，南宋乾道二年（1166年）迁居鉴湖三山西村。南宋嘉泰《会稽志》："三山在县西九里……今陆氏居之。"《山阴县志》："陆放翁宅，在三山，地名西村，宋宝谟阁待制陆游所居。"《于越新编》："山在城西九里鉴湖中，与徐瓶鼎峙，陆游所居。"

陆游《居室记》云："陆子治室于所居堂之北，其南北二十有八尺，东西十有七尺。东西北皆有窗，窗皆设帘障视，晦暝寒燠为舒卷启闭之节。南为大门，西南为小门，冬则析堂与室为二，而通其小门以为奥室；夏则合为一，而辟大门以受凉风。""舍后及旁皆有隙地，莳花百余本"。

陆游《怀鉴湖故庐》诗云："临水依山偶占家，数间茅屋半欹斜。云边腰斧入秦望，雨外舞蓑归若耶。从宦只思乘下泽，对人常悔读《南华》。病来更怯还乡梦，频煮廉泉试露芽。"故居今圮，仅存葫芦形小池，人称"陆家池"。

1985年11月，陆游诞辰860周年，于池西南侧立碑，阳面镌"陆游故居遗址一九八五年九月朱东润敬书"，碑阴刻陆游故居史料。

绍兴鲁迅纪念馆

绍兴鲁迅纪念馆始建于1973年。21世纪初，为恢复鲁迅故里的传统风貌，与环境尺度不协调的陈列厅被拆除，恢复为周家新台门。新建的纪念馆位于鲁迅故里东侧，东接鲁迅祖居，西邻周家新台门，北毗朱家台门，南临东昌坊口，与寿家台门隔河相望。

纪念馆是淡白色的建筑，有着中国风味的飞檐。里面藏品丰富，照片书籍图纸俱全，更吸引人的是实物：有先生用过的家具、衣物，有孩提时的玩具，还有闰土送给他的贝壳。

纪念馆环境幽雅，广场及各出入口室外均采用绍兴传统的青石板地面。其中展厅和鲁迅祖居毗连的绿化巷，栽竹叠石，花木扶疏，更是绍兴典型的传统天井庭园。还有一条水景系列，从序厅西侧开始逶迤北上，在馆址西北方形成开阔水面，加以填土移木，积石理水，配置绍兴特有的廊桥、乌篷船舫等建筑小品，营造出一派江南水乡意境。陈列厅庭园植物以文化含义深厚的樟、松、兰、梅为主，同时遵照鲁迅《朝花夕拾》中记载，选栽枣树、皂荚树、桑椹、木莲藤及覆盆子等物种，再现当年的环境氛围。

绍兴鲁迅纪念馆"鲁迅生平事迹陈列厅"本身是一座富有绍兴特色和时代特征的现代化展馆，造型简洁平和，朴素无华，充分体现了鲁迅精神的人文内涵。内部采用雕塑、不锈钢装饰墙面，以现代化展示手段加强了纪念馆建筑的文化内涵和艺术感染力。建筑与水景纵横交错，室内外空间相互渗透，构成了一个充满灵气的具有绍兴特色的现代展馆。镶嵌在陈列厅正面墙上的"绍兴鲁迅纪念馆"七个大字为郭沫若所题。

主题四　放　眼　风　物

乌篷船

乌　篷　船

子荣君：

接到手书，知道你要到我的故乡去，叫我给你一点什么指导。老实说，我的故乡，真正觉得可怀恋的地方，并不是那里；但是因为在那里生长，住过十多年，究竟知道一点情形，所以写这一封信告诉你。

我所要告诉你的，并不是那里的风土人情，那是写不尽的，但是你到那里一看也就会明白的，不必啰唆地多讲。我要说的是一种很有趣的东西，这便是船。你在家乡平常总坐人力车，电车，或是汽车，但在我的故乡那里这些都没有，除了在城内或山上是用轿子以外，普通代步都是用船。船有两种，普通坐的都是"乌篷船"，白篷的大抵作航船用，坐夜航船到西陵去也有特别的风趣，但是你总不便坐，所以我就可以不说了。乌篷船大的为"四明瓦"（Symenngoa），小的为脚划船（划读如uoa）亦称小船。但是最适用的还是在这中间的"三道"，亦即三明瓦。篷是半圆形的，用竹片编成，中夹竹箬，上涂黑油，在两扇"定篷"之间放着一扇遮阳，也是半圆的，木作格子，嵌着一片片的小鱼鳞，径约一寸，颇有点透明，略似玻璃而坚韧耐用，这就称为明瓦。三明瓦者，谓其中舱有两道，后舱有一道明瓦也。船尾用橹，大抵两支，船首有竹篙，用以定船。船头着眉目，状如老虎，但似在微笑，颇滑稽而不可怕，唯白篷船则无之。三道船篷之高大约可以使你直立，舱宽可以放下一顶方桌，四个人坐着打马将，——这个恐怕你也已学会了罢？小船则真是一叶扁舟，你坐在船底席上，篷顶离你的头有两三寸，你的两手可以搁在左右的舷上，还把手都露出在外边。在这种船里仿佛是在水面上坐，靠近田岸去时泥土便和你的眼鼻接近，而且遇着风浪，或是坐得少不小心，就会船底朝天，发生危险，但是也颇有趣味，是水乡的一种特色。不过你总可以不必去坐，最好还是坐那三道船罢。

你如坐船出去，可是不能像坐电车的那样性急，立刻盼望走到。倘若出城，走三四十里路，（我们那里的里程是很短，一里才及英哩三分之一，）来回总要预备一天。你坐在船上，应该是游山的态度，看看四周物色，随处可见的山，岸旁的乌桕，河边的红蓼和白蘋，渔舍，各式各样的桥，困倦的时候睡在舱中拿出随笔来看，或者冲一碗清茶喝喝。偏门外的鉴湖一带，贺家池，壶觞左近，我都是喜欢的，或者往娄公埠骑驴去游兰亭（但我劝你还是步行，骑驴或者于你不很相宜,)到得暮色苍然的时候进城上都挂着薜荔的东门来,倒是颇有趣味的事。倘若路上不平静,你往杭州去时可于下午开船,黄昏时候的景色正最好看,只可惜这一带地方的名字我都忘记了。夜间睡在舱中,听水声橹声,来往船只的招呼声,以及乡间的犬吠鸡鸣,也都很有意思。雇一只船到乡下去看庙戏,可以了解中国旧戏的真趣味,而且在船上行动自如,要看就看,要睡就睡,要喝酒就喝酒,我觉得也可以算是理想的行乐法。只可惜讲维新以来这些演剧与迎会都已禁止,中产阶级的低能人别在"布业会馆"等处建起"海式"的戏场来,请大家买票看上海的猫儿戏。这些地方你千万不要去。——你到我那故乡,恐怕没有一个人认得,我又因为在教书不能陪你去玩,坐夜船,谈闲天,实在抱歉而且惆怅。川岛君夫妇现在偁山下,本来可以给你介绍,但是你到那里的时候他们恐怕已经离开故乡了。初寒,善自珍重,不尽。

(十五年十一月十八日夜,于北京)

引者注:子荣,周作人的笔名,始用于1923年8月26日《晨报副刊》发表的《医院的阶陛》一文。以后,1923年、1925年均用过此笔名,在本文之后,1927年9、10月所作《诅咒》《功臣》等文中,也用过"子荣"的笔名。一说"子荣"此笔名系从周作人在日本时的恋人"乾荣子"的名字点化而来。本文收信人与写信人是同一人,可以看作是作者寂寞的灵魂的内心对白。

周作人是一位在我国现代散文创作领域做出了重要贡献的散文家。他的散文不仅数量相当多,而且独具风格。上文所引《乌篷船》于1926年11月作,收录在《泽泻集》中,是周作人散文的代表作之一。

《乌篷船》是一篇以书信形式写的别具一格的小品文。友人要到作者的故乡浙江绍兴去,作者在信中开篇告诉朋友,故乡最有特色的风物便是船。于是,作者便开始向朋友介绍船的种类、形状、材料、结构和用途。在介绍乌篷船时,作者详尽介绍了"三明瓦"的好处,并对其作了非常具体细致的描述,然后,又写了怎样坐船以及"到乡下去看戏"等种种的"理想的行乐法"。在谈到游历家乡景色时,作者特别强调要耐着性子,从容不迫,"要看就看,要睡就睡,要喝酒就喝酒"。作者认为,只有这样才是游山玩水的最佳心境。从表面上看,这里作者是在写游山玩水,然而细细体味,其中却透露出作者对人生的处世态度。在作者看来,在人生路途上,每个人大可不必行色匆匆,心急火燎;其实心平气和、淡泊恬适才应该是处世的最佳态度。作者以平和冲淡的格调、朴素自然的笔墨,紧紧扣住乌篷船这一典型事物,表达了对故乡的眷恋之情,透露出闲适隐逸的情思。

舒徐自在、平和冲淡是周作人小品文独有的魅力。这篇散文也同样表现出周作人此类散文的特有风格。

首先,采用书信体形式,显得亲切随意。在结构上,作者不刻意追求大起大落的变化,而是以乌篷船为中心,先写乌篷船的特点、构造等,然后再侧重写乘船游故乡的景色。其间,作者信笔所至,舒卷自如,不着痕迹地介绍出了故乡的风情野趣。

其次,笔调委婉含蓄,语言风格自然平和。作品无论是写船,写乘船游景,或是借此表达悠悠的思乡之情以及闲适的人生态度,笔墨都极其朴素、自然、含蓄。如作品的前半部分介绍乌篷船的特点,初读起来,那平实朴白的介绍笔墨,简直有如介绍商品的"说明书";但细想,倘若作者真的对阔别多年的家乡已经淡漠,那么他谈起故乡的风物,就不会是这样真切、细腻地一一道来。又如作品的后半部,作者在向人们介绍如何乘船游览家乡景色时,简直就像一个高明的导游者——时而从远处的山峦谈到"岸旁的乌桕,河边的红蓼和白蘋,渔舍,各式各样的桥";时而又从鉴湖、兰亭说到"城上都挂着薛荔"的绍兴东门,从河中的水声、橹声谈到两岸乡间的犬吠鸡鸣,从乡下的庙戏论及"海式"戏场里的猫儿戏。这里,作者介绍家乡风物的笔墨也是极平实的,而且作者也没有直接写出自己的乡情;但透过作者对家乡风物如数家珍、绘声绘色的介绍,人们一样可以领悟到作者对故乡的绵绵情愫,领略到作者所追求的闲适隐逸的处世态度。

《乌篷船》是周作人冲淡平和的小品文的代表作,阅读这类散文,不但可以领略到作者闲适恬然的情思,而且也可以获得一种悠然自得的美的享受。

绍兴酒

绍兴酿酒,历史悠久,驰名中外。早在吴越之战时,越王勾践出师伐吴前，以酒赏士，留下"一壶解遣三军醉"的千古美谈。

绍兴地区产酒的历史，极为悠久。日本人西园寺公一先生认为，绍兴酒已有四千多年历史，早在两千多年前的春秋战国时代，当地饮酒的风习，已很普遍。勾践用酒奖励生育，就是证明。在南北朝时，就有一种用银瓶装着的"山阴甜酒"。南宋时，由于绍兴距首都临安很近，而酒税又是宋王朝的主要税收来源之一，政府鼓励酿酒，所以绍兴酒得到极大的发展，花色品种也空前增多。到了明代，据有关史料记载，为了酿酒的需要，当地水稻种植耕地有十分之四种的是酿酒的原料糯米，可见酿酒业之发达。到了清代绍兴酒不仅远销南洋一带，就连不喜好饮用这种略带酸甜而酒度又不高的酒的北方人也欢迎绍兴酒了。据说康熙皇帝还专门请了绍兴酿酒师到宫里去酿酒。许多王公贵族也喜好饮绍兴酒。婚礼中更少不得用雕花彩坛盛装的绍兴酒，而且要成双成对。1922年，清废帝溥仪"大婚"时，纳采礼还抬了绍兴酒四十坛。

绍兴酒好在哪里呢？首先是它的色泽澄黄清亮，香气浓郁，口味醇厚，而且酒精度低，富有营养。它又是烹饪中的重要调料，制药的好原料。用雕花彩坛盛装的酒，酒坛壁上雕塑有五彩缤纷的古代人物故事、动物花卉、山水图案等，放在喜庆宴席上，更增加欢乐的气氛；陈列于厅堂中，又是工艺美术的珍品。通俗小说《镜花缘》中有海外"长人国"的人，专买绍兴酒坛做鼻烟壶的故事。虽属小说传奇，但雕花酒坛确实美观，所以绍兴酒又有"花雕酒"的美名。

绍兴酒之所以如此美好，是与它所用的原料、水及酿造技术分不开的。它的原料是优质糯米，而且严格限制为当年产的新米，陈年的不能用。酿造时机选在冬季。酿造用水取自源于会稽山脉的鉴湖，而且要求用冬季湖心之水。冬季气候较寒冷，水中的浮游生物及杂质均较少。鉴湖水质清洁，软硬适中，含微量矿物质，有利于酿酒微生物的生长。据酿酒师傅说，这是绍兴酒具有鲜、嫩、甜特点的一个原因。

如今绍兴酒早已不仅行销全国，而且远销日本、新加坡、马来西亚、美国、比利时等二十多个国家和地区，可以说是"绍兴黄酒，香飘万里"。

主题五　旅　游　开　发

旅游资源开发的原则

旅游资源开发是一项系统性工程，既要注重资源自身的开发，又要兼顾资源所在地区经济社会发展的整体利益，促进生态环境保护。旅游资源开发应遵循以下原则。

一、开发与保护并重的原则

旅游资源开发中，既要深入挖掘资源的经济价值，又要注重旅游资源与环境的保护，促进旅游可持续发展。我国许多自然保护区一方面要积极开发和充分利用当地的旅游资源，创造经济价值，为当地的发展和保护区的管理维护提供经济支持，另一方面要特别注重生态环境的保护，保持生物多样性，保护优美的自然景观。同样，人文旅游资源的开发也面临着历史文化遗迹的保护问题。如我国著名风景区九寨沟，制定科学的、与生态环境相协调的开发与经营管理措施，按照"生活在外、观光在内"的原则，严格限定游客观光行为的空间范围和方式，合理安排景区的游客容量，基本做到了旅游发展与地方生态环境保护并重。

二、与环境、文化相协调的原则

在充分挖掘资源本身的文化内涵的同时，旅游资源开发还要寻求与当地生态环境、文化之间的相互协调。如我国皖南古村落西递、宏村，以白墙黑檐的民居、古桥、园林、牌坊为特色。在旅游开发过程中，注重与当地文化环境相协调，不仅历史文物修旧如故，新建的楼房也与原有建筑风格一致，使景区风貌和谐统一、浑然一体。

三、空间结构合理的原则

旅游资源开发过程中，旅游产品的功能应与相邻或周边的旅游资源或产品形成互补的关系；在景区内部空间中，旅游资源类型多样、相互间结构关系合理；旅游路线布局合理，内容丰富多样，回头路或断头路少；出入景区的交通线路可达性和疏散性良好。

　　一般来说，景点之间距离紧凑、主次结合、游路便捷、设施组合便利、生态联系合理是比较理想的旅游空间结构。如水乡古镇朱家角是近年来发展起来的上海市郊著名旅游景区，景区配套设施齐全，外围设有大型停车场、旅游休息服务区和餐饮、住宿设施。景区内以放生桥为核心，形成若干放射状的旅游路线，各线路串联起不同特色的景点，使各景点错落有致、主次结合地组织在景区中，方便游客的游览。

　　四、促进区域经济社会全面发展的原则

　　旅游资源开发不仅是旅游业本身的发展，还能促进当地物资和金融流通，推动第三产业发展，提高劳动力就业水平，成为区域社会经济发展的"助推器"和"加速器"。如通过旅游资源开发发展旅游业，带动当地交通运输、住宿餐饮、产品销售、文化交流、经济信息交流等多方面的发展。在旅游业规划和经营过程中，必须坚持统筹兼顾，系统规划；坚持综合开发，有序开发；坚持绿色发展，切实保护生态。统筹兼顾经济效益、社会效益和环境效益，以推动区域社会经济的全面发展。

主题六　行　路　天　下

　　特别提醒：参观和考察过程中，应注意安全，随时记录或摄影，如有同伴或家长同行，应争取配合与合作，并遵守相关单位的有关规定，尊重工作人员，遵纪守法，遵守社会公德，礼貌谦让。

浙北古文化遗址系列研学考察

　　第一天　河姆渡遗址、田螺山遗址研学考察

　　一、地点：河姆渡遗址——田螺山遗址（建议活动前一天晚上在宁波市余姚市住宿，当天上午从余姚出发前往河姆渡遗址。河姆渡遗址至田螺山遗址，全程14公里，坐车约20分钟。结束后前往杭州余杭区住宿，以便第二天前往良渚遗址）。

二、时间及研学项目安排：

（1）上午（参观河姆渡遗址博物馆）：河姆渡古人类文明考察研学

① 参观并学习河姆渡文明的阶段性发展，并注意与同时期的马家浜文化和崧泽文化作对比；

② 了解河姆渡人日常生活场景，分析当时的环境特征；

③ 思考河姆渡文明终结的原因，分析气候变化在这一过程中的影响。

（2）下午（参观田螺山遗址现场馆）：河姆渡古人类文明实习

① 参观田螺山遗址挖掘现场；

② 参观田螺山遗址古地貌重建模型。

三、研学活动指导

河姆渡遗址，位于浙江省宁波市余姚市河姆渡镇河姆渡村的东北，距宁波市区约20公里，是中国南方早期新石器时代（约7000—5000年前）遗址。

河姆渡遗址总面积达4万平方米，上下叠压着四个文化层。河姆渡遗址出土陶片达几十万片，还有陶器、骨器、石器以及植物遗存、动物遗骸、木构建筑遗迹等大量珍贵文物。河姆渡遗址以其丰富而鲜明的文化内涵，确立了其在中华民族远古发展史、中国考古学史上的重要地位，被学术界命名为"河姆渡文化"。遗址的发现，为中国史学界和考古界提供了依据，证明长江流域是中华文明的重要发源地之一。

河姆渡遗址全面反映了中国原始社会母系氏族时期的繁荣景象。遗址的发掘为研究当时的农业、建筑、纺织、艺术等东方文明，提供了极其珍贵的实物佐证，是新中国成立以来最重要的考古发现之一。河姆渡遗址发现的栽培稻谷和大面积的木建筑遗迹、捕猎的野生动物和家养动物的骨骸、采集的植物果实及少量的墓葬等遗存，为研究中国远古时代的农业、建筑、制陶、纺织、艺术和东方文明的起源以及古地理、古气候、古水文的演变提供了极其珍贵的实物资料。

河姆渡遗址是宁绍地区首次发现的新石器时代遗址。这一考古发现是长江流域乃至整个南方地区新石器时代考古的重大突破，为重建中国南方地区新石器时代历史打开了一扇清晰的窗口，证明长江流域与黄河流域一样是中华远古文化的主要发祥地，是具有里程碑意义的空前发现。作为蜚声中外的新石器时代遗址，河姆渡遗址因其广泛深远的学术意义和社会文化遗产价值而备受关注。随着考古工作的深入，2001至2014年间发现和发掘了河姆渡文化中极具代表性的田螺山聚落遗址。2013年，在河姆渡附近发现了中国已知最早、内涵最丰富的海洋文化遗址——井头山遗址，可确定该遗址为河姆渡文化主要来源。

第二天　良渚文化遗址研学考察

一、地点：良渚博物院。良渚遗址，位于浙江省杭州市余杭区瓶窑镇、良渚街道境内，极小部分位于湖州市德清县三合乡。地理坐标为东经119°56′40″—120°03′228″，北纬30°22′36″—30°26′17″。

二、时间及研学项目安排：建议活动前一天在杭州余杭区住宿。

上午前往良渚博物院：

① 参观并学习良渚文明的演化历史；

② 了解良渚人日常生活场景，分析当时的环境特征。

三、研学活动指导

良渚遗址，主要集中在浙江省杭州市余杭区瓶窑镇、良渚街道境内，地处中国长江下游环太湖流域，年代为公元前3300年至公元前2300年，持续发展约1 000年，属于新石器时代晚期文化遗址群。

良渚遗址发现于1936年，遗址群中发现有分布密集的村落、墓地、祭坛等各种遗存，出土物中以大量精美的玉礼器最具特色。这些遗迹、遗物的发现，显示出良渚文化遗址群已成为证实中华五千年文明史的、最具规模和水平的地区之一。良渚遗址是"良渚文化"的命名地，它的发现对研究长江下游地区的文明起源具有重要的学术价值。

1996年11月，良渚遗址被列为第四批全国重点文物保护单位。

2007年，良渚古城被发现。

2010年，良渚古城的外城得到初步确认。

2015年，浙江省文物考古研究所发现和确认古城外围大型水利系统。

2019年7月6日，中国良渚古城遗址被列入《世界遗产名录》。良渚古城遗址是人类早期城市文明的范例，实证了中华五千年文明史。此次申遗成功，标志着中华五千年文明史得到了国际社会的认可。

2019年9月1日，正式启用的全国统编《中国历史》（七年级上）教科书以一整页篇幅介绍和阐述了良渚遗址实证中华五千年文明史的重要地位。同时，在人民教育出版社出版的《高一数学》和高中《中国历史》教材中，也都出现了有关良渚遗址的描述。

2021年10月18日，良渚遗址入选全国"百年百大考古发现"。

2023年6月15日，杭州第19届亚运会倒计时100天时，亚运会火种在杭州良渚古城遗址公园大莫角山成功采集。

2023年12月9日，国家文物局向媒体通报了中华文明探源工程最新考古成果。良渚遗址、石峁遗址、三星堆遗址等考古项目取得了重大考古发现。

良渚遗址的发现，意义重大。在所发现的代表中国早期文明的大遗址中，良渚遗址实证了中华5 000年文明史，是中国和人类的珍贵历史遗产，具有十分突出的重要性。良渚遗址所反映出来的"良渚精神"，是中国文明传统的重要组成部分，不仅开创了曾经盛极一时的"良渚社会"，而且对当今世界仍具有教育和启发意义。

良渚遗址可实证中华文明的发展特征——多元一体，并得到真实、完整的保存，它是人类文明发展史上具有杰出代表性的东亚地区史前大型聚落遗址。

良渚古城及水利系统遗址的新发现初步廓清了良渚遗址群经历了利用山前地貌建设散点式聚落，到人工规划水利系统和建造莫角山、反山等大型营建，构筑带有城墙、外郭的良渚古城的三个发展阶段；反映了良渚人群聚落管理和城市营建理念、信仰体系不断成熟的演进过程，显示出良渚文化在我国新石器时代文明起源过程中的重要意义。

良渚文化以全世界最精美的玉器石器所表现的礼制、连续作业之犁耕生产方式、大型工程营建、大规模社会生产组织系统、早期科学技术思想以及丝织、黑陶、髹漆、木器等手工业和商业的萌生而著称，是中国文明的前奏，是夏、商、周文明的主要构成因素，在学界素有"文明曙光"之誉。良渚文化以神人兽面纹为代表的纹饰和成组使用的固定形器、具有象形和表意功能的刻划符号所反映的文化形态，对后来中国社会意识和思维的发展影响深远。良渚文化的规模农业和大型营建工程显示当时社会剩余劳动空前增多。社会财富的非平均分配导致社会分化日益加剧并成为普遍现象，使显贵者阶层、准国家制度形成，流露出后来中国宗法政治之端倪。

2019年7月6日，在阿塞拜疆巴库举行的世界遗产大会上，中国良渚古城遗址获准列入《世界遗产名录》。至此，中国的世界遗产总数已达55处，位居世界第一。

四、思考题

小论文写作。建议题目：河姆渡文化的来龙去脉；良渚文化与河姆渡文化关系的探秘；良渚文化与中华文明的源头。

宁波市宁海县　自然地理、人文地理综合考察研学活动

一、主题：地质、地貌、文人地理。

二、路线：建议活动前一晚在宁波鄞州区住宿。宁波鄞州区—宁波市宁海县坑口岭村—许家山村—峰山村—宁波鄞州区（宁波鄞州区—宁波市宁海县坑口岭村，全程约75公里，坐车约1小时；坑口岭村—许家山村，全程7公里，坐车约11分钟；许家山村—峰山村，全程约31公里，坐车约45分钟）。

三、时间及实习项目安排

（1）上午（宁波市宁海县坑口岭村和许家山村，耗时1小时）：火山地貌实习。

① 坑口岭村观察玄武岩柱状节理，讨论其成因并绘制素描图；

② 前往许家山村（耗时15分）进行人文地理访谈，主要涉及人地关系、乡村旅游及乡村振兴等内容。

（2）下午（宁波市宁海县峰山村）：参观古火山口。

① 了解火山口的形成过程；

② 测量火山口的相关参数（如半径、深度等）；

③ 探寻勘察冰川石浪地貌（离上述火山口一段山路，请向老乡问路）；

④ 就感兴趣的主题对峰山村村民进行访谈。

注意：中午午饭自备干粮，在野外简单就餐（许家山村里有小卖部可以提供热水）。

四、研学活动指导

（一）宁波市宁海县坑口岭村

玄武岩六棱柱体，基性火山岩、喷出岩，SiO_2含量变化介于45%—52%之间。矿物成份主要由基性长石和辉石组成，次要矿物有橄榄石、角

闪石及黑云母等，岩石一般为黑色。玄武岩作为喷出岩，最突出的特征为气孔结构。以近似完美的六边形石柱形态出现的就是玄武岩柱状节理。玄武质火山熔岩流在流动、冷却过程中，在平坦的熔岩冷凝面上出现很多规则而又间隔排列的均匀收缩中心。在理想情况下，如果岩石是均质的，则各点到收缩中心的距离相等，最终随着岩浆的不断冷却凝固，会在垂直于冷凝面的方向上形成很多的规则六棱柱体。分布在浙江地区的柱状玄武岩，是由火山间断性多次喷发、岩浆冷却后而形成的火山节理，分布面积达9平方千米。

（二）峰山村古火山口

宁波市宁海县峰山村的古火山口的半径大约在20—25米左右。该古火山口没有形成火山锥，因为宁海虽处于镇海—温州大断裂带上，但是火山锥的形成取决于火山的喷发强度，而此处岩浆为基性岩浆，喷发强度由此也较弱，所以没有明显的火山锥。现在可见的火山口很小，形状大致呈圆形，边缘较陡，内部较为平坦。

此外，峰山村还有三百万年前第四纪冰川早期大规模的古冰川运动形成的冰川石浪堆积地貌。现场乱石堆积，滚滚如浪，故名冰川石浪。

研学器物：地质罗盘（用于测产状）、（地质）放大镜、记录本、笔、防水记号笔、GPS定位器（或手机）等。

五、思考题

下文是长三角某高校同学赴宁波市宁海县许家山村开展乡村旅游业发展状况调研后，撰写的调查报告。请仔细研读后回答相关思考题，并开展一次相似的调研工作，撰写一份调研报告。

乡村振兴背景下的浙江乡村旅游发展现状与困境研究
——以宁波市宁海县许家山村、绍兴市越城区安桥头村为例
2023年8月

乡村振兴战略是党和国家的重要战略决策，而乡村旅游是乡村振兴的重要动力，大力发展乡村旅游是推动乡村振兴的重要抓手。乡村旅游业的有力发展，改善了农村生活环境，提高了村民就业收入，实

现了农村文化传承。在中国大力发展农村、农业的现阶段，实现在乡村振兴背景下的乡村旅游快速发展是一个具有重大实践意义的主题。虽然国内对乡村振兴背景下乡村旅游发展的研究日益增多，也取得了很丰富的成果，一定程度上促进了乡村旅游的快速发展。但还有许多相关理论问题和实践问题没有弄清，例如如何实现乡村振兴与乡村旅游的融合发展，如何协调乡村振兴和乡村旅游的关系等。因此，乡村振兴背景下的乡村旅游业发展问题已成为现阶段国内新农村建设发展路径与策略研究的热门课题。

在本次野外实习过程中，通过走访许家山村和安桥头村，对比两个村庄并结合笔者老家的现状，可以清晰地感受到乡村振兴背景下的乡村旅游是个艰巨的任务，不仅要挖掘村庄特色，配套基础设施吸引游客，同时也要减少旅游对乡村特色和当地习俗的影响。在高中地理中，我们常说因地制宜发展适合当地的产业，形成支柱产业，并且在这过程中还要防止各个乡村发展途径与项目的雷同。在乡村旅游业发展过程中，让广大村民获得较大的经济实惠，并不容易。

一、许家山村与安桥头村的情况

（一）地理位置

许家山村属于浙江省宁波市宁海县茶院乡许民行政村的一个自然村（其他还有民户田、许家、亦长坪、小庵4个自然村），位于宁海县东部、茶院乡西部，距县城13.5公里，距茶院乡政府3.1公里，平均海拔约200米。地理位置相对偏远，周边道路狭窄、陡峭，不利于发展交通，给村民的生活带来了困难，也制约了当地的经济发展。

安桥头村位于绍兴市越城区孙端镇西部，孙马公路北面，杭甬高速南侧，地理位置优越，交通便捷。地形以平原为主，地势平坦，离城市较近。并且与鲁迅故里和鲁迅外婆家之间开通了公交旅游专线。

（二）人口

许家山村面积15.6万平方米，历史建筑占地面积5.8万平方米。人口274户，745人，村内劳动力大都外出打工，常住在村人口为220人左右。

安桥头村全村村域面积1.43平方千米，现有耕地面积1275亩，全村现有农户726户，总人口2044人。

（三）教育

安桥头村离城市较近，地图上搜索安桥头村附近学校，周围5公里内有近25所中小学、教培机构和职业学院。而在许家山村周围5公里内只有7所学校，且公交都不可直达。

（四）产业结构

许家山村始建于南宋末年，已有700多年历史，历史悠久，也是宁波规模最大、保存最完整的石头古村。村内随处可见的石墙、石路、石桥、石巷、石井等，形成了许家山村的独特风貌。同时由于地理位置与地形的原因，较难发展农业与工业，因此许家山村产业结构较为单一，旅游业是其支柱产业。

安桥头村于2021年年初被列入绍兴13个"乡村振兴先行村"创建村之一，发展路径为以文化赋能乡村振兴，依托江南水韵原貌，建设"宜居宜业和美乡村"。同时附近建有工业区，年轻人在附近打工，也较为方便。

（五）配套设施

许家山村仅有石头博物馆、游客接待中心、小型停车场，还有很多荒废了的手工活动中心。由于地理位置不够理想，游客少，收入低，无力增加投资，导致基础设施建设相对滞后，道路状况不佳。

反观安桥头村，则大力借助"鲁迅外婆家"品牌效应，成功建立3A级景区，建起以鲁迅为主题的水乡古戏台、祝福广场等景点，还配有农家乐、乌篷船、鲁迅外婆家、咖啡厅等活动设施。

（六）游客数量

由于新冠疫情的冲击，两地的乡村旅游都受到了一定的影响，但通过对安桥头村村民的访谈，我们了解到每年暑假还是有一定数量的学生到此开展研学访问。

而许家山村因名气等因素限制不如安桥头村受欢迎，在小红书等相关搜索引擎上的推荐也没有安桥头村多。在对村民进行访谈后了解到，仅在周末或寒暑假会有巴士带来零星的游客。

（七）收入情况

许家山村村民的大部分收入来源于农产品的售卖，其产品附加值低、利润低，也有部分村民开展一些简单的手工业产品的加工，其利润也很低，还有部分开旅店、饭馆等来增加自己的收入。当然有不少青壮年外出打工了。

我们通过访谈了解到，安桥头村村民的收入来源于土地外包（一亩地800元）以及吃低保，大部分村民外出打工，很多房子借给了外来人，村民没能在乡村旅游中得到分红、提高收入。

我们可以参考"阿者科"旅游模式，重点在于让村民参与其中，享受旅游发展的决策权、管理权等。只有村民在旅游发展的过程中受益，才会有更多的人愿意留下来从事旅游业，参与旅游业发展，才能实现乡村振兴和可持续发展。

二、浙江省乡村旅游现状

浙江省地处中国东南沿海长江三角洲南翼，东临东海，南接福建，西与安徽、江西相连，北邻上海、江苏。交通便捷，旅游资源丰富，文化底蕴深厚。浙江属于长江三角洲，经济条件与区位条件具备优势，是乡村旅游能够快速发展并成为国内首屈一指的乡村旅游发展基地的省份。2017年以来建成了多个省级"历史文化乡村"重点村、美丽乡村示范村、精品村等。整体而言，浙江省乡村旅游开发，在全国名列前茅，是中国乡村旅游开发的典型代表。

2005年8月，时任浙江省委书记的习近平同志在安吉调研时首次提出"绿水青山就是金山银山"（以下简称"两山"理念）的科学论断。之后浙江省更是明确以发展农家乐休闲旅游业为载体，率先开展"两山"理念的实践。

浙江利用吴越文化、海洋海岛、民情民宿等为主的特色乡村旅游资源，打造了以安吉、长兴、临安为代表的丘陵山地民宿，以乌镇、南浔为代表的水乡古镇以及德清县莫干山、丽水风情小镇、湖州吴兴区和南浔区、安吉县等知名乡村旅游目的地，拥有全国休闲农业与乡村旅游示范县24个、美丽休闲乡村28个、A级以上景区村100余个，培育农家乐休闲旅游特色村1 155个、特色点2 328个，发展农家乐经营户20 463户，形成了"洋式＋中式""景区＋农家""农庄＋游购""生态＋文化"等多种模式的乡村旅游目的地发展之路。另外，浙江海岛、河湖众多，集中力量打造海鲜养殖、淡水养殖、加工与研发基地，海产品、山货、河湖风光景象独特而丰富多彩，享誉国内外。

2020年，在浙江5.7亿接待游客人次中，乡村旅游占比高达65%，实现旅游经营总收入431.3亿元，带动就业人次44.6万。这些都进一步说明了发展乡村旅游的必要性；也说明乡村旅游并不是单一产业的发展，而是多元产业的共同推进，更是带动乡村经济整体发展的重要抓手。

三、浙江乡村旅游困境

通过实地走访、旅游，综合阅读报道、文献，及其他所了解的浙江乡村旅游信息，笔者总结出以下共性问题。

（一）旅游基础设施建设不够完善

1. 景区周边道路及硬件设施建设不完善

浙江东西和南北的直线距离均为450公里左右，陆域面积10.55万平方千米，是中国面积较小的省份之一。全省陆域面积中，山地占74.6%，水面占5.1%，平坦地占20.3%，故有"七山一水两分田"之说。对于交通来说，山地带来了极大的不便利，如果没有完善的交通网络设施，游客便不会来参观、游览。在我们走访石头村的时候，发现它的交通非常不便利：这里只有一辆公交可达，且班次甚少，我们乘大巴进入时也绕了许多小路，居民生活都如此不方便，游客想要来游览只能自驾或坐大巴。甚至有些农村的道路可能都不是水泥路，让游客、村民出行不便。

2. 景点及配套服务设施建设不理想

在新冠疫情的冲击下，该景区长时间游客稀少，导致旅游营业收入不足，经营困难。石头屋、游客中心等建筑维护不善，清洁工作不到位，看上去较为陈旧，很多地方都结起了蜘蛛网。餐饮住宿以当地居民开的民宿为主，内外环境过分"原生态"，缺乏必要的装修装饰，影响游客的观感体验，导致景区口碑不佳，游客重游率极低，使得不少景区经营难以为继。

（二）景区从业者服务水平不高

景点能否吸引第一波游客取决于旅游景点的品牌是否足够响亮，至于景点能否拥有回头客，除了景点自身具有的吸引力外，景区工作人员的服务态度和服务水平也起了至关重要的作用。游客是消费者群体，他们进入景区后，除了欣赏景区的美丽风光外，还有权享受景区的服务。售票服务、饮料小吃售卖、纪念品销售、景区卫生保洁及安保等一系列人员的服务态度和工作状态都会带给游客不同的服务感受。上海迪士尼的工作人员参与营造的梦幻童话氛围让游玩者陶醉，从而购买年卡，多次游览。而以许家山村为例的浙江乡村旅游景区，普遍缺乏专业的工作人员提供咨询、引导游客等景区基础服务工作；且景区中的主要从业者——当地村民——往往存在年纪较大、受教育程度不高的问题，缺乏对游客专业的服务意识与服务能力，甚至由于受教育水平不高，多数村民普通话能力有所欠缺，交流多采用普通话和当地方言混合的语言，使得其与游客存在较大的沟通障碍。

（三）乡村旅游规划不完善，落实不到位

规划追求完成任务，缺乏长远的系统思考；在开发上，各部门各地方各自为战。且审批繁琐，经费不足，经费使用不当。我们在走访许家山村的时候了解到，当地管理者之前确实有发展当地旅游的规划，但由于新冠疫情的冲击，该旅游规划最终被搁置，许多旅游资源开发工作半途而废，造成资源浪费和开发资金损失。当初为开发特色旅游而保留的古老民居民宅，因规划搁置而未继续修缮，存在较大安全隐患。

（四）乡村旅游产品不够丰富

1. 旅游业态单一，缺乏创意

随着互联网的快速发展、智能手机的普及和人民生活水平的提升，游客对乡村旅游的需求不再停留于简单的休闲观光，而是发展为更高标准的"动手和体验"。而许家山村、安桥头村都没有相关的体验活动（后者有乌篷船项目，但河道狭窄，游客多了很难操作。乌篷船这样的项目过于单一，很容易和其他乡村同质化，不能凸显其特色，缺乏核心竞争力）。此外，饮食文化也是大同小异的"农家乐"

居多,对于旅游经验颇多的游客而言,"农家乐"饭馆过于大众,缺乏新意与特色,难以勾起游客驻足尝鲜的欲望,不能满足游客高标准的体验需求。

2. 文创产品不够丰富

乡村旅游的最大价值应该体现在乡土文化上,要满足游客精神上的需求,契合"离不开的乡愁"来建设。在我们走访安桥头村的时候,发现仅有一家文创书店,里面大部分的书都不能突显当地乡土文化特色,导致游客"吃、住、行、游、购、娱"六大需求中的"购"和"娱"需求无法得到满足,影响游客的旅游体验。

3. 沉浸式、体验性旅游项目较少

目前研学旅游势头火热,旅游者对旅游项目的体验性需求越来越高,希望能够参与体验乡村地区的农事活动、传统节庆活动、少数民族民俗特色文化活动等。但是目前的乡村旅游都是以观光旅游产品为主,体验性旅游产品较少,旅游体验感比较弱。建议可以适当开展农产品的采摘体验活动,但也要防止其同质化。

(五)旅游宣传力度不够,营销体系不够完善

笔者在小红书APP上搜索许家山村,所获推荐不多,而且实物与照片严重不符,游客很难了解当地详情,而且来了可能也会产生被欺骗的感觉。对于安桥头村来说,鲁迅外婆家的"金色招牌"也未得到充分利用,缺乏应有的社会知名度和影响力。

许家山村有悠久的石头历史,石头屋、石头宴,但缺乏强劲有力的宣传策划,很少有人知道这个位于浙江的小山村。在旅游资源十分丰富的中国,酒香也怕巷子深。在如今的智能时代,互联网的影响力是十分强大的,例如湖南卫视的热门综艺节目《向往的生活》第二季是在桐庐取景的。节目播出后,风景秀美的桐庐很快为人们所知晓,吸引了大批的游客前来游玩。位于桐庐县合岭村的"蘑菇屋"也被很好地保留下来,粉丝们慕名前来拍照打卡,分享在微信朋友圈、小红书、微博、Bilibili等自媒体平台上。这就在很大程度上为桐庐乡村旅游做了宣传,带动了桐庐乡村旅游业的发展。反观许家山村,除了能够在小红书上搜到几条相关内容,并没有其他的后续"衍生"产品

了，可谓后劲不足，昙花一现。缺乏长期、持续、广泛宣传的乡村旅游业，很难将乡村旅游品牌打得响、打得远、打得亮。

四、建议

大力发展乡村旅游，助推乡村振兴和新农村建设，既刻不容缓，又任重道远。必须坚持因地制宜，扬长避短，充分开发利用本地旅游资源；必须坚持全盘统筹，系统规划，先易后难，分步实施，兼顾主次，有序开发；必须不断总结开发与经营工作经验教训，积累后续开发资金，形成良性循环。必须努力争取与有经验的旅游开发专业机构合作，聘请专家，借用"外脑"。做到精心规划设计，精心管理经营，精心培育本地拳头旅游项目，精心打造本地旅游业核心竞争力。并在发展的过程中，避免近乡邻村间同质化竞争，力戒千篇一律，力求错位发展。

请回答下列问题：

1. 分析文章结构，尝试写出全文中心思想、段落大意，拟写文章摘要，绘制详细的思维导图（文章结构示意图）。

2. 认真学习本单元的主题五内容——旅游资源开发的原则，复习本书前几个单元的主题五内容，进一步理解旅游资源的特点、类型以及开发条件。领会第六单元主题五——旅游资源的开发，探讨旅游业振兴与发展对乡村经济发展、乡村振兴以及区域经济整体全面发展的积极意义和广泛带动作用。

3. 认真阅读下段文字，充分运用政、史、地、生等学科知识和原理，深刻领会下段文字：

2021年春，习总书记考察了广西漓江畔的一个小山村。跟随总书记的步伐，21世纪第二个20年中国乡村经济的宏伟画卷正在徐徐展开：

以乡村振兴为先导，以山水林田湖草沙等空间生态资源的科学开发为龙头，大力发展城乡融合、三产融合的县域经济，与城市群建设为核心的城市化进程相呼应，应对全球化趋缓的严峻挑战，落实"两山"理念，形成以国内循环为主体的双循环经济总体格局。

请在你的家乡，或你熟悉的城乡结合部，选择一镇一乡或一村，开展旅游产业或整体经济发展现状的调查研究，分析区位条件及其影响，总结成功经验，揭示存在的问题、短板和不足，分析成因并提出进一步发展的长远战略方向与近期发展的具体目标和举措，最后撰写一份篇幅5 000字以上的调研报告。

思考题

1. 贺知章与陆游分别是唐代与宋代的绍兴籍"多产"诗人。两位诗人的不少作品被编入我国不同版本的中小学语文课本。请回忆、复习、梳理你已经学过的两位诗人的作品，分析、概括、比较两位诗人作品的特点与风格，指出其共性和差异，并从生活年代、时代背景、个人经历和性格等方面分析形成这些共性和差异的主客观原因，文章篇幅不少于3 000字。

2. 请留心记录乘车经过杭州湾大桥的时间，分析建造杭州湾大桥的合理性。

第六单元
上海

引言与提问

常听人说，上海滩，上海滩。你认为从前的上海究竟是不是"滩"呢？是河滩还是海滩呢？

黄浦区是上海的中心城区，青浦区则位于中心城区西部边缘和西郊，你能说出"黄浦""青浦"所隐含的两地地理特征的差异吗？请分析这种差异的成因。

常听人说，西方人来上海设立租界前，上海只是个小渔村，可以说传统经济基础薄弱。你认为这种说法符合史实吗？

上海，依江靠河，临水而建，因港而兴。你知道在今天的上海直辖市境内，最早的大型港口叫什么港吗？在今天的哪个区境内呢？

1843年，上海开埠，经过近百年的发展，到20世纪三四十年代，上海已成为当时远东第一大都市。你能否从地理位置的角度，分析其快速崛起的原因呢？你听说过"江船不能入海，海船不能入江"的讲法吗？你听说过古代航海的木船，有沙船和龙船之分吗？你听说过"南来的龙船，北往的沙船"之说吗？如果你能深入了解这些话的含义，就一定能深刻理解上海港的重要性，深刻理解近现代上海城市迅速崛起的"海运密码"。

常听人说，"上海既无自然山水，又无悠久历史、古老文物。上海有啥好看的呢？"你同意这种说法吗？请说说理由。

20多年前，上海师范大学有位老教授提出"城市旅游"概念，建议上海市政府和业界加强保护，大力开发相关旅游资源。但当时有不少旅游学界、业界人士并不赞同。20多年后的今天，你赞同吗？你觉得上海有哪些城市旅游资源呢？请为上海各类城市旅游资源找一个热门的网红打卡地标以举例说明。

国人常说，吃在广州，穿在上海。你同意吗？请在本单元中寻找历史依据。

旅游业界有这样的说法——看中国：一千年，看西安；五百年，看北京；一百年（或一百五十年），看上海。你同意这种说法吗？请谈谈你同意或不同意这种说法的理由。

主题一　腹有诗书

永远的微笑（上海老歌）
心上的人儿，有笑的脸庞，
他曾在深秋，给我春光；
心上的人儿，有多少宝藏，
他能在黑夜，给我太阳。
我不能够被谁夺走，仅有的春光，
我不能够让谁吹熄，胸中的太阳，
心上的人儿，你不要悲伤，
愿你的笑容，永远那样。

看过中国香港地区影片《龙城岁月》的观众，都对片中的音乐留下了非常深刻的印象，除了罗大佑为影片进行的配乐和谱写的片尾曲之外，片中还有一首插曲令人过耳难忘，它就是由陈歌辛于1940年作词作曲、周璇演唱的《永远的微笑》。

出生于1914年的陈歌辛，自幼聪明好学，青年时代便博览群书，钻研音乐和诗歌，还曾师从德籍犹太音乐家弗兰克尔，学习音乐基础理论及声乐、钢琴、作曲和指挥。还未满20岁时，陈歌辛已经被誉为"音乐才子"，随后更是上升到"歌仙"。随着抗日战争的全面爆发，处在"孤岛"上海的陈歌辛组办了"实验音乐社"，积极传播苏联歌曲及抗日救亡歌曲。这期间，他创作了诸如《不准敌人通过》《度过这冷的冬天》和《春之消息》等大量歌曲，用流行歌曲的方式唤起民众投入抗战的洪流中。就在陈歌辛的创作进行得如火如荼时，敌人开始动手了。1941年12月16日，日本宪兵野蛮地逮捕了陈歌辛，和他同时被押进囚车的还有鲁迅的夫人许广平。在76号特务机关牢房中度过了恐怖的70多天之后，陈歌辛被释放，此时的他一度彷徨，开始创作一些抒情歌曲，比如《蔷薇蔷薇处处开》《玫瑰玫瑰我爱你》《凤凰于飞》《夜上海》等，不过这些歌表面上是讲风花雪月，实质上都有隐喻。新中国成立之后，陈歌辛开始在香港和上海等地参与影视歌曲的创作。1961年1月25日，陈歌辛因病与世长辞，年仅46岁。

在陈歌辛的一生中，最出名的两首歌曲应该是《恭喜恭喜》和《玫瑰玫瑰我爱你》，前者本来是为抗战胜利创作的歌曲，如今却成为每年春节时必唱的歌曲，而且只要有华人的地方，就有《恭喜恭喜》；后者更是第一首被外国人翻唱的中国歌曲，以至于现在还有很多人认为这首歌原曲来自美国。

陈歌辛先生的4个孩子早已事业有成。长子就是小提琴协奏曲《梁祝》的作者之一，著名作曲家陈钢。

这首《永远的微笑》是陈歌辛写给妻子金娇丽的情歌，虽然不是最有名的歌曲，不过这首情歌却完美地诠释了这对才子佳人的爱情故事，而且旋律优美动听，歌词感人，因而历经多年仍被广为传唱，蔡琴、凤飞飞、费玉清、潘迪华、李心洁等很多歌手都先后翻唱过这首歌曲。

优美而隽永的旋律，亲切而感人的歌词，把我们带到了何时何地？让我们想起何时何人？外滩海关大钟的报时声，和平饭店的爵士乐，霞飞路上的黄包车，银幕上的"十字街头"，弄堂里的快乐童谣："三斤核桃，两斤壳，吃你的肉，还你的壳"，还有你曾祖父母的西装革履、长衫旗袍，还有百乐门的歌舞升平，租界里的花园洋房，76号的血雨腥风，还有外滩公园门口那不容忘却的耻辱记忆……20世纪上半叶的上海，渐成当时远东第一大都会，这里是西方冒险家的乐园，是中国半殖民地半封建社会的缩影，华洋杂居，五方积聚，风云际会，工商发达。外来文化、中国传统文化、现代工商城市市民文化在这里融汇成上海文化的万千气象。陈歌辛、黎锦晖、黎锦光、周璇、姚莉、吴莺音等人创作演唱的上海老歌是西洋音乐文化本土化、中国传统文化城市化和现代工商市民文化电声化的结晶，散发着浓郁的海派文化气息。陈歌辛和陈钢，中国现代音乐的父子双星，蜚声中外，光耀世界。

"海纳百川，追求卓越，开明睿智，大气谦和"，这应是我们的共同性格。"老早上海人，头脑交关灵，有点小聪明么，实在不高明；现在上海人，观念彻骨里咯新……"

《紫竹调·燕燕做媒》（沪剧）

（燕）燕燕也许太鲁莽，有话对侬婶婶讲；
我来做个媒，保侬称心肠，人才相配，门户相当。
问婶婶呀，我做媒人可象样？
问婶婶呀，我做媒人可稳当？
（婶）燕燕侬是个小姑娘，侬做媒人不像样。
（燕）只要做得对，管他像不像！我来试试也无妨。
（婶）燕姑娘呀，我就听侬讲一讲，我家艾艾呀，许配哪家年轻郎？
（燕）就是同村的李小晚（即男孩子）。
（婶）这门亲事不稳当，配了这门亲，村里要有人讲，年轻姑娘太荒唐！
（燕）叫婶婶呀，婚姻只要配相当，配相当呀！哪怕人家背后讲。
（白）婶婶，你听着
我也来学一学王婶样（媒婆）。
这门亲事世无双，小晚人才长得好，村里哪个比得上？
放了镰，就是镐，劳动生产好榜样。
而况且小晚艾艾早相爱，正好一对配成双，配成双。

《紫竹调》原是一首20世纪三四十年代流行于苏州的市井爱情小调，后成为上海沪剧曲牌。经历代艺人传播修改，成为一首含蓄有趣的情歌。乐曲以弦乐和二胡、琵琶、曲笛演奏旋律，竖琴的晶莹琶音与之相和，颇具江南丝竹的风格。歌词多因情而发，没有固定的版本，这也是最原生状态的民歌的特点。

《紫竹调》的结构为单乐段，节奏欢快，曲调流畅、轻柔婉转、旋律优美、起伏爽朗，既有江南水乡的吴侬软语，又有海派文化的奔放而不失内敛、含蓄，不仅悦耳动听，并且歌唱性很强，民间流传广泛。上海的地方戏沪剧和滑稽戏也都将"紫竹调"作为基本调。

　　《紫竹调》可分为五个乐句。前四句是基本结构，分别由两对上下句性质的乐句构成，第五乐句则具有补充的性质，类似曲艺中的"三句半"，最后的半句不仅诙谐幽默，还带有明显的总结性质。曲调建立在徵调式上，旋律多为平稳的级进，较委婉。歌词语言生动活泼，机智风趣，富有当地方言吴侬软语的特殊韵味。用上海方言演唱，使唱词的地方风格更加浓郁。乐曲既有不同音色的变化，又有整体的和谐，更显生动活泼，表现了人们乐观向上和热爱生活的情趣。

　　《燕燕做媒》是沪剧《罗汉钱》中的经典唱段，反映了新中国成立初期上海市郊农村青年冲破"父母之命、媒妁之言"封建婚恋习俗，追求自由恋爱的新社会新风尚。当年这一段曲调便是根据《紫竹调》改编而成，随着50年代以后，《燕燕做媒》的传唱，《紫竹调》也越来越为广大群众所熟识。而现在，具有浓郁江南风味的民歌《紫竹调》已成为上海的标志歌曲之一。原来的《紫竹调》和现在沪剧曲调还是有所区别的，沪剧将其做了适当的改编，后来的民乐合奏《紫竹调》就是在沪剧改编成的曲调基础上形成的。

　　你知道沪剧《罗汉钱》的剧情吗？你知道早在50年代沪剧《罗汉钱》就拍成了电影戏剧片吗？你能听懂沪剧的唱词吗？你能唱几句吗？

　　"少小离家老大回，乡音无改鬓毛衰……"来吧！让我们随着《紫竹调》的乐曲声，用"上海闲话"唱起来："燕燕也许太鲁莽……"让我们哼着《紫竹调》的旋律，怀着浦江儿女、炎黄子孙的赤子之心，走出上海，走遍祖国，走向世界！

主题二　上　海　概　述

上海地理概况

　　上海市位于我国南北海岸线的中点和长江口，东临东海，与浩瀚无垠的太平洋相通，北起崇明岛西北端，南止金山区大金山岛附近，西起青浦区西商榻乡，东止崇明区佘山岛以东的鸡骨礁。南北长约120余公里，东西宽约140公里。市中心地理坐标为北纬31度14分，东经121度29分，全境皆属具有一定海洋性的温和湿润的亚热带季风气候。

上海市在我国东部的长江三角洲东南隅，西北、西邻江苏省太仓、昆山、吴江三市，西南接浙江省嘉善县、平湖市，南滨杭州湾，北隔长江与江苏省海门、启东相望，海岸线长约170公里，江岸线长达319公里。外围有崇明、长兴、横沙、佘山、大金山等岛屿互成犄角之势，是保卫上海市的天然屏障。

吴淞江又名苏州河，在上海市区注入黄浦江。黄浦江的最下游，在吴淞口向北注入长江，因此上海具有河港和海港双重特性。黄浦江是一座风平浪静、港阔水深的优良天然避风港，历史上最多时有多达102个泊位，其中万吨级泊位占47个，并可联通太湖流域各地，是我国长江、沿海水运枢纽和最大的国际贸易港口。目前，上海港主要作业区是位于嵊泗列岛北部大小洋山岛的全球集装箱吞吐量第一大港——上海洋山深水港。沪宁、沪杭铁路与全国铁路网相连，现有虹桥火车站、上海火车站等多座铁路客运站，高速公路通往全国各地。目前上海拥有虹桥和浦东两大国际机场，航空客货运输通达全国和全球各主要城市。被公众称为"上海第三座机场"的南通机场已在江苏南通市境内规划建设，上海机场集团拥有其51%的股权。上海目前已是全球轨道交通通车里程第一长的城市，轨道交通网络建设仍在继续中。发达便捷的海陆空交通运输设施为上海成为全国经济中心、世界金融中心、世界贸易中心、全球航运中心奠定了坚实的基础条件。

截至2022年末，上海市常住人口为2 475.89万人。其中，户籍常住人口1 469.63万人，外来常住人口1 006.26万人。上海不仅是我国最大城市，第一大经济、金融、贸易中心，而且也是1840年鸦片战争以来我国政治、经济、军事、科技、文化等重大事件的发生地，是中国近现代历史的大舞台，风云际会，名流荟萃，中西合璧，古今交汇，常被西方学术界比作"中国近代化的钥匙"，有"魔都"之称。海派文化、江南文化、红色文化熔于一炉，海纳百川，交相辉映。众多的革命纪念地、会址、故居等红色文化地标，如中国共产党第一次全国代表大会会址（兴业路76号）、周公馆（思南路73号）、毛泽东同志故居、鲁迅墓（虹口公园内）、五卅运动纪念碑等被列为全国或市级重点文物保护单位。同时，上海的江南文化底蕴深厚，海派文化在全国独树一帜。上海正按照习近平总书记的期望，争做改革开放的排头兵，高质量发展的先行者。全力打响"上海服务、上海制造、上海购物、上海文化"四大品牌，早日建成太平洋西岸最大的经济中心、金融中心、航运中心、贸易中心和具有全球影响力的科创中心，引领长三角率先实现现代化。

地形

上海市北起崇明南至金山，全是一望无际的坦荡平原。整个平原位于太湖碟形洼地东缘，从平原的地势看，显然东部高于西部，自然坡度极小，是典型的低平冲积平原。滨江沿海的嘉定、川沙、南汇、奉贤和金山海拔约4—5米。碟缘的钦公塘地势最高，成为黄浦江流域与夹塘地区的分水岭。钦公塘西地表径流主要流入黄浦江，而钦公塘以东是平坦的冲积沙岸，地面降水直接排泄入海。为防止海潮倒灌登陆，沿海和崇明、长兴、横沙等沙岛筑有高约8米以上的海塘。松江、青浦两区和金山区北部因地势低洼，海拔多在3米以下，境内水乡风光典型。松金青地区约有70余万亩低洼地，排涝、防洪工作至关重要。

上海市位于长江入海口，受全球性第四纪气候、冰川和海平面升降的影响。地质受第四纪地壳震荡运动限制。当全球气候变冷、地面冰雪面积增大、河流入海水量减少和陆地隆起时，上海地区海平面下降。在大理冰期，东海大陆架最大下降量超过130米，古海岸线向东移，古长江口随海洋东进。第四纪以来随着气候的冷暖变化，海岸线经历了多次变迁，海进和海退交替。在距今约1.5万年的武木冰期（相当于我国的大理冰期），由于气候严寒，东海陆棚的海平面下降了超过130米，达到了现在水深150—160米的海底位置，这导致长江三角洲的范围远比现在要大。然而，随着气候逐渐转暖，到距今一万年前武木冰期结束时，全新世的全球冰雪融化使得海平面上升了大约100米，海水开始向内陆侵蚀，陆地逐渐向西退缩至南通地区。大约在7 500年前，长江口已经退至镇江、扬州一带。在这个时期,古长江三角洲的大部分地区被海水淹没,上海地区陷入了广阔的海洋之中,仅有一些高地如佘山、辰山、大金山以及长江南岸的古沙嘴等地仍然露出水面。同时,长江、钱塘江和东中国寒流在环绕潟湖—震泽地区缓慢地进行着沙嘴的堆积作用,从而形成了长江三角洲的主体部分。

上海境内山柔水缓,历史上湖沼密布,自然景观资源较高度城镇化的今日更为丰富,曾被古人广泛用作景观素材,其中最为人艳称者要数在今青浦、松江两区境内的九峰三泖。

松江的"云间九峰"是上海西南地区古代一列突兀于江湖与大海之间的山峰,由西南向东北依次为小昆山(古称昆山)、横云山(古称横山)、机山(又称小机山)、天马山(古称干山,俗称烧香山)、辰山(又名神山,古称细林山)、佘山(又称兰笋山)、薛山(又称玉屏山)、厍公山(原为陆宝山,因被挖平,以此山替代)、凤凰山,逶迤13.2公里,常被合称为"云间九峰"。九峰均是在中生代后期(约7 000万年前)形成的,这是长江三角洲最古老的地质标志。据地质学家和考古学家的研究分析,岩浆沿着一条东北—西南走向的断裂线涌出地面,经过风化侵蚀而逐步形成。就海拔高度而言,这些山峰高度均在海拔100米以下,天马山最高,为98.2米;西佘山其次,97.2米;厍公山最低,仅10余米;其余均在30—70米左右。九峰林木深秀,有众多的奇石名泉,自然风光秀美。加上历代名人的遗踪故迹,使每座山峰形成许多景点。据府志、县志记载,每座山峰均有"八景""十景"等,总计100余景。这些名胜与历史上著名人物陆机、陆云、陶宗仪、杨维桢、陈继儒等的联系,更为云间九峰增添了光彩。其中横云山东旧有小横山,山岩赭黄,人称"小赤壁"(今不存),佘山有东、西二峰,皆以景致绮丽著称;小昆山则作为西晋文坛才俊陆机、陆云的隐居地而名传万口。

"三泖"在秦代为浩渺的谷水一部分,称"古谷三泖",后退化为众多大小湖泊,形成长泖、圆泖、大泖;唐时仍烟波浩渺,常令游舟迷途。

九峰虽体态柔缓,但有万顷泖水映照,水光山色,倒也蔚然成胜,更有鱼跃鹤骞、鸢飞鹿走,足以令人陶然忘归。

宋代以后,三泖逐渐萎缩。今日,九峰大体如故,而长泖、大泖都已不存，圆泖则退化为宽阔的泖河，泖水无波，九峰失色，景观质量已大为降低。

大金山岛面积虽小，仅为0.23平方千米，却拥有上海之巅的美誉。其主峰海拔高达103.4米，是上海地势最高点。岛上保存着丰富的原始植被，生长着60多种岛外已绝迹的植物，是上海原生态物种的宝库。同时，大金山岛所在的金山三岛也是上海唯一的海洋生态自然保护区。金山三岛原与陆地相连，后因海面上升和海岸侵蚀而与陆地隔离。由于人类活动影响较小，岛上植被仍保持着原始状态，属于中亚热带地带性植被。相比之下，较小的小金山岛和浮山岛因土壤冲失、树木难以生存、岩石裸露等问题，生态环境较为脆弱。而大金山岛由于位置居中，植被茂盛，成为上海的珍稀植物栖息地，被誉为上海的"最后一片净土"和"最后一块处女地"。然而，随着生态环境的恶化，大金山岛也面临着生态危机。因此，保护大金山岛的生态环境对于维护上海乃至整个华东地区的生态平衡具有重要意义。

长江口的崇明岛是指长江口的崇明、长兴、横沙等岛屿与沙洲，主要是由长江泥沙堆积而成，地势低平，一般海拔3.5—4.5米。崇明岛南北宽13—18公里，东西长约80公里，面积1 083平方千米。东高西低，中部新开河区稍高。

唐武德元年（618年）开始，崇明岛在今天镇江、江阴与扬州、靖江附近江段露出水面，原分为东西两沙洲，公元705年置崇明镇，统管两沙洲，崇明由此得名。明末清初，完成大型沙洲合并过程。1 000多年来，岛西因江水侵蚀而不断坍塌，岛东则因长江带来的泥沙沉积而不断生长，使得崇明岛不断随江口东移。目前在崇明岛四周已建环岛大堤207公里，并建有丁字坝170条，岛西岛南崩坍已基本得到控制。岛北与岛东沙滩正在向外伸展，目前崇明岛与长江北岸南通—启东岸线之间的长江河道深度很浅，随着涨潮而来的泥沙不断在此淤积，这里的长江水深还在逐渐变浅。

2007年，习近平同志在上海担任市委书记时，调研崇明后谈道："崇明的发展理念很好，要按照建设生态岛的思路，认认真真做下去，只要认准了方向，就不要动摇。"2022年1月，上海发布了《崇明生态岛发展规划纲要（2021—2035年）》。明确把"土洁、气净、林绿"作为崇明生态岛建设的核心要素，体现了"生态优先、绿色发展"的战略。该规划提出，到2035年将崇明世界级生态岛打造成绿色生态"桥头堡"、绿色生产"先行区"、绿色生活"示范地"，成为引领全国、影响全球的国家生态文明名片。

2010年上海世博会前后，长兴岛南部建成了上海船舶与海洋装备工业基地，原在上海中心城区的江南造船厂、中华造船厂以及沪东造船厂整体搬迁至此，续写上海乃至中国造船工业的发展辉煌史。长兴岛北岸的青草沙目前是上海最重要的优质水源地。

气候

上海市属副热带季风气候，气候温和湿润，四季分明，冬夏季较长，春秋季较短。春季降水多，初夏梅雨充沛，盛夏和秋季有短时强降雨和台风雨。雨热同季，日照充足，有利于农作物生长，可种植双季稻。冬季北方寒潮来临，虽有霜冻和大风，但受海洋调节后回温迅速。夏季气温虽高，但相对于南京、武汉、重庆来说不酷热。水体的比热容和蒸发量较大，导致水面上空气夏季增温与冬季冷却速度相对较小。这不仅调节了上海市的气温，减弱了夏暑与冬寒的强度，还导致上海市冬春多雾，全年降雨集中在夏季。

在冬季，受北方冷空气影响，全市降水量较少，平均在30—50毫米之间，且呈现出自东北向西南递增的趋势。而在夏季，特别是7月，受季风、梅雨、台风等多种气象系统影响，降水量显著增加，月平均降水量达到80—145毫米。此时，降水量的分布特征表现为由东向西逐渐增多，内陆地区的降水量多于沿海地区，尤其在热岛效应强烈的市区，月降水量甚至可超过145毫米。

从年降水量的角度来看，上海市的降水量丰富，年平均降水量在1 000—1 150毫米之间，无明显的旱季。降水量的地域分布也呈现出一定的规律：南部地区由于靠近海洋，冬春季节的锋面和气旋降水以及夏季的黄梅雨和台风雨都较北部地区多；而东部地区由于夏季气温较低，热对流条件差，降水相对较少。这些因素共同作用，形成了上海市年降水量南部多于北部、内陆多于沿海的分布格局。其中，内陆地区特别是市区，由于多凝结核和对流旺盛，形成"雨岛"，降水量最多。

上海市的降水形式多样，包括雨、雪、雹等。根据多年的气象数据，市区平均每年的降雪日数仅为5.7天，且主要集中在1月和2月。这一特点使得上海市的冬季降水既具有独特性，又在一定程度上影响了城市的气候和生态环境。

上海市的年降水量超过1 000毫米，且雨热同季，这种气候条件对工农业、交通运输业和人民生活产生了深远影响。丰富的降雨为水稻、三麦和蔬菜等农作物的生长提供了有利条件，同时也有助于淋洗大气中的工业废气，稀释净化江河中的生活污水和工业废水。因此，大雨过后，市区的空气通常会变得清新，江河的水质也会有所改善，从而提升了城市的环境卫生质量。然而，需要注意的是，初期的雨水可能会对江河水质造成一定的污染。

此外，上海市的雨量在月和年际间存在较大的变化。过多的梅雨和暴雨可能会导致果实被打落，农作物病虫害增多，河水暴涨，沟渠排水困难，从而引发积涝灾害。这种情况下，低洼地区的企业、道路和住宅容易积水，物资可能会霉烂变质，车辆也可能因积水而无法行驶。例如，1954年的梅雨季节导致长江和黄浦江水位急剧上升，低洼地区发生严重积涝，全市有105万亩土地被淹，粮食和棉花作物遭受了巨大损失。梅雨季节的提前或推迟还会对小麦和油菜的收割以及水稻和棉花等农作物的生长产生不利影响。

近百年来，上海城市扩大，人口增多，人类活动对气候的影响加强，形成了市区比郊区气温高、雨量多、大气污染重的独特城市气候。随着大量制造业企业关停并转迁，苏州河水体污染的成功治理以及汽车尾气排放标准的实施，城市大气质量和水质都有了明显改善。

河流

上海市的地形和气候决定了上海河汊纵横交错、湖荡星罗棋布的水乡风貌，是江南水乡的重要组成部分。众多河流、湖泊及地下水不仅为上海提供了丰富的水资源，也为上海淡水养殖业的发展提供了广阔的空间。上海河流一般具有以下水文特征：第一，一般河床比降小，水网稠密，使流速缓慢，使得泥沙和污染物容易沉淀江底，造成河床淤塞变浅，并引发积涝成灾，也使河水的自净能力下降，加重水体污染。第二，径流以雨水补给为主，地表径流量的季节变化和年际变化都较大。需要采取水利工程措施，以调解河流水量，治理水患。第三，河流受潮汐影响明显，夏季汛期如遇天文大潮和台风，俗称"三碰头"，防汛防台任务更为紧迫。第四，较大的水量使上海水资源丰富，但因江河受人类活动的影响较大，水质污染一度较为严重，常被称为"水质型"缺水城市，不过近年随着黄浦江苏州河治理工程竣工，效益显现，上海全市地表水质近几年明显改善，得到社会各界普遍赞誉。

黄浦江及其支流吴淞江（即苏州河）以及淀山湖为上海除长江之外的主要地表水体。

黄浦江

黄浦江这一名称并非自古就有，而是在南宋时期才开始出现在文献记载中。后来，在明代，人们附会其名为楚国春申君黄歇所疏浚，因此黄浦江又被后人称为春申江、申江、大黄浦、歇浦或黄歇浦。随着明朝河道的逐渐壮大，它最终被称为黄浦江，并沿用至今。黄浦江最上游西苕溪的源头位于浙江省安吉县龙王山，现为森林公园，属国家级自然保护区。安吉龙王山主峰海拔1 587.4米，云缠雾绕。这里有连绵起伏的群山，雄险幽深的峡谷和原始森林，还有奇特的飞瀑，烂漫的杜鹃，磅礴的云海，瑰丽的日出。"天公造化，千涧汇就"的黄浦源头，在海拔1 350米处。登上龙王山顶峰，俯瞰群山，好似"山如绝顶我如峰"，在此"上观碧落星辰远，下审红尘世界遥"，你将会产生超然于世，羽化成仙的心境。发源于此的西苕溪流经安吉，在浙江长兴境内流入太湖。与西苕溪一样，发源自浙江天目山和苏南茅山等山区的溪流及丘陵地带的径流多注入太湖。太湖水又经斜塘、园泄泾和吴淞江等流入黄浦江。太湖流域约有80%水量经过黄浦江注入长江。斜塘与园泄泾汇合后称横潦泾，横潦泾与流经浙江嘉兴、平湖并接纳了杭嘉湖平原地表径流的泖港在松江米市渡以西汇流后，正式称为黄浦江。再向东后向北流经松江、奉贤、闵行、浦东新区和上海市市区，在宝山区吴淞口注入长江，全长约114公里。流经江南水乡河网地区的黄浦江港汊众多，在上海市境内，主要有张泾河、大张泾、叶榭塘、金汇港、闸港、俞塘、六磊塘、周浦塘、淀浦河、三林塘、杨思港、龙华港、日晖港、白莲泾、张家浜、吴淞江、虹口港、杨树浦港、洋泾港、东沟港、虬江、蕰藻浜、高桥港等支流注入黄浦江，其中以吴淞江为最大。

黄浦江作为上海市的核心水源地，承担着生活、工业供水以及航运、农业灌溉、气候调节等多重功能。其流域利用呈现上游偏向生活供水、下游以航运为主的特征，通航能力达万吨级别。洋山深水港建成并投入使用后，黄浦江下游大吨位货船一般不再航行。然而，由于城市经济活动和潮汐涨落海水侵入，黄浦江水质受到显著影响，多数河段水质一度低于国家三级地面水标准，对市民的生理健康以及工农业生产的质量安全产生负面影响。鉴于此，上海市于20世纪80年代末开始，着手开展黄浦江污水治理工程规划与实施，采取污染源控制、污水截流与排放管理，保护中上游的淡水资源等措施。进入21世纪以后，黄浦江水质明显好转。吴淞江（苏州河）综合治理工程的完成，又为黄浦江实现水质根本好转，起到了决定性的作用。目前上海城市生活废水和工业污水集中收集后，经处理，排放至东海，从而有效防止江海水域的污染扩散。

吴淞江

吴淞江，古称松江、松陵江等，下游一度被称为沪渎。自南宋祥兴元年（1278年）华亭府更名为松江府后，该江亦更名为吴淞江。在明朝永元年间（1403—1404年），经夏原吉主导的水利工程后，吴淞江水被引入黄浦江，使其变为黄浦江的支流。19世纪中叶后，因外国侨民的称呼，吴淞江逐渐被称为苏州河。

吴淞江作为上海市与太湖流域间的重要航道，具有航运、灌溉、泄洪和排涝等多重功能。20世纪七八十年代，每天约有6 000艘船舶在江面上往返穿梭或停泊，承担着上海苏州之间的各地城乡物资交流的重要任务。这些船舶运输的货物包括工业品、粮食、蔬菜以及工业原料等，为区域经济的发展提供了有力支持。在灌溉方面，吴淞江上游流经青浦、嘉定等地，曾经为当地农田提供了约100万亩耕地的灌溉用水。

吴淞江流域地势平坦，河流比降小，河道弯曲如龙，故有"古江蟠屈如龙形"之称。尽管历史上曾进行过疏浚和截弯取直工程,但市区段河道仍呈现出曲折的特点。古吴淞江江面宽度历史上有所变化,目前市区河道一般宽约50—70米,河口宽约130米,而上游江面仍可达500米以上,甚至更宽,保持着一些古代的风貌。

该河道常年满水,四季不冻,受江海潮汐影响显著。冬季长江水位特低时,海水可能经黄浦江下游流入吴淞江,造成自然污染。下游受潮汐影响更大,江水外泄不畅,流速缓慢,最小流速约每秒0.58米。污水从北新泾排入吴淞江后,需五至六天才能流至外白渡桥入黄浦江。流速慢,自净能力差,这是苏州河水易受到污染的原因之一。20世纪60年代以后,苏州河水黑臭现象日趋严重。到了1978年,苏州河全线黑臭,当时老百姓用六个字来形容它——"黑如墨、臭如粪"。

严重的污染耗竭了苏州河的自然资源,破坏了两岸的城市景观和自然景观,当时的老百姓窗不能开,门不能开,正常生活受到严重影响。从1998年开始,上海对苏州河进行综合整治。当时花了16亿元人民币治理直接排入苏州河的140万吨污水。苏州河整治总共进行了三期。第一期工程1998年启动,投资大约70亿元,目标是消除苏州河干流的黑臭。当时专家设计的闸门,在黄浦江涨潮时把污水拦住,使涨潮的水推不上来;等落潮的时候,使苏州河水加快流入黄浦江。通过这个办法,苏州河由原来东西方向往复流动,变成由西向东的单向流动,增加了水体流速。2000年,苏州河终于消除了黑臭现象。至2012年最后第三期工程顺利完成,苏州河底淤泥的清挖工作完全结束,并在两岸建起了23公里的绿色走廊、65万平方米的大型绿地。现在,黑臭现象已完全杜绝。

今天的苏州河,水质稳定在五类水的标准,生态系统也得到了恢复。河里有45种鱼,目前仍然是大鱼少,小鱼多;对水质要求高的鱼少,对水质要求低的鱼多。鱼儿们似乎在提醒我们,河水治理还需要一个长期过程。上海市区苏州河沿岸已建成一座"梦清园"环保休闲主题公园,占地86 000平方米,它既是环境保护的教育基地,也是节水教育的科普基地。在这里,参观者可以全面了解苏州河水的净化过程。每年端午节,上海还在苏州河上举办国际龙舟邀请赛,上海几代人的梦想已成为光辉的现实。

淀山湖

　　淀山湖，坐落于上海市西部青浦区，与江苏省昆山市和浙江省嘉善县相邻，距离上海市中心约50公里。湖面宽广，南北长约15公里，东西宽约7.5公里，形状犹如一片芦叶，总面积约62平方千米，大约是著名的杭州西湖的10倍左右。其大部分区域都位于青浦区境内，是上海市的第一大湖泊。

　　淀山湖的形成源于古泻湖的淤积，也被称为薛淀湖。在古代，它的面积更为广阔，后来因为湖面的淤积而逐渐缩小。据光绪年间的《青浦县志》记载，淀山湖在过去更为辽阔，因湖心的淀山而得名。然而随着时间的推移，湖面逐渐缩小，而淀山周边变成了陆地，与湖泊有了一定的距离，但淀山湖名得以沿用至今。

　　淀山湖不仅是一个自然风光秀美的湖泊，还承载着重要的功能。湖泊的调蓄量约1亿立方米，四周有40多条进出河浜，水源主要由太湖流域和地下水供应。湖泊的水位稳定，流速缓慢，涨潮时江水和泥沙能倒流入湖，落潮时湖水则通过拦路港、吴江等排出。冬季干旱时，利用浏河口水闸引入的长江涨潮咸水，能够流入淀山湖，使湖水的氯化物含量升高。湖泊的水位高度和蓄水量主要受太湖流域下泄水量和黄浦水系涨落潮的影响。

　　淀山湖的水质清洁，透明度高，湖光水色秀丽妩媚，自宋代起，淀山湖与淀山也逐渐成为上海地区的胜迹。宋时的淀山湖较今日要大得多，高不过数十米的一拳淀山点缀波心，景色迷人，今日已登陆的淀山无法与之比拟。但淀山湖及其湖岸仍是上海市重要的旅游资源之一。自1980年起，淀山湖风景区开始建设，配备了各种旅游设施，如大观园游泳场、金鱼场、划船俱乐部和旅游饭店等，吸引了大量游客前来观光旅游。然而，随着游客数量的增加，湖泊的水质也受到了一定程度的影响。为了保护水质，上海市会同江苏、浙江制定了相关地方法规，将淀山湖及其周边区域划定为水源保护区，加强了生活污水处理和淡水资源的保护工作。

　　此外，淀山湖还是上海市的重要淡水渔业基地之一。湖中水生植物和浮游生物丰富，适宜发展淡水渔业和河蚌育珠业。湖泊中有多种鱼类和底栖动物生长繁殖，其中鲤鱼和鲈鱼数量较多。

其他

在上海市的各个区域中，位于黄浦江以东的闵行区浦江镇的水文化地名数量最多，共有36个，浦江镇西邻黄浦江，镇内以含"浦""汇"的地名居多。其次是宝山区东南部张庙街道，由泗塘新村街道和通河新村街道合并而成，东起西四塘河，北临蕰藻浜，故张庙街道中名字含有"泗塘"和"通河"的社区较多，共有24个水文化地名。

青浦区的朱家角镇、练塘镇、金泽镇三镇接壤，所含水文化地名数量也较多。朱家角镇紧邻淀山湖，练塘镇是上海湖沼分布最集中的地区之一，金泽镇内湖泊更是星罗棋布，包含了19个面积在1平方千米以上的自然湖泊。体现出水文化地名具有一定水环境代表性。

此外，水文化地名较多的街道一般以面积较大的郊区街道为主。这是因为中心城区街道面积小，地名个数少于郊区。同时，城市交通是城市系统正常运转的命脉，不同级别的道路承载着城市内外活动的多种功能。上海市水文化道路名集中分布在城市东北部中心城附近，与社区级水文化地名核密度分布具有相似性。

中心城区城市化程度高，人口密集，人口分布能够牵引城市道路系统的空间布局，经济发展能够促进城市道路系统占地面积的增加。同等面积的网格中，人口更密集、人类社会活动更频繁的地方道路更为密集，相应的水文化道路名数量也更多。

根据《上海水利志》记载，洋泾浜原是公共租界和法租界的界河，后因筑路被填，沿河诸桥名被市民沿用成为各桥附近地区的地名；肇嘉浜位于法租界南侧，是市区南部东西向重要河道之一，现已完全改造成肇嘉浜路、徐家汇路、肇周路、复兴东路和白渡路。虽然河流消失了，但是覆盖的马路和建筑往往会参考原有河流名命名。

由于河网水系的变化而消失或增加的地名、路名，在一定程度上也可以反映自然地理环境的改变或现状。因此，建议维护现存水文化地名，一方面要对具有历史背景的水文化地名进行资料整理和记录，进行大力宣传；另一方面针对某些"名存实亡"的水文化地名，进行实地走访和调查，在档案中给予解释和说明。

土壤

上海市位于长江口南岸，市郊平畴沃野，阡陌纵横，农业发达。上海的土壤有以下特征：

（1）土层深厚，但耕作层浅，质地疏松，精耕细作条件好。除江海沿岸多质地较粗的沙土、盐土外，余皆以粉砂壤土、粉砂粘壤土（沟干泥）、细砂壤土为主，缺乏团粒结构。

（2）成土母质是江河湖海综合形成的第四纪石灰性冲积物。土壤遇盐酸多呈泡沫反应，越往东这种石灰性反应越明显，但西部久经雨水淋洗和农事活动后，其石灰性反应已日趋减弱或消失，而地下水位高。潜水矿化度也是自西往东逐渐增大，母质养分丰富，是适宜各种农作物生长的肥沃土壤。

（3）上海市河渠纵横、水网稠密、排灌方便，适宜水稻种植。经过长期的水稻栽培后，土壤剖面具有不同程度的水稻土特性。

总之，肥沃的土壤及其他优越的水热条件，使上海郊区成为全国著名的农业高产区域。但近三十年，随着城市化水平的日益提高，住宅、工业、交通及其他非农业用地急剧增加，优质高产耕地日趋减少。随着郊区农民"上楼进区"，原先宅基得到复耕。但因为多年没有植被覆盖，没有农作物生长，复耕地往往有机质、腐殖质含量较低，肥力较差。

植被

上海位于北亚热带湿润性季风气候带，具有夏热、冬冷、春秋温暖的特征。然而，由于长期的农业开发和城市化，自然植被大部分消失，仅在丘陵地带少量分布。

大金山岛是上海的孤岛，受海洋性气候影响，其植被呈现出中亚热带特点，主要是常绿落叶阔叶混交林，其中以日本野桐、算盘子等落叶树种以及青冈、红楠等常绿阔叶树种为主。岛上共有145种野生种子植物，春、夏、秋三季各有不同的植物群落特点。冬季则有一些常绿树种如冬青、海桐、山茶等形成的绿色中层群落。

佘山地区则是上海丘陵地带的典型，主要植被为苦槠、白栎、枫香等常绿落叶阔叶混交林，落叶树种构成了主要乔木层的植物群落。榔榆、朴树、榉树等乔木组成了上层群落，春、夏、秋三季各有不同的植物群落特点。冬季则有苦槠、冬青、枸骨等常绿树种形成的散布的绿色斑块。

尽管上海的原生植被留存不多，但在仅有的几个丘陵的局部环境中，仍然分布有不少的野生植物群落。这些原生性植物群落中，不少乡土树种是良好的园林植物资源，如黄连木、枫香、乌桕等既有良好的遮荫功能，又是优良的秋色叶乔木；表现出春花特点的乡土植物有豆梨、白檀等中层小乔木与灌木。在挖掘原生树种的同时，需要建立合理应用的观念，按照空间错落的生态层与合理的垂直结构相结合的地带性自然生态科学理念，采用合理的方式，应用当地原生性树种，营建具有上海地带性特征季相变化的绿地植物群落。

动物

上海市位于我国东部沿海中段，江河湖海交汇，具有丰富的水生生物资源。其西部是淀泖低地，东部有宽阔的大陆浅滩，北部长江口水质含有丰富的营养物质，适宜浮游生物繁殖。这为鱼类、蟹类等水生动物提供了丰富的食饵。每年生殖季节，许多鱼类、蟹类等回游到长江口和附近地区觅食产卵，甚至还有大型水栖哺乳动物出现。

在7 000年前先民定居之前，上海地区是野生动物的栖息地。上海自然博物馆和其他研究机构收藏了大量动物化石和亚化石标本，包括水鹿、豺、獾、水獭、野猪、麋鹿、獐、虎、亚洲象、长须鲸等。根据历史资料，曾有约40种兽类、424种鸟类、14种两栖类、37种爬行类和250种鱼类在上海地区栖息过。

近年来，上海的生物学者对现存的陆生野生动物和自然生境进行了系统调查。目前，上海仍有9种兽类、363种鸟类、8种两栖动物、16种爬行动物和44种鱼类栖息。这些野生动物主要分布在尚未城市化的地区，如佘山、天马山等丘陵地区和崇明东滩以及东部其他滩涂湿地。而城乡中相对保持稳定或被暂时遗忘的角落，也是它们的主要避难所。

然而，随着城市化的快速发展，城市的生物多样性生存空间受到挤压，城市与自然日趋隔离。残存于城市的野生动物不仅是我们城市最早的土著居民，是城市自然环境的标志，还是唤醒城市人沉睡心灵的警钟。我们要尽全力来保留这些物种，为它们营造良好的栖息环境，包括合适的食物、水源、隐蔽和繁育后代的场所。

在繁华的上海，长江口及崇明东滩、科技馆旁的小池塘等暂时未被开发的地方，如今成为野生动物的庇护所，这得益于人与自然和谐共生的理念，成为人们无为而治的智慧结晶。这些生灵提醒着我们：在规划城市发展的同时，我们只需留心，便能为野生动物留下一片家园，为城市注入一份野趣，使上海变得更加美丽、生动、祥和。

2023年10月1日开始施行的《上海市野生动物保护条例》提出建立"野生动物栖息地"制度。有种舆论认为，这些条例中所提及的保护措施与上海中心城区关系不大，实则不然。近几年，随着中心城区人均绿化面积逐年增加，城市生态环境变得越来越好，已发现中小型野生动物如貉等常出没于一些居住小区，一度引发矛盾，乃至要做"貉口普查"。还有一些人认为，本以为可能已经灭绝的野生动物将会陆续在上海被发现。

人与动植物的关系将会越来越密切和复杂，上海需要思考一个新问题：都市人在日常的街区生活中，如何与动植物相处，特别是如何与体型较大的野生动物和谐相处？

从人的角度来说，城市发展需要生物多样性。如果把自然更多地带入城市，一些大城市病如空气污染、热岛效应、城市内涝，都能在一定程度上得到缓解。

从2017年开始，上海试点把居民小区小微空间更新成为"生境花园"，为城市野生动物提供栖息地。希望它不仅有景观花园的属性，能满足当地居民休闲娱乐的需求，同时在这个空间里又将开展人和自然，人与动物的适度互动。

"生境花园"种植本地植物，杜绝外来入侵物种。如今，像"加拿大一枝黄花"这类外来物种的侵入，对上海本地生物的群落结构造成很大干扰。"生境花园"不仅考虑人的需求，也考虑城市动物的需求，杜绝或减少农药化肥的使用，并为动物提供一些辅助食物、洁净水源和庇护救治所。

未来，城市即公园，生态是连通的、无界的。每一条马路都是绿道，屋顶绿化、墙面绿化、行道树及地下土壤织成一张生态网络，从点到线，由面到立体，整座城市都能呈现植物的多样性乃至生物的多样性。传统的公园以"生态+景观"为主，上海未来将积极倡导"生态+各类生活场景"，现在已有上海植物园、辰山植物园，将来整个上海就是植物园，这就是所谓"公园城市"的理念。城市公园建设离不开"生态街区"，我们将把碎片化的、点状化的一千多个城市公园和小区绿化、街边行道树串联成网，扩展为面，建成上海公园城市。

相关科普和教育工作十分重要。可通过打造IP形象、讲述生态故事，激发大众关注和兴趣。比如某某公园发现了一只杂色云雀，马上有人开始讲述它的前世今生，分析它怎么会来到城市，猜测它为什么选择这里作为落脚点、如何生活等。这些鸟，未来可能就是上海生态的IP形象。

人口与城市

上海，这座典型的移民城市，近年来人口动态呈现出新的特点。根据2021年上海统计年鉴，本地人口自然增长率为负，出生与死亡人数之差为−6.48万人。然而，在人口空间分布上，中心城区向郊区扩散的趋势愈发明显。

具体而言，第二梯队的高密度区域，如莘庄—春申、松江新城、嘉定新城和宝山淞滨等，其局部核心区的人口密度高达2万人/平方千米。而第三梯队，主要集中在奉贤新城、青浦新城、浦东惠南镇等外郊环间区域，人口密度也超过了3 000人/平方千米。值得注意的是，2021年，上海通过居转户和人才引进政策成功吸引了7.31万人，有效缓解了因自然负增长带来的人口压力。这一数据不仅体现了上海对人才的强大吸引力，也展示了其作为国际化大都市在人口结构优化上的积极努力。

人口空间分布的优化正在上海这座现代化大都市中逐步显现。近年来，上海常住人口的空间布局发生显著变化，呈现出由传统的中心城区向郊区逐渐扩散的新趋势。通过对比分析2010年第六次人口普查与2020年第七次人口普查的详实数据，可以发现各区人口密度间的差异正在逐步缩小，尤其是中心城区与郊区之间的人口分布落差正在进一步减小。在上海市常住人口规模维持在2 500万不变的前提下，五大新城在未来十余年内预计将新增吸纳人口约240万。这意味着每年平均有超过20万的人口净流入，其规模几乎与全市每年的新增户籍人口数量相当。因此，可以预见，在未来的十年左右时间里，五大新城将主导上海全市的人口流向，不仅仅是新增人口，也包括现有人口的重新分布。这一变化不仅体现了上海城市规划与人口管理的科学性和前瞻性，也为上海经济与城市的可持续发展奠定了坚实基础。

新中国成立以来，上海人口数量受到严格控制，20世纪80年代以后，我国逐步建立起以市场调节为主的资源配置机制，而对经济发展核心资源之一的人口，特别是户籍人口的控制放松进程，似乎总慢于对其他要素的控制放松。"没有集聚就没有效益，没有规模就没有发展"，从区域经济学和区域地理学研究得出的普遍结论来讲，四千万人口以上的成熟发达经济体，首位大城市人口占比一般高达10%左右或更高，根据目前国内的行政以及经济区域划分，笔者认为当我们真正实现中等发达的发展目标时，整个上海都市圈人口应达到1.8亿—2亿，相应的上海直辖市境内常住人口规模应达到四千万以上（也有专家认为应有五千万人口）。简言之，上海市达到四千万人口规模，既是上海实现"四个中心"奋斗目标的必要前提，又是达成标志之一。我们可喜地看见新冠疫情过后上海加快了高学历人口的户籍管理"松绑"进程，但力度和相关配套政策有待进一步优化。我们还想强调的是，对于人口和经济的管理，我们也应该具有生态眼光，贯彻生态理念。我们要打造"四大中心"，要建成具有全球影响力的科创中心，自然离不开高学历顶尖专业人才，但这些人才要真正发挥作用，或者使其效益最大化，必然需要不同层次人才和各行各业普通劳动者的协助和服务。那种"只要栋梁不要小草，只要鲜花不要绿叶"的想法是理想而非理性的。

这里我们引用一段复旦大学人口研究所任远教授的话：

> 城市成长中出现社区贫困、交通拥挤、住房困难、环境污染、犯罪增加等等现象，常被看成"城市病"，往往被理解为城市失败的表现。我们不能简单地"头痛医头、脚痛医脚"，也不应该陷入一种乌托邦式的城市美化主义，而应该从城市问题的内在病理中寻找解决的

办法。

城市病问题的根本原因，在于城市在人口增长过程中管理和服务能力的滞后。需要强调的是，人口增长和人口高密度不是城市病的原因，相反，恰恰是成功的城市发展的表现和基础。因此，对迁移者的管理和服务限制将不仅不利于解决城市病，甚至会进一步恶化城市病，并造成新的城市病。如果认识到城市的价值和功能在于为生活在其中的人口提供支持和服务，那么解决城市病的根本出路就必然是并且只能是不断提高管理和服务的能力。城市管理和服务的提升速度应该总是快于人口增长的速度，技术进步将不断提高并且正在极大提高城市管理和服务的能力。

行政性的城市人口管控，对城市人口增长采取严格的人为限制和管控，排斥对人的公共服务的扩围与提能，不仅学理上不科学，而且执行难度往往巨大，执行后果又往往造成新的社会问题，削弱人口的福祉。因此，人口的综合管控至多只能成为具体条件下对"城市病"的临时应对措施，是一种"头痛医头、脚痛医脚"的无奈，而不应该成为长期执行的人口管理公共政策。从长期看，对人口的综合管控会进一步削弱城市的竞争性和发展性，会进一步加剧城市病和社会问题。

应对"城市病"，需要在人口变动和增长过程中不断提高管理和服务，实现积极的人口管理公共政策，尊重和塑造城市运行机理，在空间结构上扩展和配置城市基础设施，提升城市基础设施功能，构建适应人口变化动态的管理和服务体系。

城市的高密度化是城市生命力和发展进步的表现，超大城市的人口集聚和高密度性是上海发展成就的结果，也是构成上海全球城市建设的重要人力资源。

一个伟大城市所需要的，不是要通过降低人口密度来加以限制，而是要更加支持高密度城市的发展和治理。根据人口状况及其变动，动员各类人员参与治理，充分发挥各类人力资源作用，从而实现精细化的城市管理和服务，塑造出卓越和成功的城市，并促进城市中所有成员生活福祉的提高。

对于上海城市人口及公共管理工作，我们建议处理好两组"三理"关系。一是处理好"法理、伦理、心理"的关系：法理是准则，伦理是传统，但是更要关注和协调管理者、治理者、被管理者、被治理者的心理；二是处理好"管理、治理、自理"的关系：管理职责主要在政府，治理要注重管理者的多元化，核心是让被管理者参与治理，自理是管理、治理的基础，不仅包括被治理者的自理，更重要的是管理者、治理者的自我治理。治理、管理是科学，必须实事求是，按规律办事；治理、管理是艺术，必须人情练达，破惯例出牌；治理、管理是修身，必须身体力行，正人先正己。

这是坚持并落实新时代中国城市建设和城市化进程的"群众路线"的体现，实践了"人民城市人民建，人民城市为人民"的光辉思想。像这样，上海才能真正引领中国城市发展，引领整个中国城市化进程。

经济

据上海市统计局消息，根据地区生产总值统一核算结果，2023年，上海市实现地区生产总值47 218.66亿元，按不变价格计算，比上年增长5.0%。分产业看，第一产业增加值96.09亿元，下降1.5%；第二产业增加值11 612.97亿元，增长1.9%；第三产业增加值35 509.60亿元，增长6.0%。

经济增长特征

1. 工业生产运行平稳，重点装备制造业较快增长

2023年，全市规模以上工业增加值比上年增长1.5%；规模以上工业总产值39 399.57亿元，下降0.2%。分行业看，汽车制造业总产值增长12.0%，电气机械和器材制造业总产值增长11.6%，铁路、船舶、航空航天和其他运输设备制造业总产值增长14.6%。分产品看，半导体存储盘产量增长1.0倍，3D打印设备产量增长29.4%。

2023年，全市工业战略性新兴产业中，新能源汽车产业产值比上年增长32.1%，新能源产业产值增长21.3%。

2. 服务业较快增长，信息、商务和文化服务业增势良好

2023年，全市第三产业增加值比上年增长6.0%。其中，金融业增加值8 646.86亿元，增长5.2%；信息传输、软件和信息技术服务业增加值

4 732.03亿元，增长11.3%；房地产业增加值3 555.18亿元，下降0.3%；租赁和商务服务业增加值3 220.27亿元，增长8.1%；交通运输、仓储和邮政业增加值2 331.48亿元，增长15.6%；批发和零售业增加值5 094.52亿元，增长2.3%。

3. 固定资产投资快速增长，建筑业产值增速较快

2023年，全市固定资产投资比上年增长13.8%。其中，房地产开发投资增长18.2%，城市基础设施投资增长3.3%，工业投资增长5.5%。制造业投资增长6.7%。其中，成套设备制造业增长16.6%，电子信息产品制造业投资增长9.6%，生物医药制造业投资增长9.6%。民间投资增长6.9%，占全市投资比重为29.3%。其中，工业民间投资增长18.1%，房地产开发民间投资增长3.8%。全市新建商品房销售面积1 808.03万平方米，下降2.4%。

2023年，全市资质以内建筑业企业完成总产值比上年增长8.9%。分经济类型看，国有、个体私营、外资分别增长7.4%、17.7%、1.6%。

4. 消费市场触底反弹，住宿和餐饮业增长显著

2023年，全市社会消费品零售总额18 515.50亿元，比上年增长12.6%。其中，批发和零售业零售额17 010.24亿元，增长11.1%。分类别看，限额以上企业的服装、鞋帽、针纺织品类零售额增长24.4%，金银珠宝类零售额增长14.4%，日用品类零售额增长15.4%，通信器材类零售额增长16.4%。

2023年，限额以上住宿和餐饮业营业额1 565.65亿元，比上年增长32.9%。其中，住宿业营业额增长49.0%，餐饮业营业额增长28.5%。

5. 金融市场稳健运行，地方财政收入保持增长

2023年，全市金融市场成交额3 373.63万亿元，比上年增长15.0%。其中，上海证券交易所有价证券成交额增长11.2%，银行间市场成交额增长17.9%。原保险保费收入增长17.9%。12月末，全市中外资金融机构本外币存款余额20.44万亿元，增长6.3%；贷款余额11.18万亿元，增长7.3%。

2023年，全市地方一般公共预算收入8 312.50亿元，比上年增长9.3%；地方一般公共预算支出9 638.51亿元，增长2.6%。

6. 货物进出口总体平稳，消费品进口枢纽地位巩固

2023年，全市货物进出口总额4.21万亿元，比上年增长0.7%。其中，货物出口1.74万亿元，增长1.6%；货物进口2.47万亿元，增长0.1%。

2023年，全市消费品进口额比上年增长7.3%，占货物进口额的22.7%。其中，乘用车进口额增长7.5%，箱包及类似容器进口额增长16.5%。铁矿砂及其精矿、煤及褐煤等大宗资源类商品进口额分别增长13.0%、21.0%。

7. 居民消费价格温和上涨，工业生产者价格小幅下降

2023年，全市居民消费价格比上年上涨0.3%。其中，消费品价格下降1.0%，服务价格上涨1.8%。分类别看，食品烟酒类价格下降1.2%，衣着类价格上涨2.0%，居住类价格上涨0.2%，生活用品及服务类价格上涨0.4%，交通通信类价格下降0.9%，教育文化娱乐类价格上涨3.6%，医疗保健类价格上涨0.2%，其他用品及服务类价格上涨4.8%。12月份，居民消费价格同比下降0.3%，环比上涨0.2%。

2023年，全市工业生产者出厂价格比上年下降0.3%；工业生产者购进价格下降1.1%。12月份，工业生产者出厂价格和购进价格同比均下降0.7%，环比分别下降0.2%和0.3%。

8. 居民收入稳步增加，就业形势总体稳定

2023年，全市居民人均可支配收入84 834元，比上年名义增长6.6%；扣除价格因素，实际增长6.3%。其中，城镇常住居民人均可支配收入89 477元，名义增长6.5%，实际增长6.2%；农村常住居民人均可支配收入42 988元，名义增长8.2%，实际增长7.9%。2023年，全市城镇调查失业率平均值为4.5%。

经济结构

目前，上海的三大产业中，第一产业占比0.2%，第二产业占比24.6%，第三产业占比75.2%（2010年前后，上海第三产业占比曾一度徘徊于50%左右），呈明显的"三二一"发达经济体结构特征。近三十年来，上海的第二产业内部结构发生了显著改变，纺织、冶金、机械等传统工业企业关、停、并、转、迁，工业产业结构实现了优化与升级，制造业科技含量明显上升。集成电路、生物医药、人工智能等三大核心产业，以及新能源汽车、高端装备、航空航天、信息通信、新材料、新兴数字产业等六大重点产业所组成的九大战略性新兴产业，发展迅猛。2023年，在九大战略性新兴产业中，新能源汽车产业产值增幅最大，比上年增长32.1%。

第三产业中，金融业占比最大，为24%，其次分别为文化、体育和娱乐业约22%，批发零售14.3%，信息服务业13.3%，租赁和商务服务业9%，大物流产业6.5%，房地产10%。其中增幅最大的是文体娱乐和交通及大物流等两大产业。

产业布局

上海已形成了以九大战略性新兴产业为主导的战略性新兴产业体系。在战略性新兴产业布局上，上海提出打造"两极两带"为主体的战略性新兴产业空间布局，其中，两极为张江科技创新极和临港产业增长极，两带为环中心城区的高技术服务产业带和环郊区的高端制造产业带，并支持各区结合自身优势，围绕集成电路、人工智能、生物医药、数字经济、新能源及智能网联汽车、航空航天、高端装备、新材料、节能环保、卫星互联网、北斗导航等领域，建设一批战略性新兴产业特色园区。

2021年3月31日，上海举办了全市重大产业集中签约暨特色产业园区推介活动，集中发布首批26个特色产业园区并面向全球招商。这26个"十四五"首批上海特色产业园区基本对应不同的战略性新兴产业集群，从这26个特色园区分布中，也能初步窥见各区战略性新兴产业集群的主要发展方向。

嘉定区重点发展集成电路及物联网产业、新能源汽车及汽车智能化产业、高性能医疗设备及精准医疗产业、智能制造及机器人产业；青浦区重点发展航空航天产业集群、新一代信息通信产业、高端装备制造业、新材料产业、生物医药产业；松江区重点发展集成电路产业集群新能源产业、新材料产业、生物科技产业、智能机器人产业、增材制造产业、远程互联产业；金山区重点发展新材料产业、智能装备产业、生命健康产业、信息技术产业、生物医药产业、无人机产业、碳纤维复合材料产业、新型显示产业、数字服务产业；闵行区重点发展高端装备产业、人工智能产业、新一代信息技术产业、生物医药产业；奉贤区重点发展新能源产业、生物医药产业、新材料产业、先进装备产业。崇明区依靠自身地理优势和资源优势，优先发展新兴海洋经济产业。浦东新区由于地域辽阔，产业种类繁多，各类新兴产业发展基础较好，初步形成了生物医药、航空航天、人工智能、集成电路、信息通信、高端装备等多个特色产业集群，未来将继续依靠自身的科创优势和区位优势，着重发展基因与细胞基础产业、类脑智能产业和新型海洋经济产业。

可见，上海制造业，尤其是九大战略性新兴产业将主要分布在中心城区以外区域。而上海中心城区布局少量高技术、高附加值、无污染的制造业，如以中以（上海）创新园为载体的新兴数字制造、以西岸智慧谷为载体的人工智能制造。上海市区今后将进一步优化政策，放宽企业导入标准，重点发展低污染的高新技术产业，如光子芯片与器件产业、类脑智能产业和氢能开发产业。

中心城区主要发展生产性服务业，大力发展楼宇经济、总部经济，打造十亿元楼、百万亿楼。如黄浦区外滩金融集聚带和浦东陆家嘴金融城将主要发展金融业，成为上海国际金融中心的主要功能承载区；静安区将大力发展专业服务业、文化创意产业；虹口区大力发展游轮及航运服务业，成为洋山深水港区之外的另一个上海国际航运中心的功能承载区；长宁区强调发展数字经济，打造相关2.5产业。

习近平总书记要求上海在推进中国式现代化建设中充分发挥龙头带动和示范引领作用。这是对上海的新期待、新定位和新要求。上海必须调动现有基础，引进人才，着力制度创新和机制创新，抓住机遇，全力以赴发展具有重要战略地位，代表技术发展和产业升级方向，能带动和引领其他产业和国民经济全面发展的高新技术产业。

大力培育，抢先布局"4+5"新赛道产业和未来产业。四大新赛道产业包括数字经济、绿色低碳、元宇宙和智能终端；五大未来产业包括未来健康、未来智能、未来能源、未来材料和未来空间。2021年6月，上海市发布了《上海市战略性新兴产业和先导产业发展"十四五"规划》（以下简称"规划"），对各未来产业的发展方向进行了规划。如针对基因与细胞技术产业，规划提出，在"十四五"期间，上海市将重点推动基因编辑、拼装、重组等技术发展，构建可生产药物、化学品、天然产物、生物能源的细胞工厂，推动合成生物学技术工业应用。深化体细胞重编程、人工组织器官构建等技术研发，推动干细胞修复病理损伤、组织器官再生等细胞技术临床应用。

以人为本，发展为"绿色健康生活"和"宜居宜业城市"服务的第三产业。努力实现"两融合、两转型"：促进先进制造业和现代服务业的融合，推动所有产业尤其是上海传统产业实现数字化转型和绿色低碳转型。

现代经济的核心是金融，全球金融中心的建成无疑是上海"五大中心"建设的核心目标。虽然上海已拥有较为完备的金融要素市场和金融基础设施，但与纽约、伦敦等城市相比，上海金融的国际化水平仍有一定差距。加快建设国际金融中心，重点在于实施高水平的对外开放，加快开展人民币外汇期货交易试点，着力提高金融市场的国际化水平，尽快建立境内外汇期货市场，提升外汇避险市场质量与效率，吸引境内外机构参与中国资本市场，确保把人民币外汇期货市场的流动性留在境内，确保在人民币国际化进程中始终掌握人民币汇率定价权。当前还应试点推出人民币兑美元和兑"一带一路"国家货币的期货。美元兑人民币期货上市之后，可根据自贸试验区和境外人民币市场发展情况，适时推出"一带一路"国家货币兑人民币的外币期货，以此助推"人民币走出去"战略。

文化

正如"一百个读者心目中会有一百个哈姆雷特"，关于"文化含义"的理解也会有千差万别。本单元所要介绍的上海文化是指上海在近千余年有历史记录以来的发展过程中，人们所创造和积累物质、精神财富的能力与其产物的总和。

上海文化又可分为江南文化——上海文化之根、海派文化和红色文化，这是目前比较流行的上海文化分类方法。

上海大学海派文化研究所经过研究提出，"海派文化应该有以下四个基本特征：① 开放性，海派文化姓海，能够海纳百川，同时不闭关自守与固步自封，不拒绝先进与排斥时尚；② 创造性，海派文化的善意吸纳但不等于照搬照抄，也非重复和模仿，而是要富含创新精神，洋溢创造活力，创新表现在海派京剧的连台本戏，机关布景，包括如今的《曹操与杨修》，建筑文化方面体现在金茂大厦、东方明珠以及世博园区；③ 多元性，由于上海历史背景与居住人群决定了其多元性，雅俗共存，阳春白雪与下里巴人，都可以存在于其间，营造的是同种族、不同民族的人们共同居住的一个空间氛围，这也是其开放性下必须具备的；④ 扬弃性，百川归海，难免泥沙俱下，鱼龙混杂，因而不加选择会造成盲目与盲从，海派文化的开放、宽容等特性不可避免会带来良莠不齐的文化观念，海派文化只有不断地去其糟粕，取其精华，才能真正做到善于吸纳"。

结合海派文化的内涵与上述对海派文化特征的总结，笔者认为海派文化的特征表现为：海纳百川、兼收并蓄、追求卓越、开放创新、灵活多元。

回首1843年上海开埠以来的发展历史，由此上溯到明末，徐光启与利玛窦等西方合作者合作翻译西方科技著作，引荐西方近代科技，萌芽于明末江南的资本主义手工业发展都对上海社会生活和民众心理产生了深远的影响，进而逐步形成异于中国其他地方，甚至与上海之外的江南其他地区亦有差异的文化心态。通过对"海派文化"形成历史的回望，我们可作出如下界定或定义：海派文化是发源于中国传统的江南文化（江南文化发端于春秋，形成于唐宋，盛极于明清），在中西文化交流，学习西方先进文化，尤其是学习西方近代科技过程中诞生，在近代工商业经济发展壮大过程中生长，在以上海城市近现代工商业发展为经济基础的社会生活过程中成熟的上海城市地域文化。在海派文化孕育过程中，所表现出的并逐渐强化的，与生俱来的"遗传密码"决定了海派文化具有"海纳百川"的地域文化特征和性格。而这种性格又决定其兼有中华传统文化元素（尤其是江南文化元素）与现代城市文化的精神内核和本质属性。其内容表现在包括城建、市貌、建筑、民居、语言、服饰、文学、艺术、教育、民俗、制度等物质或精神两方面的文化元素中，具有海纳百川、善于扬弃、追求卓越、勇于创新的精神特质。海派文化作为一种地域文化也具有地域文化共有的地域性、亲缘性、相对稳定性、潜在性、丰富性等特征。如果上述定义成立，我们也就自然而然地认为：徐光启与西方合作者共同翻译欧几里得《几何原本》等西方科学著作，就是海派文化的源头，是海派文化诞生的标志性事件，是"首场海派文化活动"。海派文化是上海文化的核心内容和特有元素。除了海派文化外，上海文化还包括江南文化和红色文化。

上海的海派文化精神是上海海派文化的核心元素，其要义有三：

第一，中国的世界理想主义：1840年以后随着西方坚船利炮的不请自来，我们终于意识到从器物到技艺直到制度和文化的落后，部分先进的中国人，终于向往摆脱闭关锁国的桎梏，睁开眼睛看世界。上海作为鸦片战争失败后签订的第一个中外不平等条约——《南京条约》规定的五个通商口岸之一，从"不得不"转而主动开风气之先，睁开眼，迈开步，走出去，看世界。只有理解了他人和世界，才能真正理解自我。生长于上海的顾维钧、宋氏兄妹，以及从上海走出中国，走向海外看世界的众多洋务派"李鸿章们"开启了平等理性看待、冷静认识西方世界以及我们与之的差距，认清"三千年未有之巨变"对于华夏民族造成巨大挑战的艰难历程。他们自愿或被迫放下"天国上朝"的身段，走西方，看西方，学西方。

第二，精致的城市浪漫主义：在学习西方科学技术，引进西方近现代大机器生产方式的同时，现代西方城市的管理制度、文化艺术、社交礼仪、生活时尚、精神追求甚至宗教信仰，深深地影响了上海中上阶层乃至广大普通市民。20世纪20年代后期开始，随着电影和其他依赖于电传声像传播技术的西方文化艺术和生活时尚多从上海登陆中国，再由上海作为新文化和时尚生活方式的策源地向全国传播。上海成为近现代中国精致的城市浪漫主义文化和生活方式的大本营。黎锦晖、黎锦光、陈歌辛、周璇、胡蝶、阮玲玉等"上海老歌"、电影等领域的文化名人是精致的城市浪漫主义代表人物和引领者。建立在现代工商业经济基础上，依赖于现代科技的城市生活方式，走入上海的千家万户，"飞入寻常百姓家"。

第三，冷静的批判现实主义：鸦片战争后的一系列不平等条约，一步步把古老中国推入"三座大山"压迫与剥削的深渊中，旧中国战争连绵，积贫积弱，灾难深重。一边是上海租界的畸形繁荣，一边是劳苦大众的苦难与挣扎。总有一批胸怀天下、悲天悯人的知识分子以辛辣的笔墨，以纸笔为刀枪，我以我血荐轩辕，"横眉冷对千夫指，俯首甘为孺子牛"，他们在虹口的窄街陋巷，在简陋的亭子间里，奋笔疾书，揭露黑暗，憧憬光明，批判现实，畅谈中国社会的美好未来。他们永远是冷静的批判现实主义者，他们是大众的喉舌，是社会平等和进步的吹鼓手。被毛泽东主席誉为文化革命旗手的鲁迅先生和年轻的"左翼作家联盟"无畏的文化战士们，无疑是他们中的杰出代表。

上海海派文化有三大极具代表性的实物具象：第一是弄堂，实现了外来（建筑）文化的本土化再造，它是西方近代连体排屋式建筑形式与江南本土民居的巧妙结合，是上海人群落及其生活环境构成的（文化）生态系统；石库门是一种民宅建筑样式，相当于北京的四合院，而上海"弄堂文化"一词与北京"胡同文化"一词同类。第二是旗袍，实现了民族传统（服饰）文化的城市化改造，以适应现代女性城市职业生活着装需要。第三是上海老歌，实现了市井文化的电声化广泛传播，掺杂着些许小资情调和中国传统文化元素的城市工商业平民文化第一次借助于无线电波，飞进城市的万家灯火，成为普通市民的文化大餐。

有学者提出，海派文化有买办文化、师徒文化的元素。我想，如果海派文化只是买办文化、师徒文化，如果上海只追求精致与体面，舒适与安逸，那么上海终将失去作为中国最大城市的资格与理由。

通过海派文化以及其他沿海地域文化的发展，中国传统文化实现了与域外文化的对接，实现了向现代生活的跨越，海派文化是中国文化现代化征程上的里程碑和关键地标。我们没有理由遗忘或轻视海派文化在中国文化走向现代与未来的关键时刻所做出的历史性贡献！

主题三　指点江山

建筑是立体的画卷，是凝固的诗篇，是城市的细胞，是文化和历史的载体。城市的建筑以及由各类建筑组成的城市街区，往往是城市观光的主要对象。最能反映上海城市发展历史和上海文化特征的建筑和街区，莫过于南京东路—外滩万国建筑群及商业街区和徐家汇—衡山路复兴路历史文化风貌区。笔者认为，对前者的开发、管理、保护需要进一步完善，对后者的保护力度有待进一步规范、统一和加强。出于坚定的文化自信和对历史对未来高度负责的文化责任感和使命感，应尽快启动两街区的"申遗"工作。其中，衡复风貌区的保护和"申遗"工作更加紧迫。

外滩源

外滩源，地处外滩北段，东起中山东一路，西至圆明园路，位于苏州河与黄浦江的交汇处，这里是原英国驻上海的总领事馆，1996年被列为全国重点文物保护单位。

英国领事馆是上海最早的领事馆建筑。上海被迫开埠后,据说首任英国领事巴富尔原先住在城里,但他极想在租界内自建领事馆,按照当时英国法律在外领事只得租地办公,不能购地建屋。1846年4月,巴富尔未经英国政府批准擅自购进李家庄约126亩土地,以及清政府第二炮台营垒废址,计价为17 000银元。巴富尔私人垫付4 000银元。之后巴富尔被撤职。同年10月,继任领事阿利国得到英国政府批准后,在李家庄地皮上建造英国驻沪领事馆。1849年7月馆舍竣工,领事馆从城内大东门租用民宅处搬迁到新址。1870年12月24日深夜,领事馆内突然起火,建筑和文件档案资料化为灰烬,仅抢救出一部分地契。1873年完成重建,重建建筑由格罗斯曼与鲍伊斯设计、余洪记营造厂建造,即现今保留的领事馆规模。

英国领事馆占地总面积约27 770平方米。其中绿地面积约22 250平方米。建筑为英国古典砖木混合结构,草地西面为领事馆主屋,高两层,平面略呈工字形、四坡顶屋面。正立面底层中部有五孔券廊,其内是大厅。立面上下窗洞呈平卷式拱券,装有硬百叶窗。底层和二层均有宽敞的遮阳长廊,屋顶使用中国的蝴蝶小青瓦。主屋北侧,1884年又建造一幢两层砖木结构房屋,是领事官邸,并有廊与主屋连通。随着领事事务的扩大,后来升格为英国驻沪总领事馆,内设地产处、华务处、护照登记处、货物事务处和案卷处等部门。

这座有近140年历史的建筑,是上海外滩建筑群中至今仍保存的年代最久的近代建筑,虽然局部经多次修理已有改动,但基本格局依旧。建筑原为清水砖外墙,后来外墙修葺为水泥粉刷勾勒横线条。它是上海近代历史的一个见证,是上海租界乃至上海现代化城市发展的起点。1961年受国际形势的影响,英国政府撤销了上海领事馆,房产由中国政府接管。此后在很长一段时间内,这里成为上海市政府机关服务中心。

2003年,上海市集国内外智囊的思想结晶,提出了"中国·上海外滩源综合开发建设"的设想。2005年,项目正式官方立项。根据"重现风貌、重塑功能"指导方针,外滩源规划方案项目分两期实施。一期位于中山东一路以西、滇池路(局部)以北、虎丘路以东、苏州河以南,还在进行中的项目二期为"虎丘路—四川中路—滇池路—苏州河"的围合区域。规划总用地面积3.9公顷，集中绿地率28.9%，是展示外滩历史文化风貌，集商务、社交、文化、休闲等功能为一体的公共活动空间。经过近10年的规划、修缮、建设和招商，外滩源一期所包含的外滩源33号、半岛酒店、洛克·外滩源、益丰·外滩源等项目相继建成。外滩源33号内原英国驻沪领事馆（一号楼）及其领事官邸（二号楼）两幢建筑，和与其相邻的原教会公寓（三号楼）、原新天安堂（四号楼）以及原划船俱乐部等五幢建筑均已修缮竣工，并对外开放。这里现已成为外滩金融聚集带内一个以高端消费、创新餐饮和时尚生活为主的商圈。

上海海关大楼

上海海关大楼地处中山东一路13号（外滩汉口路口），它的前身是江海北关。曾长期作为上海的标志性建筑和地标，高79米的海关钟楼位列亚洲第一，世界第三，仅次于英国伦敦钟楼和俄罗斯莫斯科钟楼，与其南侧的原汇丰银行大楼齐肩并列，形成了外滩建筑群的核心建筑。上海海关历史悠久，最早可追溯到北宋政和三年（1113年）。清康熙二十四年（1685年），清政府在松江府华亭县设置了江海关，成为中国首批正式以海关命名的机构之一。清咸丰四年（1854年），在英国人阿礼国的策划下，上海道台吴健彰与英、美、法三国领事组成了江海关关税管理委员会，江海关行政管理权丧失，形成了半殖民地性质的海关。1864年，清政府于现址设立江海北关，关署是一座中国衙门式的木构房屋。1893年，旧屋拆除，建成一座3层砖木结构的英国哥特式楼房。1925年，旧楼再次拆除重建，1927年底落成了现今的大楼。大楼总建筑面积39 162平方米，平面呈东西长、南北短的矩形，立体形态呈东高西低状。东侧为主楼，面对黄浦江，高10层，上有5层高的四方形钟楼。主楼以西为5层楼裙房，外墙由花岗石砌成。大楼1至6层的楼面有大小不同的门厅，厅门为铜框花格玻璃制成，地坪、楼梯及走廊都以马赛克铺砌。整栋建筑共有10台电梯，6个楼梯，大楼内合计有392个房间，当时还安装了暖气设备。特别值得一提的是钟楼。最早的江海北关大楼原有一座大钟，1925年重建大楼时，江海关委托英国Whitchurch公司设计制造了一只全国最大、世界闻名的大钟。几年后，海关大钟与大楼同时落成。钟楼分机芯房、铜钟座、旗杆台三部分。机芯房由成百上千个齿轮互相咬合组成，直径超过12毫米的钢丝绳代替普通钟表中精细的钢丝。钢丝绳下连着三个钟摆，一个敲正点，一个负责走时，另一个负责报刻，最大的一个钟摆重达1吨多。四周钟面，每面采用100多块乳白色钢化玻璃拼成，每个钟面的直径为5.4米，装有自动开关的电灯。钟面上的紫铜分针长3.17米，重49公斤；紫铜时针长2.3米，重37.5公斤。机芯房的楼上有1口大钟、4口小钟。每隔15分钟，4口小钟就响起"叮咚叮咚"之声。每隔1小时，1个135公斤重的大铜锤便敲击几吨重的大钟，发出雄壮的声响，持续10秒左右。钟楼旗杆位置在地理坐标东经121°29′0.02″，北纬31°14′20.38″，为上海地理位置的重要标志。

1949年上海解放，江海北关从此结束了屈辱的历史。1950年2月16日，江海关改名为中华人民共和国上海海关。1956年9月，海关大楼产权逐步移交给市房产公司。1980年，海关大楼的使用权为上海海关收回。

海关大楼的钟声中蕴藏着上海的历史。海关大钟于1928年元旦在《威斯敏斯特钟声》报时曲中，敲响了它的第一声。1966年8月28日，改播《东方红》乐曲。1986年国庆前夕，海关大钟恢复《威斯敏斯特钟声》报时曲，至1997年6月30日零时起停奏报时曲。2003年5月1日起，恢复播放《东方红》报时曲。海关大楼巍然屹立在浦江之滨，它那铿锵、激昂的钟声象征着庄严，象征着使命。

上海市总工会大楼

上海市总工会大楼位于中山东一路14号（外滩汉口路口），这是1949年前外滩建造的最后一幢大楼。它的前身是旧中国四大官僚资本银行之一的交通银行。1914年前，这里曾是德国的德华银行。1919年10月，交通银行接管了作为敌产的该银行在中国的所有产权，并迁入了大楼。1937年，交通银行决定重建大楼并开始设计，后因抗战全面爆发一直拖延到1946年才正式开工，1948年10月竣工。

重建的交通银行大楼（原交通银行）占地面积1 908平方米，建筑面积10 088平方米，由匈牙利人开设的鸿达洋行设计，陶馥记营造厂施工。大楼高6层，钢筋混凝土结构，立面为对称造型，建筑设计强调垂直线条，外观简洁明朗，朴素凝重。大楼底层基座和高大的门框采用黑色大理石贴面，中间顶部加高2层，共8层，其余墙面采用白色水泥粉刷，形成强烈的色彩反差。门内是彩纹人造大理石过道，进门两侧靠墙有紫铜栏杆装饰的环形人造大理石扶梯。上二楼平台，经过4扇铝框的玻璃门进入大厅，可以看到4排圆形的柱子，每排9根，共36根。柱子的下半部分以及大厅四周墙壁、地坪，均由红色瓷砖铺成，满目红色，显得富丽堂皇。楼顶中间多一层，方体尖顶，南北两角采用凸棱装饰，临外滩一面的顶楼呈"山"字形。此外，交通银行大楼还配备了车库、电梯、空调、发电机等当时最先进的设备。纵观全楼，设计者意图通过形状、色彩、风格的多方面对比来表现这座历史性建筑的特点，堪称制造对比的大师。

交通银行创建于1908年3月4日，最早是清政府以"筹款赎路"为由，建立的一所以股份有限公司形式组建的商业银行，至今已经有一百多年的历史。在这一个多世纪的进程中，它的资本构成、组织结构和业务经营不断变迁，有时在近代化进程中超越，有时在官与商、专业与综合经营之间彷徨，最终成为国民政府垄断资本金融机构的一员。

上海解放前夕，"四行二局一库"的主要负责人纷纷逃离上海。交通银行董事长钱永铭、总经理赵棣华先把外汇资金抽调到菲律宾交行收存，然后离开上海。上海解放后，军管会接收了"四行二局一库"，1949年11月1日交通银行在上海复业。

鉴于交通银行有大量商股存在以及在国外还有分支机构等历史情况，人民政府对其进行整顿改造，交通银行转而成为长期信用银行，承担国库收支与发行兑换国币业务。1958年，除分行仍继续营业外，国内其他分支机构全部停业。

中国外汇交易中心

中国外汇交易中心地处中山东一路15号（外滩九江路口），它的前身为华俄道胜银行，是近代中国第一家，也是唯一一家由清政府官方与外资合办的银行。

华俄道胜银行大楼是外滩建筑群中一座较早建成的大楼，也是外滩第一幢以天然石块堆砌起来的建筑。大楼占地1460平方米，建筑面积5018

平方米，由德国建筑师海因里希·贝克设计，项茂记营造厂施工。整个大楼外观呈意大利文艺复兴式的复古建筑风格，以正门为中轴线形成对称结构。底层大门有双立柱四根，两旁有洞形窗户。外墙用白色釉面砖和花岗石相拼，色调和谐，底层外墙用苏州花岗石轩石勒脚。大楼结构坚实，装饰精致。3层钢筋混凝土框架结构，基础是以沉砂垫层代替打桩。外墙以釉面砖与花岗石镶嵌，大门左右有4扇券窗，2、3层立面贯以6根爱奥尼克立柱，3层檐下及柱顶均饰以欧洲神话人物头像的雕塑。进入正门，一条对称白色大理石扶梯直通2层大厅。大厅中央高达3层，用彩绘玻璃作天棚，室外阳光可透过天棚照到厅内。楼内扶梯用大理石建成，2、3层四周也有精致典雅的彩绘玻璃回廊，至今还保存完好。

1895年，俄国圣彼得堡万国商务银行与法国霍丁银行、巴黎荷兰银行、里昂信贷银行、巴黎国家贴现银行等合资成立道胜银行，注册资本600万卢布，总行设在圣彼得堡。同其他许多西方金融机构一样，道胜银行的成立也是为了争取与中国签订各种铁路建设合同，操纵和控制中国的铁路建设。1896年6月，沙俄派道胜银行董事长到北京，希望清廷政府参股该银行，以便在同其他银行竞争中取得优势。清廷政府也意识到完全由外资垄断我国的铁路建设于己不利，因此同意此要求，出资500万两白银，合756万卢布，联合组成华俄道胜银行，成为近代中国第一家由清政府官方与外资合办的银行。华俄道胜银行上海分行开设于1896年2月13日，最初在外滩29号法兰西银行内办公，面积较小。1899年，该行购进外滩15号地块建造大楼，1902年竣工后投入使用。故此楼也被称作"道胜大楼"或"华胜大楼"。1926年，华俄道胜银行总行因证券交易失利而破产清理。同年9月6日，在华分行停业清理，华俄道胜银行就此告终。国民党政府在南京成立后，为了控制和掌握中国的金融业，成立了中央银行。1928年11月1日，此大楼收归中央银行使用，成为中央银行行址，因此又被叫作"中央银行大楼"。

新中国成立后，此大楼收归国有。大楼曾是上海民主党派集中办公地，之后又有多家机构租用过。20世纪80年代上海航天局也入驻办公。1991年通过置换，上海外汇交易中心进驻此楼，成为第一家通过置换进入外滩的金融机构，是目前外滩金融集聚带内的重要金融机构之一。

友邦大厦

友邦大厦位于中山东一路17号（外滩南京东路和九江路之间），是外滩建筑群中重要的建筑之一，前身是字林西报大楼。

大楼建于1924年，占地1 106平方米，建筑面积8 144平方米，高40.2米，总高10层，由英商德和洋行设计，美商茂生洋行承建。大楼分前后两部分：前部为主楼，高8层，屋顶建有两座亭子式的建筑，加上地下室共11层；后部7层。正立面以大门为轴线，左右对称，入口处建有多立克式柱和大理石门额。顶部两边有巴洛克式塔楼，钢筋混凝土结构。正立面为花岗石墙面，底部两层使用大块花岗石。中部3至7层，装饰以石柱和浮雕，以及排列整齐的长方形窗格。8层两边为穹形券窗，中间双柱，有内阳台。整个建筑尽显了文艺复兴时期建筑艺术的粗犷、雄伟和匀称。走进大楼内部，可看见它的门厅内是白色的大理石地坪，黑色的大理石墙面，金色马赛克穹窿圆顶，色彩对比十分强烈。

友邦大厦，曾是上海最早的英文报纸出版机构——字林西报馆。《字林西报》创刊于1850年8月，当时由担任过两届法租界公董局总董的字林洋行董事长英商亨利·雷士德主办。报社早期在南京东路江西中路的花园弄。随着报业的不断发展，后又迁往九江路。1901年报社再度扩展。打算在外滩17号址建房。该地块的主人为英商约翰·马立师，他以地价参股《字林西报》47%的股份。1926年，雷士德去世后，约翰担任德和洋行的董事长、字林洋行董事会主席，次子高登成为字林洋行的总经理。马立师家族从此控制了字林洋行。1924年建成的字林大楼，是当时外滩最高的大楼，与汇丰银行相距不远，形成了"北掌文权，南扼财权"之势。

字林大楼落成后，报社只用了1、5、6层，其余的分租给几家保险公司，其中最大的客户就是发端于上海的美国友邦保险公司。友邦的创始人为美国加利福尼亚人史带（Cornelius Vander Starr）。1920年，史带以20万美元的资金在美国特拉华州注册了Asia Life Insurance Co.Ltd，总部设在纽约。1921年，史带在上海创立了友邦人寿保险公司，并迅速扩展本土化保险业务。1927年，友邦从广东路17号搬入字林大楼，租下了底层大厅和部分楼层开展业务。此后几十年内，这家由上海起步，继而扩展至中国香港地区，然后再回纽约的保险公司，一跃成为覆盖世界130多个国家和地区的全球最大保险公司。据《上海地方志》记载，"截至1936年（民国二十五年）底，友邦的保单准备金7 208 624元，有效保额59 599 470元，其中华人投保占90%，且大半从内地招来"。

1951年，大楼改名为"桂林大楼"，由内河航运局等单位使用。1957年后，租给中国丝绸公司上海分公司、香港中国旅行社等单位使用。改革开放后，经中国人民银行批准，美国友邦保险有限公司（简称AIA）上海分公司于1992年9月在上海复业，成为第一家境外保险公司。1996年12月，友邦在外滩房屋置换中租赁了该楼。时隔半个世纪，友邦保险公司重返原址，大楼改名为"友邦大厦"。

外滩18号楼

外滩18号楼（Bund 18）位于中山东一路18号（外滩南京东路和九江路之间），是一栋有着90余年历史的市级经典保护建筑，原名麦加利银行，曾是英国渣打银行驻中国的总部。

这座看起来墩实憨厚的楼宇虽然只有五层高，面积却有一万平方米。当年由英国公和洋行设计，英商德罗·考尔洋行营建，裕昌泰营造厂承建。1892年，麦加利银行以16 000英镑从另一家英资银行丽如银行手中买下大楼和地皮，1923年在原楼前建造了文艺复兴时代建筑风格的前楼。外墙为三段式立面，主立面采用横三段和纵三段的构图手法，具有罗马古典主义建筑风格的特征。底层为下端墙面，采用齐整的花岗石宽缝砌成，显得坚固厚实；中间采用雕花大铁门，气势宏大；大厅内采用白色大理石，色调明朗。2至3层为中段，是该建筑最为雄伟的部分。上以微挑的房檐与第4层相接。中间单元巨大的正方形立面凹进，设置了巨型的落地窗，采光极佳。凹进的中间贯通2、3层，耸立着两根巨大的爱奥尼克式的大石柱作支撑和装饰。4层以上为上段，挑出檐口。五层中间的3个窗柱又以2根小柱分为3格，与下面的2根大立柱形成呼应。屋顶上有一个观景平台，向东眺望，浦江景色清晰如画。

麦加利银行创建于1853年，是英国皇家特许开展殖民地业务的银行，总部设在伦敦，英文名Chartered Bank of India, Australia & China，即今天我们熟知的渣打银行。麦加利银行上海分行刚成立时，设在北门街（今河南南路，延安东路至人民路一段），后迁至江西路。1892年才迁到外滩18号。麦加利银行在中国建立分行，是为了支持英国商人在中国、印度、澳大利亚等地的贸易。主要经营存款、贷款、汇兑等业务，其中也向清政府放贷，成为英国在华的重要金融机构之一。麦加利银行还发行货币，特别是在中国香港地区，构成了港币的主体。1949年5月上海解放后，麦加利银行迁往圆明园路185号，设立留守办事处；上海分行并入香港分行，规模缩小，只经营中国政府批准的部分外汇业务，一直延续至今。

　　1955年，由市房管部门接管，改称"春江大楼"，后又曾用作不同国营企业的办公场所。1994年，因开发地产拆除了外滩18号的后楼。2002年在外滩房屋置换中，上海珩意房地产经营有限公司取得了大楼经营权并进行保护与整修。工程由意大利Kokaistudios建筑事务所负责，修复中发现大楼进门四根古希腊式的大理石柱是原装的，来自二百年前意大利的教堂。为期两年的整修改造工程采用全新修复古建筑概念，按照最严谨的技术水准和最高的建筑标准，将现代设计元素与原来建筑风格自然融合，赋予了大楼新的生命和光彩。2004年11月底，外滩18号楼改造竣工后对外开放，现已成为国际顶级时装、珠宝、名表、美食、娱乐、艺术的展示中心。2006年，联合国教科文组织授予外滩18号楼"亚太文化遗产保护奖"。

和平饭店北楼

　　和平饭店北楼地处中山东一路20号（外滩南京东路口），它的前身为沙逊大厦、华懋饭店，有"远东第一饭店"之称。

　　1872年，英籍犹太人伊利亚斯·沙逊在孟买成立新沙逊洋行，1877年来上海设立分行，买下外滩20号美商琼记洋行的房地产。1926年4月，拆除旧房开始建造沙逊大厦，1929年9月5日新楼落成。沙逊大厦由英商公和洋行设计，新仁记营造厂承建，是20年代在外滩建造起来的最后一座建筑，也是全上海第一栋在真正意义上突破10层的摩天大楼。大楼占地面积4 617平方米，建筑面积36 317平方米，平面呈A字形，高77米。主体部分为9层，临外滩的东部塔楼部分高达12层，另有地下室，最引人注目的是塔楼上方还有一个高达19米的金字塔形屋顶。大厦立面以垂直线条为主，在腰线和檐口处有雕刻的花纹，外形简洁明朗。外墙除第9层和顶部用泰山石面砖外，其余各层均用花岗石作贴面。这是当时美国流行的芝加哥学院派的设计手法，从体型、构图，到装饰细部，都已大幅度简化。顶部墨绿色方椎体的瓦楞紫铜皮塔顶，是外滩建筑的历史折点，标志着从新古典主义向装饰艺术派的转变。

当年沙逊大厦底层临外滩的房间租给荷兰银行和华比银行，其余则是华懋饭店大堂。大堂有2条交叉通道，一条从外滩进入，一条从南京路通至滇池路，中间交会点有八角亭式内厅，其穹顶有彩色玻璃镶嵌的图案。大厦2至4层为写字间，出租给洋行、进出口行、国际电台等。5至7层为华懋饭店的客房，设有中国、英国、法国、德国、印度、西班牙、日本、美国和意大利等9个国家不同风格的套房。8层设大酒吧、舞厅、中式餐厅；9层有夜总汇、小餐厅；10层是沙逊自己的英国式住宅，精美豪华，金字塔房内还有大餐厅。

抗战之后，大厦被孔祥熙的山西裕华银行收购。1952年，上海市政府接管该楼。1956年作为和平饭店开放。1965年外滩19号原汇中饭店并入后，分别称为和平饭店北楼（外滩20号）和南楼（外滩19号）。1992年，世界饭店组织将和平饭店列为世界著名饭店。

被誉为"远东第一楼"的沙逊大厦记载了诸多的历史事件，它曾接待过不少的各国社会名流，如美国的马歇尔将军、司徒雷登校长。剧作家诺埃尔·科沃德（Noel Coward）的名作《私人生活》就是在和平饭店写成的。20世纪三四十年代，鲁迅、宋庆龄曾分别在饭店会见外国友人卓别林、萧伯纳等。1947年6月16日，联合国亚洲和远东经济委员会第一次会议在此召开，从当时所拍的新闻纪录影片可知，飞将军陈纳德带着他的女友陈香梅女士出席，这是两人第一次结对出现的宝贵影像资料。

1949年后，和平饭店经过了多次更新改造，而建筑风格和外观一直保持了当年的面貌。澳大利亚、荷兰、葡萄牙、意大利、法国、希腊、巴基斯坦、哈萨克斯坦、芬兰、西班牙等国家元首和政府首脑等各国来宾都曾莅临。成立于1980年，享誉世界的和平饭店老年爵士乐队常驻和平饭店的底楼，每晚在此奏响中外名曲和20世纪三四十年代的"上海老歌"，吸引了众多中外嘉宾和南京路上的游客，成为享誉海内外的上海文化地标。

1998年10月,"汪辜会谈"在饭店八楼的和平厅举行,和平饭店的和平厅见证了海峡两岸同胞友好交流的历史性时刻。

和平饭店南楼(斯沃琪和平饭店艺术中心)

和平饭店南楼地处中山东一路19号(外滩南京东路口),其前身为中央饭店、汇中饭店。大楼的设计者为英资玛礼逊洋行的司各特。总高30米,共6层,建筑风格属于新文艺复兴式样。大楼外墙底层为石砌,其上为白色面砖,楼层间隔线脚,窗口和上部两层窗间红色砖镶嵌,红白相间,十分醒目。部分窗口上檐有三角形或弧形的楣饰。原楼设有屋顶花园,后因火灾烧毁,东面屋顶有两座大小不等的塔顶为修复时建造。底层大厅内部全部为柚木装修,护墙、柱身、楼梯以及护手、栏杆等雕饰精细,平顶上有石膏花饰,华丽考究,厅内设有乐台。大楼正门为转门,做工精良,在当时显得相当创新。大楼另设两部电梯,是上海最早安装室内电梯的建筑之一。

中央饭店建于1850年,最早是一幢3层楼的建筑,为租界内历史最悠久的外资旅馆。1865年汇丰银行上海分行成立,曾租用该处营业,直到1874年。1903年中央饭店改组为汇中饭店,1906年重建大楼,成为当时东亚最华贵的旅馆。抗日战争时期,汇中饭店曾被日军占领。1947年,华商大庆公司购得饭店产权,继续经营,一直到1952年停业,大楼由上海市建工局使用。1965年,汇中饭店改名为和平饭店南楼,再度开放,直至现今。

汇中饭店以其便利的交通、先进的设施成为举办高级聚会和大型会议的理想场所,因而也见证了很多历史事件的发生。1909年,中、英、美、法、德、日等多国代表在该饭店汇中厅召开了万国禁烟大会;1911年,中国同盟会和上海各界人士在此欢迎孙中山先生回国就任临时大总统;1927年,蒋介石、宋美龄在宴会厅举行订婚典礼;1936年3月,查理·卓别林偕《摩登时代》女主角宝莲·高黛入住当时的51房间;1964年1月,周恩来总理在九霄厅会见法国总理埃德加·富尔,几天后中法宣布建立外交关系;1965年1月,周总理曾在742房间工作;1998年6月30日,时任上海市市长徐匡迪夫妇在九霄厅宴请美国总统克林顿及其夫人希拉里;1996年,联合禁毒署举办的"上海国际兴奋剂会议"在此举行,并为"万国禁烟会"设立会址标志。

2007年，上海锦江国际酒店集团与全球最大制表企业瑞士钟表制造公司斯沃琪集团签署合作协议，合资组建"上海斯沃琪艺术中心有限公司"，对上海和平饭店南楼进行整体修缮，中心包含精品手表展示馆、艺术家工作室、豪华饭店及餐厅等设施，重现了"远东第一饭店"的风采。

黄浦公园

黄浦公园位于中山东一路28号，东濒黄浦江，南邻外滩绿带，西沿中山东一路，北接苏州河，是上海滩上第一家欧式公园，前后曾用过公花园、外国花园、公家花园、大桥公园、外摆渡公园、黄浦滩公园等多个名称。黄浦公园始建于1886年，起初靠两面临江的优越位置和绿化吸引游人，园内除树木花草外，只有一间小温室和一间门房，没有其他园林建筑。约在同治九年，在公园中部草坪上建造了一座木结构音乐亭，并安装6盏煤气灯，除冬季以外，每周至少有一个晚上在此举行音乐会。光绪八年（1882年）五月，英商上海电力公司对外供电，是年底公园音乐亭安装电灯。在民国以前，公园是全市观赏浦江景色的最佳处，又是夏夜纳凉的好地方，游人于傍晚以后最为集中。除园景外，音乐会是公园一大传统特色。早期公园的音乐会是由英国兵舰上的乐队来演奏，之后是由工部局的管弦乐队演奏。音乐会每周至少一场，夏季甚至一周三四场，每场观众数百人。

然而，自公园开放时起，它就不准中国人入内。经过几十年坚持不懈的斗争，工部局终于宣布从1928年6月1日起公园对中国人开放。

然而好景不长，太平洋战争爆发后，公园遭到了侵华日军的肆意践踏，面目全非。抗日战争胜利后，上海市政府工务局园场管理处修复了被破坏的园景。1949年5月27日上海解放后，公园于当年6月9日重新对外开放。

1973年公园进行了较大规模的改建，在园门内建一座占地406平方米、高9米的假山，瀑布从山上泻入水池。在园东沿黄浦江边建有面积为356平方米的长廊，两端阶梯可登廊顶平台，是园内观赏浦江景色的最佳处。园西建有一座钢筋混凝土结构绿廊，长30米，宽3.8米。在园北建钢筋混凝土结构的两层茶室，面积388平方米。同时，还改建了园中的阅报廊和画廊，公园面貌焕然一新。

1989年1月11日，公园闭园建造人民英雄纪念塔，由同济大学、上海市政设计研究院、上海市园林设计院分别规划设计，由交通部第三航务工程局第一工程公司施工。早在1950年就举行了纪念塔的奠基仪式，但因各种原因而拖延至1994年上海解放45周年时落成。人民英雄纪念塔矗立在公园东北部的黄浦江与苏州河交汇处，由三根高达60米的花岗石塔体构成，寓意从鸦片战争、五四运动和解放战争以来在上海为人民革命事业英勇斗争、献出生命的人民英雄们永垂不朽。广场四周的浮雕全长120米，总面积335平方米，全部用花岗石雕凿而成。中间自西向东依次是《鸦片战争》《五四运动》《解放战争》和《抗美援朝》四幅主题浮雕；两侧另有两幅英雄战斗的浮雕。纪念塔的基座用花岗石砌成正方形平台及三层圆形台阶；须弥座用花岗石砌成巨大圆形喷水池，底座呈圆形辐射状；水池中间是巨大的红色花岗石五星雕塑。塔身正下方为直径27米的圆形喷水池；池中心设有喷水射程达20米的喷水柱；池周围有喷水射程各为7米、8米、9米、12米和15米的五个小喷泉环绕。整个喷水池如盛开的鲜花簇拥着耸立其上的纪念塔。夜幕降临时塔身四周的泛光灯同时亮起，把纪念塔照映得通体辉煌夺目，美丽动人。黄浦公园不仅是外滩百年沧桑的见证者，更是上海具有标志性的现代城市公园。

陈毅铜像

陈毅铜像位于南京东路外滩，建于1993年9月。这是上海人民为了纪念和缅怀新中国成立后上海市第一任市长陈毅而精心塑造的雕像，现在已经成为上海的标志之一。

外滩陈毅铜像由著名雕塑家、上海大学美术学院教授章永浩设计。塑像背北朝南，高5.6米；底座用红色磨光花岗石砌成，高3.5米。雕像呈直立状，一手垂直，一手叉腰，臂弯里挎着军大衣，炯炯有神的目光注视着远方，生动地再现了老市长视察工作时的典型姿态，显示了他风尘仆仆、勤勤恳恳的公仆形象，以及和蔼可亲、虚怀若谷的儒将风度。雕像的南面是广场和涌泉，涌泉的造型外周正方，内圈是椭圆形的喷水池，池底安装了彩色的光源。夜晚，随着音乐和灯光的变换，条条水柱喷薄而出，时高时低，辉映出红、黄、蓝、绿的光束，为外滩增添了瑰丽的夜景。20世纪

90年代初，上海黄浦区曾在陈毅广场举办过多场周末音乐会，将音乐艺术推向街头，提高市民欣赏高雅音乐的水平，在全国首开了广场音乐会的先河，成为一道亮丽的风景线。

1949年5月27日，上海这个中国第一大城市迎来了解放。5月28日下午，中国人民解放军第三野战军司令员兼政委陈毅出任上海军管会主任，并正式就任新上海的市长。从1949年到1954年的5年任期内，陈毅市长忠实执行党的革命路线，在恢复国民经济和进行社会主义改造的斗争中，开展了艰苦卓绝的工作，为建设社会主义新上海做出了卓越的贡献。在解放上海之初，他就宣布《入城守则》：不准开炮、不准爆破、不入民宅；要求野战军到了城里不准再"野"。历时15天的上海战役，歼灭国民党军15.3万人，全市水电未停，电话畅通，工厂学校保存完好，城市完好无损。枪声停息后的第一个早晨，当市民打开家门，惊奇地发现马路两边湿漉漉的地上，睡满了身穿黄布军装的解放军战士。攻取了上海的胜利之师不入民宅睡马路，这旷古未有的景象深深打动了上海市民。就任上海市长后，面对满目疮痍，百废待兴的上海，面对国民党军散兵游勇的捣乱、敌特的破坏、投机家制造的金融危机、美蒋飞机的轰炸、民族资本家的徘徊观望，以及流氓阿飞、匪徒小偷、妓女难民等旧上海遗留下来的诸多社会问题，陈毅以他高深灵活的政策理论水平、博大的气魄和胸怀，以及坦诚待人、毫无架子的品格，领导全市广大干部和人民群众排除万难、夙兴夜寐、艰苦奋斗，医治旧社会遗留的陈疾旧疴和战争创伤。经过一年废寝忘食、日理万机地工作，使上海初步走向了稳定和繁荣。1954年，陈毅调中央工作，担任国务院副总理，后兼任外交部长，还担任了中央军委副主席，1955年被授予元帅军衔。

陈毅市长为改造旧上海、建设新上海做出了彪炳史册的历史性贡献，得到上海人民群众和各界人士的广泛拥护和衷心爱戴，他的音容笑貌和光辉业绩将永远铭记在上海人民的心中。

外滩信号台

外滩信号台，也被称为外滩天文台，坐落于中山东二路1号（外滩延安东路口），是外滩的标志性建筑之一，被列为全国重点保护建筑。

其历史背景可追溯到1843年上海开埠后。当时，黄浦江上外国商船频繁进出，但船只无法在船上获得准确的天文和水文信息，这给航行带来了极大的不便。为了解决这个问题，1884年由法国人开设的徐家汇天文台在外滩建造了一座气象信号台。起初，这座信号台只是一根木杆，用于挂出不同的信号旗，向江上的船只传递气象信息。随着时间的推移，信号台进行了多次扩建和改造，最终形成了现在的外滩信号台。

这座建筑的设计者是名叫马第的外国人。信号台采用了圆柱形的设计，总高度为50米，塔高36.8米。塔顶安装了各种测量仪器，使得气象信号功能得到了加强。1927年外滩天文台再次进行扩建，并在塔楼的旁边增建了长方形的观象台裙房，塔高升至48.8米。整个建筑物的外观由红砖和白色大理石构成，非常醒目。在当时，外滩天文台是上海最高的建筑之一，也是远东地区的第一高塔。

然而，随着现代科技和通信手段的飞速发展，外滩天文台提供气象信息的功能逐渐被淘汰。1953年，外滩天文台被改造为上海水上派出所。尽管如此，建筑物本身仍然被完好地保留下来。

1995年，上海市政府对外滩道路进行改扩建。外滩天文台处于路的中央，成为路障。在反复比较拆除和整体移动两种方案后，最终选择了保护历史建筑并整体向东南方向移动的方案。整个平移工程耗资540万元，采用了最新技术，以一天移动几厘米的速度，花了几十天时间，毫发未损地将天文台向东南方向平移了22.4米。

如今的外滩信号台已被改建成外滩史陈列室。一层陈列室里陈列了许多上海的旧照片，每一幅照片背后都有一个故事；二层则改建成了一个咖啡厅，老式的留声机播放着20世纪三四十年代的爵士乐。这里已经成为了解上海历史和文化的好去处。

国际饭店

国际饭店位于南京西路（原静安寺路）170号，黄河路口，东侧为体育大厦和金门饭店大楼，对面是昔日的上海跑马厅（其售票处现为上海市历史博物馆）。此建筑高达83.8米，地上24层，地下2层，采用钢框架结构和钢筋混凝土楼板。自建成之日起，便刷新了全国乃至亚洲的建筑物高度纪录，并保持着上海最高楼的地位直至1982年。虽然落成至今已经整整90岁了，但依然气度不凡，时间愈久愈有一种韵味，透出无穷的魅力。当年，无论是上海本地居民，还是外地来沪游客，都会在此打卡留念，仰望这座历史悠久的建筑，感叹其雄伟壮观。

国际饭店由金城、盐业、大陆和中南四家银行联合储蓄会投资建造，因而起初取名叫"上海四行储蓄会大厦"。原打算建公寓楼，全部用于出租。当时，四行储蓄会请匈牙利建筑师邬达克担任设计。邬达克致信四行储蓄会，表示"建造大饭店显然要比单纯的公寓楼更加有利于尽早收回巨额投资"，建议改变大楼的功能。四行储蓄会接受了他的建议，把新造的大楼定名为"国际饭店"。

拉斯洛·邬达克，匈牙利人，国际著名建筑设计师。他在上海的代表作有铜仁路上的原上海滩巨商豪宅"绿房子"、"哥特式塔尖"沐恩堂、国际饭店、大光明电影院、百乐门舞厅等，不胜枚举。这些从20世纪30年代起就矗立在上海的建筑，和张爱玲的小说一样，塑造了"融贯中西"的上海风，成为上海永恒的建筑经典。

邬达克逝世50年后，匈牙利把2008年定为"邬达克年"，并从当年的1月22日起在上海举办一系列的纪念邬达克活动。这其中就包括在邬达克设计的国际饭店举办的"邬达克建筑设计展"。

国际饭店于1931年3月启动设计，1934年12月竣工。占地1 179平方米，建筑面积15 650平方米。外形仿美国早期摩天楼形式，立面强调垂直线条，层层收进直达顶端，高耸且稳定的外部轮廓，尤其是15层以上呈阶梯状的塔楼，表现出美国装饰艺术风格的典型特征。所有材料均取之国内，底3层镶贴青岛崂山黑花岗岩饰面，4层以上全部镶贴棕色泰山面砖，显得非常典雅庄重。大堂地坪全部采用国产大理石，与当时流行的意大利大理石相比，不仅价格经济，而且更显中国实力。大厦的第2、3、14层用巨型圆角玻璃镶贴，显示了强烈的现代感和立体感。建成后近50年一直雄踞"上海第一高楼"宝座，当年的国际饭店是"上海高度"的象征。

建筑大师贝聿铭10岁时来上海见到国际饭店时，怦然心动，被它的高度深深地吸引。于是，他未等读完圣约翰大学的课程，便踏上去美国攻读建筑学的道路，最后成为一代国际建筑大师。

国际饭店开张后，当时军政要员、社会名流常常在这里设宴，成为社会上层的活动场地之一。陈纳德和陈香梅在14楼摩天厅宴请过朋友。当年梅兰芳宴请卓别林的"孔雀厅"，如今已改名为"丰泽楼"。不少社会名流和外国政要都会选择在此下榻，张学良、梅兰芳、胡蝶、卓别林等也在这里住过。

上海解放之初，陈毅市长曾在国际饭店接见解放军团级以上的指挥员。1959年，郭沫若来上海时，曾登上饭店最高层，观赏上海市容，并欣然题诗两首。改革开放初期，国际饭店的顶楼竖起了新中国第一个楼宇广告，为东芝这个日本品牌打开了中国市场的大门。

1950年11月，为统一上海的平面坐标系统，上海市地政局对全市进行了测量，测量以国际饭店楼顶中心旗杆为原点，由此确立了上海城市平面坐标原点。1997年，国际饭店进行翻修，着重凸显出"城市原点"的特色，在大堂内棋杆垂直处添置一座大理石台，石台表面是一幅简易版上海地图。地图中央，一颗红点引人瞩目，旁边标注"上海市大地原点"。

现在，以国际饭店为中心的人民广场历史风貌区已是沪上文物建筑最集中的区域之一。电视剧《繁花》热播后，国际饭店西墙外的黄河路，成了"魔都"上海的网红打卡地。

复兴公园

从享誉盛名的新天地出发，循着复兴中路婆娑斑驳的梧桐树影一路向西，穿过重庆南路的红绿灯，即可遇见转角的一隅风景。低调的青黑铁门上，或直或斜或弧的栏杆纵横交错。门上横向悬挂繁体的"复兴公园"四字，于凝重中依稀若见其欲说还休的无尽往事。都说酒香不怕巷子深，同样地，园好自然不惧园门小。绕过镇守园门的苍苍古松，向北移步稍许，便可看到白柱金顶的音乐亭，与四周苍天古木的层叠绿叶交相辉映，气质斐然。以音乐亭为最南端向北拉开公园的纵轴线，由南往北分布于纵轴线上的依次为方正的大草坪、以喷水池为中心的长方形花坛，以及最北面的马克思恩格斯雕像。大草坪广阔而绵密，如巨大的绒毯绵延铺开。长方形花坛设计成独特的沉床式，各色花卉争相开放，远观如五彩地毯，故又谓之毛毡花坛。喷水池的水花形成纷繁复杂的层次，四散喷洒，与池旁红花绿草相映成景。

以纵轴线为中心的四周,各自形成相互联系而又相对独立的景观区。公园西北角的月季花坛呈椭圆形,成千上万粉、红、黄、白的月季星点散布,美轮美奂。公园西南角以块石叠成假山,林木荫翳。假山东北有荷花池,池内莲叶荡漾,荷花摇曳,与临水的榭廊翩然共舞。

中国园林以写意著称,欧洲园林以规则见长。复兴公园中轴对称的公园布局,几何形的景观区,笔直的园内道路,以及亭台水榭的点缀,显然是洛可可风格的欧洲园林与中国山水水乳交融的结果,这当然与其百年历史密不可分。19世纪80年代,这里原是一顾姓豪门的私人花园。1900年法公董局将其买下,并将其中一部分作为屯兵之用,被称为顾家宅兵营。1904年以后,法军撤去,法国俱乐部租用部分土地建造网球场等。1908年,法公董局决定将此地改建成花园,请法国园艺师柏勃按法国园林特色进行设计。1909年公园建成,并于7月14日法国国庆日对外开放,时称顾家宅公园,俗称法国公园。从1917年到1926年,法租界当局不间断地对公园进行了大规模的扩建和改建,在原有的法国风格中增加了一些中国园林因素。上海解放后,政府又对公园进行了数番整修和扩建,终成如今之大观。

悠悠百年间,从法租界时期热闹纷呈的法国国庆庆典,灯红酒绿的舞会,到民国时期青年情侣的幸福笑靥,再到新中国成立后振奋人心的华东野战军战绩展览和军械表演,一直到如今的"玫瑰婚典"、茶文化节、音乐节等,"盛宠不衰"的复兴公园将这座城市的沧海桑田尽收眼底。如今,复兴公园成了老年人呼朋引伴前往之地。高大的古木掩映下,老人们歌者悠扬,舞者翩跹,健身者精神矍铄,品茗者悠然自得,将这百年古园,皴染上了一派盎然生机。

上海徐家汇天主教堂

1910年徐家汇天主堂落成,它是中国第一座按西方建筑方式建造的教堂,落成之日即成为当时的"上海第一建筑""远东第一大教堂"。17世纪初,西方传教士就开始在上海地区活动。明万历年间,意大利天主教耶稣会传教士、学者利玛窦就来到中国传教。他和京官翰林院的徐光启协力翻译了《几何原本》等著作,西方科学从此传入了中国。徐光启笃信天主教,是我国最早的天主教徒之一,他是上海徐汇人,以大学士的身份号召家乡父老入会天主教,身后葬于家乡徐家汇。或许,这可以解释为什么"远东第一大教堂"出现在上海徐家汇——这里有信教基础。18世纪,西方天主教会在大清国经历了诸多挫折。此后,《南京条约》签约,1843年上海正式开埠。法国天主教因为徐家汇与天主教的关系,决定将耶稣会的总部建在这里。19世纪60年代,天主教会通过各种手段取得这片土地作为天主教教区,徐家汇由此逐渐成为天主教的远东中心。徐家汇教区直属法国巴黎耶稣会领导,大批法、意、德等国的传教士和神父来到这里,在徐家汇地区创办了宗教、教育、文化、慈善等机构。一百多年里,陆续建造成完整的法国式宗教文化设施,成了教会文化中心,也推动着中国近代思想学术和文化的发展,徐家汇天主教堂在国际、国内和教会界都具有一定的影响力。依照天主教惯例,新建教堂要选一位在教会历史上的圣人作为"主保圣人",并以其名字命名该教堂,于是决定以耶稣会创始人圣·依纳爵为徐家汇天主堂的"主保",教堂的正名即为"圣·依纳爵天主堂","徐家汇天主堂"是其俗称。教堂正面朝东,平面呈拉丁十字形,整幢建筑高五层,砖木结构,外观是典型的欧洲中世纪哥特式建筑。两侧钟楼高59米,31米高的尖顶上立两个十字架,直插云霄。教堂主立面为清水红砖墙体,四周门窗洞均为哥特尖拱券式,嵌彩色玻璃,镶成图案和神像,具有强烈的视觉美感。教堂中厅高敞,高敞的空间更给人以遐想。空间有三层高,两侧较低,为二层高,可容纳3 000余人。大堂内圣母抱小耶稣像立于祭台之巅,俯视全堂,为整座教堂之中心。这座圣母耶稣像是1919年的复活节,在巴黎制成后运抵上海的,所以教堂的正式名称也称为"圣母为天主之母之堂"。

徐光启出生在上海县城南乔家浜南岸太卿坊,在此后相当长的一段岁月里,他都生活在乔家路234号至244号的这幢建筑里,这里是徐光启故居,人们习惯称呼他的故居为"九间楼",或者"九间头"。其实,叫"九间楼"也好,喊"九间头"也罢,都是附近居民对这幢楼房的习惯叫法,不是正式名称,在明清县志里是查不到的。它真正的名字叫"后乐堂"。这幢楼是徐家祖居建筑群第三进最北面的房子,随着徐光启的逝世,"九间楼"也发生了变化。崇祯十四年(1641年),为纪念徐光启,在旧时县署前街曾建有一牌坊即"阁老坊",因为徐光启官至明朝文渊大学士,人称"徐阁老"。此外,九间楼中修建了徐文定公祠堂。崇祯年间,为纪念徐光启还建造了徐光启公祠（东祠）。清代光绪年间，又建造了徐氏宗祠（西祠），清光绪四年（1878年）又将两者功能进行互换，把西祠改为徐光启公祠（又称"明相国徐文定公祠"），简称"徐文定公祠""徐公祠"，而把东祠改为徐氏宗祠，作为徐氏后裔供奉列祖列宗之用的场所。

徐家汇藏书楼

徐家汇藏书楼是上海现存最早的近代图书馆，也是我国西学东渐和东学西传的缩影。现址收藏自1515年至1949年出版的外文文献计32万册，文字涉及拉丁文、英文、法文、英文、德文、俄文、日文等近20个语种，内容覆盖哲学、宗教、政治、经济、语言、文学、艺术、历史、地理等领域。其中，1800年前出版的西洋善本中的早期中外语言对照辞典、中国经典西译版本、欧洲汉学资料、西文珍本典籍、旧日文文献、天主教神学资料等最具特色。

早期的徐家汇藏书楼由西方教会神父任主管。辛亥革命后才有中国人参与领导，到1949年共有3任主管，其中以徐宗泽在职时间最长（1920—1947）。他注重对中国地方志的搜集，并主持编制了徐家汇藏书楼的藏书目录——《汇堂石室书目》。徐家汇藏书楼收藏了不少珍贵的中西文文献。中文文献分经、史、子、集、丛书5部，以地方志居多，此外还有碑帖、谱谍等，不乏善本。另外，天主教、基督教书籍收藏较丰富。该馆收藏有大量手抄本。并收藏有《申报》《上海新报》《汇报》《北华捷报》等中国近现代报纸，以及《教会新报》《小孩月报》《益闻录》《花图新报》《圣教杂志》等杂志。该楼最初主要供耶稣会教士研究参考，后有改进，但也必须是教会中人或经教会中人介绍，主管同意后才可入楼阅览，而且为数甚少。1956年11月，上海市军管会征用该楼藏书、器具等，由文化局交上海图书馆整理。徐家汇藏书楼现已成为上海图书馆的一部分，称为上海图书馆徐家汇藏书楼。现存徐家汇藏书楼为南北交错的两幢建筑。北楼，即大书房，建于1897年，为两层双坡顶，砖木结构，南北立面设多个葡式壁柱尖券硬洋松百叶门窗。两层的设计理念和风格融合了中西文化内涵，上层为西文书库，布局和藏书排架为梵蒂冈图书馆式样；下层原为中文书库，仿照明代宁波天一阁风格。南楼，原耶稣会住院，即神甫楼，建于1867

年，几经改建，于1931年固定为四层坡顶外廊式建筑。

上海周公馆

中国共产党代表团驻沪办事处旧址，又称周公馆，位于上海思南路73号、71号。这是一幢四层的西班牙式花园住宅，始建于20世纪20年代。1946—1947年国共谈判期间，中共代表团租下该建筑并作为活动场所。周恩来在这里工作、生活，并曾在此接待美国总统特使马歇尔，与国民党政府代表邵力子、吴铁城及第三方面代表沈钧儒、黄炎培等交换意见。建筑为砖木结构，4层。折檐坡顶，覆红色平瓦。底层弓形拱券门廊，1、2层设阳台，4层有挑空小阳台。外墙上镶嵌着光滑的鹅卵石，夏天整幢楼房掩映在浓绿的爬山虎的叶丛中。楼房的南面，有一个占地一亩多的花园，花园的中间是一片正方形的草坪，当年周恩来曾在花园里会见客人。

1楼朝南的一间面积约40平方米的房间是会客室，墙上挂着召开记者招待会使用的国民党军队进攻解放区形势图，当年周恩来多次在这里召开中外记者招待会。朝东的一间面积约14平方米的房间，是周恩来的工作室兼卧室。室内陈设非常简单，床上的被子是办事处成立时发的。

2楼整层楼面，是办事处外事人员的工作室兼卧室。陈列有收音机、英文打字机、油印机和编辑出版的《新华周刊》等物品。3楼正中一间面积约40平方米的房间，是办事处集体宿舍；朝北的一间面积约12平方米，是董必武的工作室兼卧室。

1979年2月，中共中央同意恢复旧址原貌，建立纪念馆，由73、71号两幢楼组成，占地面积2 400平方米，建筑面积1 049平方米。其中，73号为旧址复原部分，是上海唯一保存完整并对外开放的周总理纪念地；71号用作"中共代表团驻沪办事处图片史迹展览"。1986年9月，正式对外开放。2019年10月16日，由国务院公布为第八批全国重点文物保护单位。

上海的古典园林

上海的古典园林虽不能与苏州比肩，但在千百年的岁月长河中也有不少留存的"沧海遗珠"，其中上海著名的五大古典园林堪称上海江南文化的重要地标。

醉白池

位于上海松江区的醉白池是上海著名的五大古典园林之一，始建于宋代，至今也有近千年的历史了。醉白池占地面积约5公顷，原为宋代进士朱之纯的私宅，名为谷阳园。明朝大书画家董其昌也在此挥墨觞咏，为谷阳园中凝舫写下"临世濯足，希古振缨"的对联。清朝时期著名画家顾大申，在谷阳园原址上重建园林，为表达对白居易的仰慕之情，为园林赋名醉白池，一直沿用至今。醉白池以一泉清池为中心，满栽古树，春花、夏竹、秋菊、冬松，一日之间有四季风情，四季变化有不同景致。醉白池有着江南地区典型的园林布局，花筑成景，娟秀精美，园内建筑，精致典雅。民国初年，孙中山曾到访醉白池，在雪海堂前发表革命演讲，发出"革命尚未成功，同志仍需努力"的呐喊，鼓舞了各界民众的爱国之心。置身醉白池，游园赏景，可以领略上海文化之根——松江的"江南园林之美"，读懂上海的江南文化根源与血脉。

豫园

豫园位于上海市黄浦区上海老城厢，始建于1559年，已有四百多年的历史。豫园的园林特色在于其精致的建筑和景致。园中的建筑以明清风格为主，错落有致，曲折幽深。园中假山、池塘、流水、小桥、建筑、植物等元素，构成了一幅幅精妙的景致。此外，豫园还有许多文化内涵丰富的景点，如点春堂、万花楼、玉华堂等，每个景点都有其独特的文化背景和历史故事。豫园内的"玉玲珑"是与苏州留园"冠云峰"齐名的太湖石精品。

古漪园

古漪园位于上海市嘉定区南翔镇，始建于明代，已有近五百年历史。古漪园的特色在于其自然与人文的融合，以明清风格为主，古朴典雅。此外，古漪园还有许多文化内涵丰富的景点，如逸野堂、戏鹅池、松鹤园、青清园等。

在古漪园的竹枝山顶，有一座敞开式的四角亭。1932年，由南翔人陈少芸等集资建造。缺角亭又名补阙亭，为何会"缺角"呢？因为在建亭时，四柱翘角亭独缺东北方向的一角，以志"九一八"事变痛失东北三省的奇耻大辱。而其余三角均为拳状翘角，塑有紧握的铁拳，以示反抗日军侵略、收复失地的决心。

秋霞圃

秋霞圃位于上海市嘉定区，是一座有着悠久历史的园林。它始建于明代，已有四百多年的历史。秋霞圃布局精致、环境幽雅，有许多文化内涵丰富的景点，如碧光亭、碧梧轩、凝霞阁、扶疏堂、文韵居、闲研斋、数雨斋等。

曲水园

曲水园位于上海市青浦区，是一座有着悠久历史的园林。它始建于清代，已有两百多年的历史。曲水园以小巧玲珑、典雅古朴著称，有许多文化内涵丰富的景点，如凝和堂、花神厅、涌翠亭、喜雨桥等。

走进这些园林，仿佛穿越时空，回到了1843年开埠前的上海，可以从中感受到那份古朴与平淡。它们不仅是上海的历史遗产，更是上海的江南文化地标。

苏州河工业文明展示馆

苏州河工业文明展示馆坐落于苏州河畔光复西路2690号，旧址为上海眼镜厂，一栋造型新颖、风格独特的馆舍建筑在四周绿植的环绕下引人注目。2021年，普陀区以城市更新为契机，在实现苏河水岸贯通之后，对苏州河工业文明展示馆进行了改造提升。

经过近一年的改造提升，苏州河工业文明展示馆完成"变身"，于2022年9月中旬重新接待参观者，现已成为苏州河畔新的文化地标和视觉焦点。

全馆通过文物展览、场景复原、光影互动、文创体验等形式，全景式呈现苏州河畔从近代工业热土到创新宜居乐土的嬗变历程。

在一楼展厅，一幅老上海工业的"清明上河图"长卷徐徐延展开来，结合交互技术，参观者们可以跟随投影，从外白渡桥沿着苏州河溯流而上，饱览苏州河沿岸的重要建筑、工厂、航运以及道路风光，身临其境地感受20世纪二三十年代苏州河两岸工厂林立、商业繁荣的景象。在一旁的文字图像展示中，参观者可以详细了解苏州河周边曾经工厂林立的情况。包括福新面粉厂、天厨味精厂、申新纺织公司、美亚织绸厂等民族工商业曾经的辉煌。

除了交互式动态体验外，馆内还放置了许多老物件，其中最具"分量"的要数1920年由英国普拉特兄弟公司生产的一台清花机头。清花机是纺织工艺中极为重要的器械，清花机头的精密程度决定了纺织工艺的成熟与否。参观者可以在动态蓝光投影的配合下，感受到当年蓬勃发展的旧上海苏州河两岸的工业文明。

75型双柱立式冲饼机也很引人注目。它是由上海造币厂自制的，曾用于第二套人民币中1分、2分、5分币的生产，一直使用至2000年。

二楼展厅内，则复原模拟了当时灯泡工厂车间办公室的场景。在这里不仅能感受到新中国成立后焕然一新的上海工业发展面貌，也能了解到许多新中国成立后的工业发展历史，还能体会到人民当家作主、参与建设新社会的积极热情。

回顾完历史后，参观者可以走进"远航：苏州河的创新发展"展区，了解当下苏州河沿岸的特色园区。在尾声部分，参观者可以通过科技感十足的机械屏观看《2035·苏河水岸》短片，结合苏州河沿岸的规划内容，了解并展望滨河空间未来的全面升级。

走出展馆，远眺蜿蜒的苏州河，昔日两岸工厂林立的盛景，似乎已经渐行渐远，河水污浊黑臭的旧貌也好像不曾有过。经过苏州河及河岸综合治理，如今的苏州河两岸，新兴产业争相集聚，特色园区凸显魅力，创新企业茁壮成长，苏州河水岸正展现出鱼跃龙门，千帆竞渡，激越澎湃的发展活力。苏州河的百年变迁，正是"魔都"上海发展历史的缩影。

主题四　放眼风物

紫花布[①]

说起紫花布，人们或许会认为它是紫色的。其实，紫花布既不紫，布

[①] 摘编自2024年2月12日《解放日报》第四版《这块诞生于上海的土布，曾温暖世界700年》，作者毕信仁。

样上也无花。沈从文在《中国古代服饰研究》中描述道："由农民织成的家机布，未经加工多微带黄色，特别经久耐用。"由此可见，紫花布色彩并不花哨，除了不漂不白的"本白"，还有老蓝、土黄等单色。那为什么叫紫花布呢？原来，明代种棉有木棉和草棉两种，花则有白色与紫色之分。根据《天工开物》记载，当时白棉花的种植占十分之九，而紫棉花占十分之一。也就是说，紫花棉是一种天然彩棉，棉花花开为紫色，成熟后的棉果却为黄色，纤维细长柔软，织成的手工布未经染色就呈现天然的黄色，经久耐用，其纺织品因此被称作"紫花布"。

紫花布诞生于松江乌泥泾（今上海华泾镇），它的历史发展与黄道婆有着千丝万缕的关系。元朝时期，黄道婆从海南崖州带回了当地先进的棉纺织技术，在松江乌泥泾传授技艺。乌泥泾的印染技艺很出名，当地产的"乌泥泾被"名闻天下。经黄道婆的革新和推广，松江地区的棉纺织技术水平迅速提高，当地出产的紫花布、扣布、稀布、标布、丁娘子布、高丽布、斜纹布、斗布、刮成布、踏光布，以及印染的云青布、毛宝蓝、灰色布、彩印花布、蓝印花布等，都和"乌泥泾被"一样享有盛誉。

黄道婆总结并革新的手工棉纺织技艺，从乌泥泾传至松江全府，进而传遍整个江南。到了明代，松江已成为全国棉纺织业的中心。棉纺织业的发展带来了经济的繁荣，民间有"先有松江府，后有上海滩"的说法。元、明、清三代，以松江府为中心的江南棉纺织业独步全国，成为全国棉纺织业最发达的地区，其产品远销全国各地，当时就有"买不尽松江布，收不尽魏塘纱"的民谚，也赢得了"松郡棉布，衣被天下"的赞誉。《上海纺织工业一百五十年（1861—2010年大事记）》表明，明朝万历年间，上海县30万城乡人口中有20万人从事手工棉纺织生产，整个上海地区年产棉布达3 000万至3 500万匹，其中包括紫花布、白棉布、黄纱布。

清中叶，上海地区年产棉布4 500万至5 000万匹，大量销往东北、山东等地。最先外销紫花布的是葡萄牙人。从16世纪起，葡萄牙人便将其销往欧洲、美洲、非洲、日本、印度和东南亚地区。1590年，葡萄牙神父杜阿尔特·桑德和亚历山德罗·瓦利尼亚诺在《中国王国记述》中记录了木棉的情况："这种棉可以制成各种衣服，我们常常会穿，这些衣服也被销往很多地区。"明清经济史和对外贸易史中经常会提及一个外文词汇：Canga，学者一般认为是吴语"江"的发音，指松江布，即对本色土（棉）布的统称。

明清时期，松江府地区属南直隶南京。根据郭卫东《丝绸之路续篇："南京布"的外销》一文研究，当时出口到欧洲的紫花布，在葡萄牙语和西班牙语里都叫"松江布"，后来英国商人把它改称"南京布"。这一说法与刘甜、舒黎明的《壹棉壹世界：7 000年的棉与人》相互印证：当时紫花布的运输以南京为主要集散地，经营这种棉布的东印度公司便称其为"南京布"。此后，"南京布"便成为"紫花布"在欧洲市场流通时的主要名称。

由此可见，"南京布"其实并不是特指南京一地出产的棉布，而是泛指以南京为中心的南直隶广大地区生产的棉布——其中以松江府为最主要产地。

从某种角度而言，在当时的紫花布海外贸易领域，松江布与紫花布、南京布是画上等号的。就是这样一块看似平平无奇的朴素土布，得到了西方人士的喜爱与追捧。紫花布等经广州口岸输出西方各国，贸易额达白银700万至800万两。18世纪至19世纪，松江布更是远销欧美，在西方世界风行一时，其中尤以紫花布最为流行。

以紫花布为代表的中国棉织产品，在欧美产生了巨大而深远的影响。据英国1883年出版的《中国博览》记载，在英国，人们以穿着紫花布为荣，似乎没有这种中国棉布裁制的服装就不配称为绅士，难以登大雅之堂。紫花布成为欧洲许多贵族、绅士追逐的时尚。紫花布裤子如今作为历史文物被保存在伦敦的大英博物馆中。

如果您觉得这一切难以想象，那就请19世纪英法等国的著名作家用他们的世界文学名著作证吧！

法国作家大仲马的代表作《基督山伯爵》中，有这样一个场景：主人公爱德蒙·唐代斯为获取重要线索，以弗伦奇银行首席代表的身份，专程拜访马赛市长。在这样一个重要场合，主人公的打扮和举止自然都要符合相应的社会地位。书中是这样描写的："此人身穿淡蓝色礼服，紫花布裤，白背心，举止和口音都有一股英国味儿。"

在同时期其他法国作家的作品中，也有关于紫花布的描述。福楼拜在《包法利夫人》中写道："药剂师过来了。他穿一件青燕尾服、一条紫花布裤、一双海狸皮鞋，还戴一顶毡帽——一顶矮筒毡帽，真正难得。"

紫花布还出现在雨果的《悲惨世界》中："他最讲究的服装，是一条紫花布裤，大象腿式裤筒，裤脚由铜丝带扎在脚下。"

在英国，作家狄更斯也在其作品中多次提及"紫花布"，仅一部《大卫·科波菲尔》中，就出现八次。

上述经典文学作品的描述，足以佐证紫花布当年在英、法等欧洲国家的受欢迎程度。它几乎成为身份地位和时尚潮流的代名词。也难怪，有学者将紫花布称为"世界近代贸易史上最火的单品"。

这场发源于乌泥泾的"棉花革命"以及以紫花布为代表的传统"上海纺织"，奠定了上海地区繁荣昌盛的纺织产业的历史基础，成为国人"穿在上海"的"历史根源"，并温暖了世界700多年。紫花布，可以说是那个时代中国外贸继"茶叶、瓷器、丝绸"之后的又一拳头产品，是明清时代的中国，特别是明清时代上海的外贸名片。

直到19世纪初叶，英国的纺织工艺仍较为落后，美国的纺织工业甚至还没有建立起来。反观中国，棉花手工纺织业已有数百年的蓬勃发展历史，以紫花布为代表的棉纺织品在质地、花色等各个方面都超过了欧洲生产的布匹，而且价格更低廉。因此，紫花布大量出口到海外，并成为欧美贵族追逐的时尚物品，就不足为奇了。

不过，这种局面很快迎来了巨大改变。虽然广州怡和洋行在向商家发送的行情报告中说"中国土产的紫花布，无论在质地和成本上都优于曼彻斯特的棉布"，但随着英国工业革命的完成，用新发明的纺织机器生产的棉纺织品，在性价比和质量方面不断进步，最终结果我们都看到了：手工终于败给了机器，紫花布也就逐渐淡出了历史舞台。

如今，随着各方人士的深入研究与挖掘，曾一度湮没在时光中的紫花布拂去历史尘埃后再次浮现在世人眼前。百余年前，它作为"中国名片"，通过海上丝绸之路行销海外，在世界舞台上谱写了浓墨重彩的时尚华章，也为上海的城市记忆镌刻下了生动而鲜活的历史印记。

主题五 旅游开发

旅游与社会经济发展

一、旅游带动区域经济发展

从区域发展角度出发，开发旅游资源不仅要着眼于旅游资源自身的收益，还要着眼于区域的整体经济效益。旅游业所带来的经济收入不仅仅限于游客在旅游景点的消费，还包括旅途中的交通、住宿、购物等消费。它带动了国家或区域的交通、餐饮、宾馆、商业等多行业的发展，成为第三产业发展的引擎。

二、旅游促进就业，加快农村劳动力的转化

对于广大农村地区和中西部地区而言，在当地发展旅游业，可以带动相关产业的发展，创造大量的就业岗位，不仅能有效缓解农村地区人多地少的矛盾，也避免了因富余劳动力盲目流入大城市所造成的一系列问题。

三、旅游促进地区间文化交流和信息交流

对于边远贫困地区而言，旅游使当地迅速改变了原有的封闭状态，增强了对外界的了解，减少了地区间的隔阂，推动了当地社会文明进步。旅游可以增进世界各民族的了解和友谊，增强对不同民族文化和地方文化的认同，对保持文化的多样性具有积极意义。

如我国云南省地处高原、边疆、少数民族聚居地区，旅游资源丰富，但由于自然与历史的原因，云南的社会经济发展基础相对薄弱。20世纪90年代以来，云南省利用当地的旅游资源大力发展旅游业，促进了第三产业的快速发展，带动了当地就业，推动了全省由资源优势向经济优势的转化，城市化发展加快，由旅游发展需求带动的全省航空、公路等基础设施建设，改善了全省的投资环境，成为社会经济发展的强有力支撑，旅游开发成为全面推进区域社会经济发展的突破口。

我国不断加大发展旅游业的力度，旅游总收入实现连续快速增长。旅游业对国民经济发展的贡献率显著提高。

旅游业作为第三产业，相对于第一、第二产业，具有资源占有少、资源耗竭强度低、对环境与生态的压力较小、附加值高等特点，因此成为许多生态环境脆弱地区经济发展的新增长点和重要途径。如我国实施的西部大开发战略中，西部十二省、自治区、直辖市均将发展旅游业作为拉动当地经济增长、促进社会与经济可持续发展的战略选择。

四、发展旅游必须与环境协调，要防止污染，保护生态环境和景观资源，保持合理的旅游环境容量，实现旅游的可持续发展。

旅游造成的环境污染主要表现在旅游开发和旅游活动中对旅游地造成水污染、大气污染和固体废弃物污染等"三废污染"。一些旅游地环保设施不足，造成大量生活污水、粪便、垃圾得不到及时处理；景区内交通工具排放大量废气，产生大量油污，致使景区开发不久就空气质量下降，水体富营养化，使游客望而却步。另外，相关职能部门和部分游客环保意识淡薄，加剧了环境污染，如我国西南某省会城市的水体富营养化曾成为困扰当地旅游业发展的突出问题。

解决旅游地的环境污染问题，必须加强旅游地的环保设施建设，严格限制景区内机动车船的数量，使用清洁能源交通工具，严格控制景区内酒店、旅馆和商业设施的建设，加强景区的旅游环保宣传，倡导游客文明旅游。

旅游造成的生态破坏主要表现在饭店、道路等基础设施建设和旅游活动过程中对旅游地的动植物资源和生态系统的破坏。如有些景区由于旅游设施的无序建设，挖沙、采石、伐木造成水土流失，甚至引发滑坡、崩塌等地质灾害；对于人文景观的过度建设，游客对植物的采摘、踩踏以及车辆的碾压破坏了自然生态环境，挤压了生物的生存空间，干扰了一些生物的生活规律和活动路径，造成生物量下降，生物多样性减少，一些濒危动植物生存受到威胁。

保护旅游地的生态环境，必须严格禁止破坏生态环境的行为，控制旅游设施的建设规模。建立自然保护区，划分核心区、缓冲区和实验区。在核心区实行严格的保护措施，保持自然的原始风貌；在缓冲区只允许建立少量必要的旅游设施；在实验区禁止与旅游无关的生产活动，控制居民点的人口密度。从整体上保持和维护旅游地的生态平衡。通过建立自然保护区，使当地自然环境得到有效保护，促进旅游良性发展。

旅游开发造成的景观破坏主要表现为在旅游景区建设与旅游景观不相协调的旅游设施。这种建设即使没有对空气、水的质量造成影响，生态系统也未受到根本性破坏，但破坏了旅游景观的特色，造成了视觉冲突，使旅游地的观赏价值大大下降。

保护旅游景观，必须合理规划，制止一切破坏旅游景观的无序建设，保持景观的整体格调和特点。

最后，我们要向读者介绍旅游环境容量的概念。旅游环境容量又称旅游容量，是指对一个旅游点或旅游区环境不产生永久性破坏的前提下，其环境空间所能接纳的游客数量。保持旅游地合理的游客数量是保持旅游与环境协调发展的有效措施。

旅游环境容量的大小，受旅游资源、生态环境、旅游配套设施条件、游客素质以及当地社会文化特征等诸多因素的影响。因此，旅游环境容量是可变的，随着相关设施的完善、游客素质的提高以及实施有力的管理，旅游环境容量可以提高。

旅游环境容量的意义在于：具有实际运用价值，是旅游地规划和管理中的强有力的工具，依据旅游环境容量可以有效保护旅游地的生态环境和旅游资源免遭破坏和退化；在旅游环境容量允许的范围内开展的旅游活动，可以保障游客的旅游质量和体验，维护旅游地的形象；旅游环境容量的提出本身具有警示作用，告诫开发者根据旅游资源和旅游地的特点量力而行，维护旅游品质，保障游客安全。告诫游客在旅游中注重对旅游资源和生态环境的保护，做到文明旅游，绿色出行。

主题六　行　路　天　下

特别提醒：参观和考察过程中，应注意安全，随时记录或摄影，如有同伴或家长同行，应争取配合与合作，并遵守相关单位的有关规定，尊重工作人员，遵纪守法，遵守社会公德，礼貌谦让。

研学活动一　佘山国家森林公园　活动方案

一、主题：岩浆岩岩性、风化土壤、植物类型研学

二、地点：佘山国家森林公园

三、时间安排建议：

（1）到达佘山时间：9：30；

（2）预计离开时间：16：30。

四、研学项目安排：岩浆岩岩性观察与描述、产状测量、土壤风化观察、植被类型观察。

建议：早上抵达西佘山，由西门进入佘山，上午开始登山并观察沿途的植被发育情况，在山顶进行岩浆岩露头的观察（建议中午在野外简单就餐）。

五、观察指导：

（1）在佘山进行岩浆岩的观察与描述，认识岩浆岩侵入现象。佘山为天目山余脉，经历三重火山喷发周期。主要观察的岩性为火山碎屑岩和酸性浅成侵入岩，以粗面流纹岩、英安流纹岩分布较广；

（2）在佘山用地质罗盘进行岩石露头产状的测量。方法参见本书第二单元的主题六。同时观察植物的根劈作用（生物风化）；

（3）观察土壤剖面，并对区域内的植被进行观察和描述。

从发生学角度来看，佘山主要土壤类型为黄棕壤，颜色呈灰色黄色；从系统角度来看，主要土壤为淋溶土，因为降雨较为丰富，雨水入渗多。最上方覆盖了一些枯枝落叶，形成A0层（称为枯枝落叶层或有机质层），下方为A1层（腐殖质层），该层的土壤颜色明显更深，厚度大致与植物根系相当。在植被根系的影响下，该层有机质较多，在微生物作用下形成腐殖质。再往下颜色较浅的为A2层（即淋溶层），是在雨水淋溶作用下，溶解于水的矿物质随水下渗向下运移而形成。该处B层（淀积层）不明显。最下方可以看到还未成土的岩石，为C层（母质层）。

研学器物：地质罗盘（用于测产状）、（地质）放大镜、记录本、笔、防水记号笔、GPS定位器（或手机）等。

附：参观上海天文博物馆（佘山天文台）和佘山天主教堂

佘山天文台是中国近代第一个专业从事天文科学研究的天文台，建于1900年，是中国近代天文学史的发源地，还是中国近代天文学和天文事业发展的重要见证。2004年，以佘山天文台为基础，建成了中国第一家天文行业博物馆——上海天文博物馆。

上海天文博物馆，建议通常参观时间1小时左右。室内参观完毕后，建议用天文台供游客使用的望远镜观察山下地形、河流水系、农作物、交通设施与道路以及其他建筑。

参观佘山天主教堂，建议参观时间半小时至1小时左右。欣赏巴洛克建筑的独特美，感受教堂内部装饰的艺术美。

研学活动二　上海市地质科普馆、南汇嘴观海公园及潮滩地貌

一、主题：地质、海岸地貌实习

二、地点：上海市地质科普馆（浦东新区江镇路100号），南汇嘴观海公园

三、时间安排建议：

（1）到达地质科普馆时间：9：30；

（2）上午：上海市地质科普馆参观学习；

　　　午饭后：南汇嘴观海公园，潮滩观察；

（3）预计返回时间：15：30。

四、研学项目与指导：

（1）在上海市地质科普馆，观察典型的矿物、岩石标本，了解上海市的成陆演化过程，掌握上海市及长三角沿海海平面的变迁与陆地的演化过程（上海冈身的发育情况和分布），掌握若干重要时间节点的海岸线位置，了解地区海陆演化、海平面变化以及海岸线的变迁与人类活动之间的关系等。

（2）南汇嘴观海公园考察。南汇嘴为钱塘江与长江交汇的地方，观察并描述海水的运动特征，并特别注意交汇地区的水质变化（包括颜色、浑浊程度等）。

（3）在南汇嘴附近淤泥质海滩（即潮滩），用GPS定位器等做考察点

定位：北纬30°51′45.47″，东经121°55′28.29″。

（4）在已定位考察点进行潮滩观察，注意观察记录海滩颜色、质地（粒径大小粗细及其分布变化）、滩涂生物等。

研学器物：地质罗盘（用于测产状）、（地质）放大镜、记录本、笔、防水记号笔、GPS定位器（或手机）等。

思考题

1. 除了我们介绍的《永远的微笑》外，你还知道其他20世纪三四十年代的"上海老歌"吗？如果你是音乐爱好者，或有歌唱的天赋，建议你快快听、学、唱，你一定能享受到祖辈们曾经的音乐乐趣，甚至成为他们的艺术知音。如果你是中国古诗词爱好者，你一定能从上海老歌中，感受到祖国语言的音韵之美，体验到江南水乡文化的精巧灵秀、温婉细腻，品味出唐诗宋词的千古遗韵。

2. 为什么上海与江苏启东之间的沪崇启越江工程要采取"南隧北桥"的越江方式？

3. 截至目前，上海共有全国重点文物保护单位40处，其中2019年获批的第八批全国重点文物保护单位12处。请上网查询这12家单位的信息，并重点参观离你居住地最近的一处，撰写一篇字数不少于2 500字的参访记叙文或散文。

4. 你认为上海应该重点开发哪些旅游资源？你觉得与周边省市比较，目前上海旅游业存在哪些可取之处和不足？请就上海进一步提升旅游业发展水平提出合理化建议。

5. 你知道"黄浦江节"吗？世界上很多大城市都有与母亲河相关的节日。近年上海一些高校师生及社会各界有识之士积极倡议举办"黄浦江节"。举办"黄浦江节"，能让更多国内外人士深入了解黄浦江流域的过去和现在，进而共同描绘黄浦江流域未来的美丽画卷。办好"黄浦江节"，讲好黄浦江故事，也有利于促进黄浦江流域与国内外其他地区开展文旅、制造业、农业交流。"黄浦江节"还将激励流域内各界群众，特别是广大青少年热爱母亲河，立志保护母亲河，科学利用母亲河。

请上网查询"黄浦江节"的相关信息。期待你关心并积极参与此项活动，为保护和建设母亲河出一份力。如果你生活、学习、工作的地方不在黄浦江流域内，那就请你想一想，如何为家乡母亲河的保护和科学开发添砖加瓦吧！

6. 表征城市大气、水体、土壤污染程度的指标，众多而复杂，且测量仪器昂贵又不易操作。我们向广大中小学师生介绍两种简便易行的环境质量测评方法，用以开展校园及周边环境质量测评等课外活动。方法一：空气正负（氧）离子比值测定法。该法所用仪器价格低廉，测法简单易行，操作简便。空气中负离子浓度高，表征大气质量较理想，如森林、水库；空气中正离子浓度高，表征大气污染严重，如早晚高峰时段的城市交通干道。空气正负离子浓度比值越高，表明大气污染越严重，大气质量越不理想。方法二：指示植物（生物）观测法。苔藓植物，虽不起眼，但它对生长环境质量要求很高，可谓高度敏感的环境质量（如土壤重金属含量）的"指示植物"。萤火虫，有水生、陆生两大类，对大气、水、土壤质量要求都很高，对夜间光污染更是"深恶痛绝"。只可惜，爷爷、奶奶们儿时浪漫记忆中的萤火虫，现在我们上海的孩子已经很难见到了！建议同学们尝试与家人一起，合作绘制一幅"萤火虫记忆地图"，也许同学们的这幅图，只能"留白"……

"萤火虫 萤火虫 慢慢飞，我的心 我的心 还在追，城市的灯光明灭闪耀，还有谁会记得你燃烧光亮……"值得一试，值得研究！

参考文献

陈伯、王月瑶、景郁恬：《图解江南园林》，江苏凤凰科学技术出版社2023年版。

段绍伯：《上海自然环境》，上海科学技术文献出版社1988年版。

施长斌：《丹阳湖古文明探寻》，中国文化出版社2024年版。

刘滨谊：《现代景观规划设计》，东南大学出版社2017年版。

刘星宏：《苏州传统园林空间形态的气候适应性研究》，西安建筑科技大学硕士学位论文，2021年。

吴志强、李德华：《城市规划原理》，中国建筑工业出版社2010年版。

熊瑶、张建萍、严妍：《基于气候适应性的苏州留园景观要素研究》，南京林业大学学报（自然科学版），2020年第1期。

赵济、王静爱、朱华晟：《中国地理》，高等教育出版社2020年版。

中国自然地理编写组：《中国自然地理》，高等教育出版社1984年版。

《南京、苏州地区地质野外实习指导书》，华东师范大学地理科学学院，2017年。

《2020级上海自然地理综合野外实习指导手册》，上海师范大学环境与地理科学学院，2023年。

《2020级浙江自然地理综合野外实习指导手册》，上海师范大学环境与地理科学学院，2023年。

后　记

需要提笔写后记了，心中不免五味杂陈，感慨万千！千言万语，不知从何写起！

2006年底，我设计的《闲庭信步长三角——高中地理拓展型旅游课程方案研究》申请到了（原卢湾区）区级教育科研课题，从2006学年的第二学期开始，我一边研究确定课程目标，构建课程内容结构，编制内容目录，研究制定课程实施方案，一边开设一周一节的拓展课，开展"闲庭信步长三角"课程的课堂教学实践。

为了更好地"课堂话说大江南"，我经常阅读介绍苏锡常、宁镇扬、杭嘉湖等地的旅游景点及江南文化的书籍和相关研究文献。同时，经常利用节假日时间，"闲日信步长三角"。

江南的秀丽山水和诗性文化，给我的地理专业知识提供了丰富的区域地理事实知识，使我的专业发展"落了地"。更重要的是，江南文化潜移默化地滋养了我的文化血脉，给我的课堂教学平添了几分江南的气息和诗韵。

2007年底前，作为区级教育科研课题研究成果的《闲庭信步长三角：课程设计书》出炉，五爱高级中学的这门地理拓展课程从此有了"基本法"，即"课程标准"。我们初步规定了课程定位、课程理念、课程目标，建构了较为详细的课程内容体系，并设计了教学评价与作业，使课程实施和日常课堂教学有了"施工图"。但十几年来，由于师资和任课教师的变化，以及课程改革的不断推进，实际教学素材一直处在"活页"状态。

经过多年的酝酿，随着去年本人工作任务的变化，写作时机终于成熟。在领导和同仁们的鼓励下，在年轻同事应佳鑫老师的参与和帮助下，在上海理工大学英语科技翻译专业二年级1班沈轩如同学的全程鼎力协助下，经历一年多的频繁实地探访、资料更新以及全书结构的多次充实调整，参照2017年课程标准（2020年修订版）及课本设计研学活动和思考题，经过几乎整个寒假在办公室电脑前的"笔耕"，如今《游学大江南》即将面世。

纵有万千思绪涌上心头，最想述说的依然是母校与恩师。1985年8月初，还未收到正式录取通知书的我，就与另外四位同学一起，被当年的上海师范大学地理系原分管科研的系主任陶康华老师召唤到校，参加当年的大学生课外科技活动。陶老师教我们判读航空遥感照片，手把手地教我们使用相关仪器，启发我们摸索判读、测量、估算的技巧，与我们一起商定成果论文的结构。大二时，我担任了至今仍然活跃于上海各高校的上海大学生社团"城市小组"的首任组长。我们在陶老师的指导下，围绕"上海城市发展"主题，开展大学生课外学术活动。"三十八年过去，弹指一挥间"，昔日的莘莘学子已到"立言"的人生阶段。当我拿着初稿，向陶老师征求意见、寻求指导时，已过耄耋、鹤发童颜的陶老教授，依然如当年侃侃而谈，娓娓道来。他那泉涌的才思，拓展着我的思路；他那独到的见解，启迪了我的深思；他那渊博的学识，更让我回味了一把当年在他亲授的"遥感"课上的新奇与兴奋：借助陶老师描绘的"碧空慧眼"，"背负青天朝下看"——那可是80年代我国新兴的遥感技术！

大恩不言谢！我知道，唯有努力争取像陶老师那样"为国工作五十年"，"为普及地理知识，传播地理学科思想工作五十年"，才是感谢恩师，报答师恩的最好方式。

2008年3月开始，我参加了为期两年的原卢湾区教育学院与华东师范大学合作举办的全国中小学教师国家级培训基地——卢湾区首届名师培训高级研修班，学习进修。时任市教委教研室副主任赵才欣老师担任了我的学科（专业）指导专家导师，赵老师指导我研究最新课程理论和现行课标，深入研讨课堂教学，指引课题研究方向，使我终身受益。赵老师对本书提出了许多中肯的改进建议，更重要的是，赵老师的教诲启发我思考在即将到来的人工智能时代，教育的价值和使命，教师的角色和职责，教学的任务和目标，以及青年教师的培养方式和专业发展路径。

我的合作者、同事、青年才俊、语文教师应佳鑫老师，本学年与我同样任教高三，还做班主任。在繁重的教育教学工作之余，他承担了本书第二、三、四、五单元的"腹有诗书"主题的写作。令我难忘的是，在我酝酿此书，一再犹豫时，他给予我热情鼓励；写作与编撰过程中，他给予我倾情相助。衷心感谢他为本书付出的聪明才智和重要贡献，衷心感谢应老师为本书厚实了文史底蕴，增添了诗情画意。预祝年轻的应老师到了"知天命"的年纪后，著作等身，成就斐然。

还要感谢我的两位重要同行，单位同事姚维纲老师、老同学、上海音乐学院附中的陈俊涛老师，二位或为本书出谋划策，或担扛"试读"和"义务编辑"，提出从主题内容选定直到遣词造句甚至标点符号的修改建议。陈俊涛还"仙人指路"般地引导我三十年来第一次走进"似曾相识"而又"形同陌路"的上海图书馆——不远的将来，这里将是"我的大学"。

还要感谢来我校教学实习、代课的上海师范大学环境与地理科学学院学科教学（地理）2022届丁丹硕士、上海师范大学环境与地理科学学院地理科学（师范）2020级1班鞠嘉俊同学、上海师范大学环境与地理科学学院人文地理与城乡规划专业2020级唐晓雪同学、华东师范大学孟宪承书院2020级地理科学师范班田佳依同学、华东师范大学数学系2024届本科毕业生朱益辰同学、上海师范大学环境与地理科学学院学科教学（地理）2023级硕士研究生严梦霖同学。他们带来了最新的专业知识和地理研学活动设计的参考资料，让我感知了地理科学发展的新动态，他们的帮助为本书增添了"科学底色"和"地理味道"。更重要的是，他们身上所散发的母校气息、青春气息、学术气息，使我重拾学生时代专业学习和专业成长的锐气。

我的主要写作助手沈轩如同学不仅全程鼎力协助，做了大量琐碎而重要的工作，而且还承担了第六单元部分文稿的编写工作。如果没有她的帮助，我这个怀揣残疾证的"半仙之人"，不知何年才能拿出二十万字的全部书稿？每每看着她专注工作又似乎稚气未脱的脸庞，我会思绪万千：昔日的幼苗，实际已长成我身边的栋梁。这时，我不禁回想起当年大学四年级教育教学实习学校送给我的临别赠言：教师的责任在于培植！

常言道"文史不分家"，文史地，又何曾分过家呢？人类活动所创造的一切文化成果都是人类对地理环境差异和变化的响应，地理环境是历史的"天空"和"舞台"。我期盼读者，尤其是学生读者，特别是高中生读者，能在阅读、翻看此书的过程中，自然而然地深刻理解和正确对待"学科与分科教学"——学科综合，是当代科学发展的重要趋势，学科不应成为知识的藩篱、思想的牢笼。跨学科教学，已成为高中新课程、新教材实施的热点之一，推进跨学科教学，地理学科责无旁贷。

文化学界普遍认为，江南文化本质上是一种"诗性文化"，追求洒脱自由、超越一切伦理规范和现实利害的生命愉悦。本书除第一单元外，均安排了赏析吟咏各地风物古诗词的"腹有诗书"单元，力图使洋溢着文史气息的文本充分反映"江南诗性文化"的精神特质和人文关怀，折射出江南传统文化所追求的人格理想和人生境界。第六单元上海的"腹有诗书"主题本想安排"竹枝词"，反复思考后最终决定介绍上海老歌《永远的微笑》和沪剧唱词《紫竹调·燕燕做媒》，以表达我们对上海地域文化、上海城市文化及其独特发展历史的回望、景仰和尊重！期盼得到读者的理解与共鸣。

敬爱的陶老师鼓励我："这是你的第一本书，以后还有第二本、第三本……"陶老师，学生将努力把您的鼓励变为现实！

尹继文
于2024年5月19日中国旅游日